Dr. Jeff

con Dr.

se•gui•raz•go /se...i-ra

m. El arte de seguir para
poder liderar.

GRUPO NELSON
Una división de Thomas Nelson Publishers
Desde 1798

NASHVILLE DALLAS MÉXICO DF. RÍO DE JANEIRO

Adaptación del diseño al español: *Grupo Nivel Uno, Inc.*

ISBN: 978-1-60255-377-4

Impreso en Estados Unidos de América

10 11 12 13 14 BTY 9 8 7 6 5 4 3 2 1

CONTENIDO

Introducción   5

Capítulo 1: El seguirazgo   7

Capítulo 2: La cosmovisión cristiana del seguirazgo   31

Capítulo 3: El seguirazgo cristocéntrico   50

Capítulo 4: La compasión   67

Capítulo 5: Por encima del sol   90

Capítulo 6: Los inquietos   110

Capítulo 7: Aprenda a leer los tiempos y la cultura   130

Capítulo 8: El más fuerte entre los fuertes   155

Capítulo 9: Movimientos que amenazan la fe   182

Capítulo 10: La autoridad   202

Conclusión   227

Bibliografía   232

Notas   235

Acerca de los autores   239

CONTENIDO

INTRODUCCIÓN

La palabra que tenemos que explicar en español

Ya basta del liderazgo que hace lo que quiere, como quiere y cuando quiere. *Accountability* tiene que ser una de las mejores palabras en el idioma inglés. Lastimosamente, no la tenemos en español. Para poder definirla en español, más bien tenemos que explicarla. Básicamente, *accountability* quiere decir algo como: rendir cuentas a otro. Y me parece que mucha gente hoy día no está convencida de lo importante y relevante que es el poder de rendir cuentas a otros.

Quisiera ilustrarlo con una experiencia personal. Hace mucho tiempo atrás decidí que no quería ser un líder solitario y, por lo tanto, me propuse entablar amistad con personas que respetaba y que sabía tenían mucho que enseñarme. Algunas de esas personas no tienen mis títulos universitarios, ni han escrito libros, ni tienen cuatro millones de kilómetros recorridos en avión ni tampoco han experimentado lo mismo que yo. Sin embargo, aman a Dios y sus experiencias les han enseñado una infinidad de lecciones tremendamente valiosas. Y yo quiero aprender de ellos. Quisiera enfatizar que esas amistades se desarrollaron a través de los años y en una manera intencional. Básicamente, considero a ese grupo de personas como mis consejeros.

En varias ocasiones, esta gente que respeto y amo —primero por su compromiso con Dios y segundo por su sabiduría—, han tomado decisiones para la organización en la que trabajo. En algunas ocasiones muy raras han sido para beneficio de la organización y mi persona, y aclaro que yo no las apoyo por completo. Eso ha traído malos entendidos y opiniones muy fuertes de parte de otros. No obstante, quisiera contar algo que pasó no hace mucho tiempo.

Mi equipo de trabajo confirmó mi participación en un evento en cierto país. Después de revisar el horario del acto, mi cuerpo de consejeros consideró que no era bueno que viajara tan lejos —sobre todo de mi familia— si mi participación no sería utilizada de la mejor manera posible. Así que pidieron que cancelaran mi participación. La respuesta de los solicitantes, que supuestamente eran nuestros amigos, fue insolente e irrespetuosa. Además, pusieron en duda la decisión tomada por mi cuerpo de consejeros.

¿Tenía que explicarle a alguien la decisión tomada por el bien a mi familia? ¿Tenía que justificar la razón de la cancelación? Tal vez podamos estar en desacuerdo, pero no creo que el hecho de que mi familia me necesite y sea una prioridad deba ser explicado a nadie. El punto es que mi intención de someterme a lo que mi cuerpo de consejeros había decidido fue vista como una falta de carácter de mi parte por no poder o no querer pasar por encima de ellos.

Sería bueno aclarar que he escogido no ser la clase de líder que puede hacer lo que quiera, como quiera y cuando quiera sin darle cuentas a nadie. Yo escogí estar bajo el consejo de mis líderes y por eso algunos me han categorizado como falto de carácter e integridad. Me parece interesante que la crítica viniese específicamente de uno de esos líderes que tiene problemas con el principio de darles cuentas a otros. Su estilo de liderazgo es hacer lo que quiera, cuando quiera y como quiera sin importar quién tenga que ser pisoteado, usado o manipulado en el proceso, con tal de conseguir las metas egocéntricas e hipócritas que unilateralmente estableció.

Es importante mencionar que no hay una ley que prohíba ser esa clase de líder. Es más, hoy día nuestros países están llenos de esa clase de líderes que hacen lo que quieren, cuando quieren y como quieren, y lo peor es que lo hacen en nombre de la misión que se supone que Dios les ha dado. El problema es que Dios estableció las comunidades para que las personas se amen y se respeten.

El liderazgo que Dios ha levantado tiene como fin principal servir a esas comunidades. Entonces, ¿por qué no hacerlo a través de un liderazgo compartido en el que, por muy alta que sea la posición, el líder todavía entienda que es saludable rendir cuentas a otros? Necesitamos líderes que sepan seguir para poder liderar. Esto quiere decir que mi propuesta es que mientras lidero, puedo y debo seguir a otros. La idea no es pasar algún tiempo siguiendo algo para luego dejarlo a fin de poder liderar. Mi propuesta es que continuemos siguiendo para poder liderar. Es lo que llamo seguirazgo.

Ca • pí • tu • lo / 1 /

EL SEGUIRAZGO

Los hombres y las mujeres hacen historia, y no al revés.
En períodos en donde no hay liderazgo, la sociedad se queda
estancada. El progreso ocurre cuando líderes valientes, diestros,
aprovechan la oportunidad para cambiar las cosas a algo mejor.

—Harry S. Truman

Los movimientos más importantes del mundo fueron perpetuados por líderes que aprendieron de otros. Entendieron el valor de las alianzas y de las relaciones personales como mentores. Su desarrollo como líderes se describe mejor bajo el término «seguirazgo», porque fue sólo cuando estos líderes se humillaron y se hicieron servidores que estaban dispuestos a obedecer la voluntad de sus amos, que pudieron obtener gran liderazgo y perpetuar el gran impulso que habían recibido. Hay dos líderes a quienes Dios dio asombroso poder visible que sobresalen en la historia del mundo. Fueron Moisés y Elías. El trabajo de estos dos líderes continuó por medio de hombres que anduvieron con ellos y que los habían seguido. El «seguirazgo» describe los años de desarrollo de liderazgo que Josué adquirió, como criado. Siguió las pisadas de Moisés, y por eso pudo, mediante el poder de Dios, dirigir fielmente a la nación de Israel a la Tierra Prometida y conquistarla. «Seguirazgo» describe cuando Dios escogió a Eliseo para que fuera criado de Elías y Eliseo dejó su herencia y obedeció. Siguió y sirvió a uno de los más grandes profetas de la historia. Debido a que estuvo dispuesto a servir, llegó a ser el nuevo profeta y recibió una doble porción de la bendición de Dios. En verdad, Eliseo llegó a ser el profeta que hizo más milagros en Israel desde los días de Moisés, y que nunca más volverían a ser hechos hasta los días de Jesús y sus discípulos.

Luego tenemos a Jesús. Él se levanta sólo en una categoría completamente diferente. Como Dios, no podemos llamarlo simplemente un gran líder. Sin embargo, incluso como Dios modeló el principio del seguirazgo, Jesús entendió cómo seguir. Se sometió a la voluntad de su Padre. Enseñó a los discípulos a hacer lo mismo. Ellos se sometieron a él y llegaron a ser grandes. Simón, el pescador, siguió al Señor y fue transformado en Pedro, la roca que llevó a miles a Jesús. Y los demás discípulos, ya fueran pescadores sin mayor educación o educados cobradores de impuestos, todos impactaron al mundo para Jesús porque habían sido sus siervos. Moisés y Josué. Elías y Eliseo. Pablo y Bernabé. La lista de los que se convirtieron en grandes líderes porque siguieron a otros no se detiene. Todos estos líderes, apóstoles y profetas, ¡también aprendieron el arte de seguir antes de llegar a ser grandes! Por ejemplo, Moisés tuvo que someterse a sus maestros egipcios, al faraón, y luego sirvió a su suegro, Jetro, antes de estar en el punto en que Dios pudiera usarlo. El verdadero liderazgo incluye líderes que están dispuestos a someterse al desarrollo de liderazgo incluso si ya son líderes. Esto es clave al gran liderazgo y está bien documentado en las Escrituras. Sin embargo, a pesar del hecho de que todavía es relevante y vital, a menudo brilla por su ausencia en la iglesia y el terreno laboral del siglo veintiuno. El propósito de este libro es volver a enfocar en este aspecto crucial del liderazgo.

No podemos negar que la esencia del verdadero liderazgo se halla en nuestro Señor Jesucristo. Así él llama a sus primeros discípulos en Marcos 1.16-18. «Vengan, síganme». No dijo: «Vengan, y les mostraré cómo establecer un ministerio para que logren eficazmente sus metas». ¡No! Dijo simplemente: «Vengan, síganme». Los discípulos entendieron que Jesús les estaba ofreciendo ser su mentor para grandes propósitos. ¡Era una oportunidad única en la vida! Y ellos aprovecharon la oportunidad de ser Sus siervos! Entendieron que la autoridad viene acompañada de servicio. Jesús, por supuesto, les dio a los apóstoles autoridad «para atar y desatar», pero más a menudo él contrastó lo que los discípulos debían hacer con lo que es la autoridad del mundo. El icono de liderazgo en la iglesia es Cristo mismo, el Logos Eterno, el Alfa y Omega, el camino, la verdad y la vida... lavando los pies sucios de sus discípulos. Es una paradoja: servicio y sumisión por el Señor y Maestro. Él sigue siendo Señor y

Maestro aunque desempeña este servicio con humildad perfecta, y sigue en el servicio aunque es el Señor y Maestro.

Jesús es el mejor modelo para todo, y su estilo de liderazgo se considera como el más influyente y efectivo que el mundo jamás ha conocido. ¡Y lo hizo con doce hombres inexpertos! No obstante, con este grupo improbable, Jesús pudo producir un impacto duradero. El liderazgo servidor era central en la filosofía de Jesús. Estoy convencido de que Jesús ejemplificó al líder servidor plenamente comprometido y eficaz. Envió un claro mensaje de la importancia primordial del liderazgo servidor cuando Jacobo y Juan parecían estar buscando un papel especial de liderazgo entre los discípulos:

> Pero Jesús, llamándolos junto a sí, dijo: Sabéis que los gobernantes de los gentiles se enseñorean de ellos, y que los grandes ejercen autoridad sobre ellos. No ha de ser así entre vosotros, sino que el que quiera entre vosotros llegar a ser grande, será vuestro servidor, y el que quiera entre vosotros ser el primero, será vuestro siervo. (Mateo 20.25-27)

La frase clave aquí es «no ha de ser así entre vosotros». Jesús estaba hablando de una forma de liderazgo muy diferente al modelo con que los discípulos estaban familiarizados; un líder que es primordialmente un siervo. No les ofreció un plan B. El liderazgo servidor debía ser su modo de operación; y debe serlo para todos los líderes. Esto tiene implicaciones increíbles para la clase de líderes que vemos hoy día. Lamentablemente, muchos líderes en el siglo veintiuno no rinden cuentas y ni siquiera tienen un grupo de asesores que les haga preguntas serias con respecto a la integridad.

Después de más de veinticuatro años viajando por más de cuarenta y cinco países, he visto toda clase de abusos y modelos malsanos de liderazgo. En verdad estoy convencido de que el liderazgo servidor nunca ha sido más aplicable al mundo del liderazgo que lo es hoy día. No sólo hay personas buscando un propósito y significado más profundos cuando deben enfrentarse a los retos del mundo cambiante actual, sino que también están buscando principios y filosofías que en realidad funcionen. De lo que trata el seguirazgo es de llevar a las personas a un nivel más alto con la ayuda de líderes que dirigen y que al mismo tiempo siguen.

> No permitas que nadie menosprecie tu juventud; antes, sé ejemplo de los creyentes en palabra, conducta, amor, fe y pureza. (1 Timoteo 4.12)

Pablo le escribe a Timoteo y le exhorta a ser un modelo digno de imitar. Para que Timoteo fuera un líder, tenía que aprender a seguir un modelo que fuera ejemplo para los demás. Me parece interesante lo certero de la exhortación de Pablo porque parece que la afirmación da por sentado que lo iban a menospreciar. «Seguro que te van a despreciar porque eres joven, por lo tanto prepárate para ser ejemplo». De una u otra forma es difícil separar el arte o capacidad de liderar con el aprender a seguir. La propuesta real de este libro es explicar que un verdadero líder tiene que aprender a seguir primero para poder liderar. Esto, por supuesto, se extiende a la propuesta que también para poder continuar liderando es clave continuar siguiendo. En otras palabras, un verdadero líder nunca deja de seguir. Opino que en el momento en que un líder deja de seguir, pierde su verdadera autoridad para liderar. Imagínese a un médico que termina sus estudios y empieza a ejercer con éxito su profesión, pero decide no seguir creciendo como médico, decide no hacerle caso a lo que otros médicos en su especialidad están diciendo y decide hacer todo según sus propios términos y criterios. Este médico pierde la credibilidad y pertinencia necesaria para poder liderar en su campo si escoge solamente ser líder sin tener la madurez de reconocer que no lo sabe todo y que necesita seguir creciendo. Todos somos parte de una comunidad. Existe la comunidad más cercana y la más lejana. Cuando un líder escoge separarse estando dentro de una comunidad, se coloca en una posición peligrosa y vulnerable. En la película *La bella y la bestia* una de las cosas más deprimentes en la vida de la bestia es que vivía aislada de todos los demás. Su compañía eran objetos, no personas. De hecho parece ser que el aislamiento era parte del «paquete» de ser bestia. En un relato más bíblico pienso en David y el aislamiento que él mismo se permitió antes de su pecado con Betsabé. Mucho se hubiera podido prevenir si tan solo no hubiera olvidado que más que solamente liderar, él necesitaba seguir rindiendo cuentas. El relato es triste y dice así.

Aconteció que en la primavera, en el tiempo cuando los reyes salen a la batalla, David envió a Joab y con él a sus siervos y a todo Israel, y destruyeron a los hijos de Amón y sitiaron a Rabá. Pero David permaneció en Jerusalén. (2 Samuel 11.1)

¿Por qué si era la época en que los reyes salían de campaña David mandó a Joab con la guardia y él escogió quedarse en Jerusalén? ¿Por qué nadie le preguntó por qué se quedaba? ¿Podía alguien preguntarle? ¿Era David un hombre a quien se le podían acercar sus amigos o consejeros y preguntarle qué pasaba? Tal vez era demasiado poderoso y él mismo se había aislado.

Y al atardecer David se levantó de su lecho y se paseaba por el terrado de la casa del rey, y desde el terrado vio a una mujer que se estaba bañando; y la mujer era de aspecto muy hermoso. David mandó a preguntar acerca de aquella mujer. Y alguien dijo: ¿No es ésta Betsabé, hija de Eliam, mujer de Urías heteo? David envió mensajeros y la tomó; y cuando ella vino a él, él durmió con ella. Después que ella se purificó de su inmundicia, regresó a su casa. Y la mujer concibió; y envió aviso a David, diciendo: Estoy encinta. (2 Samuel 11.2-5)

¿Por qué se estaba levantando de la cama por la tarde? Podemos hacernos muchas otras preguntas, pero el versículo 4 es muy revelador. David no seguía la dirección de nadie y sus siervos no tenían la libertad de preguntarle absolutamente nada ¿Qué quieres con ella? ¿Por qué alguien no lo cuestionó y le hizo entrar en razón? Ningún siervo tenía la libertad de hacer esto porque fueron entrenados para obedecer al líder y punto. ¡Qué lástima! Un líder de verdad prepara su vida intencionalmente para que estas cosas no sucedan. El resto del relato se complica aún más al David planear el asesinato de Urías, el esposo de Betsabé. ¿Se hubiera podido prevenir todo esto? ¡Seguro que sí! Estoy convencido de que si David hubiera aprendido el arte del seguirazgo y no solo del liderazgo se hubiera ahorrado muchos dolores de cabeza. Supongamos por un momento varios escenarios.

Primer escenario...

Supongamos que David hubiera tenido un cuerpo de consejeros de guerra quienes le hubieran preguntado por qué se iba a quedar cuando era la época de campaña para los reyes. Supongamos que él no solo tuviera un equipo activo de consejeros, sino que David hubiera tenido la actitud de seguir su consejo.

Segundo escenario...

Supongamos que David hubiera tenido una relación de acercamiento con los más cercanos a él en el palacio, que le hubieran podido decir que no era prudente que mandara a llamar a Betsabé. Y supongamos que hubiera habido uno o dos de sus siervos que se rehusaran a salir del cuarto al ver a David en peligro de acostarse con Betsabé.

Tercer escenario...

Supongamos que a David no se le hubiera «subido a la cabeza» el título de rey y pensar que él podía hacer lo que quisiera, como quisiera y cuando quisiera. *Él era el ungido de Dios y ¿quiénes se creían sus siervos para rehusarle cualquier cosa?* Supongamos que David intencionalmente hubiera fomentado un contexto en el que rendía cuentas a otros porque había adoptado el seguirazgo. ¡Todo hubiera sido muy diferente para este querido personaje bíblico! Jesús mismo escogió seguir...

Jesús les dijo: Mi comida es hacer la voluntad del que me envió y llevar a cabo su obra. (Juan 4.34)

Venga tu reino. Hágase tu voluntad, como en el cielo, así también en la tierra. (Mateo 6.10 RVR1960)

Porque he descendido del cielo, no para hacer mi voluntad, sino la voluntad del que me envió. (Juan 6.38)

¿Cómo es posible que Jesús, siendo el mejor líder del mundo, siguiera la dirección de su Padre? ¿Acaso no era capaz de tomar sus propias decisiones? Seguro que sí lo era, pero él escogió SEGUIR. Liderar no es decir «síganme». Jesús tenía la credibilidad como para pedir a sus seguidores que le siguieran porque en el momento que alguien lo cuestionara era muy sencillo responder con autoridad y decir: «Yo sigo a mi Padre». En otras palabras: «Yo no soy la clase de líder que hace lo que quiere, cuando quiere y como quiere, y al que no le guste lo ponemos en disciplina o lo marginamos». Jesús sabía lo importante que es rendir cuentas a otros. El seguirazgo es algo muy intencional, no sucede automáticamente. No es natural ser líder y todavía escoger seguir.

La dictadura no es un liderazgo saludable. El liderazgo implica pensar en múltiples dimensiones de relaciones personales. En términos de relaciones personales, la inclusión de seguidores en el proceso de liderazgo complementa la noción de que los líderes sólo son responsables de aproximadamente el veinte por ciento del trabajo que se completa.[1] Hay diferentes estilos de seguidores y principalmente el seguidor ejemplar provee un estilo de liderazgo propio de dentro de los mismos seguidores.[2] El estilo de seguidor ejemplar se puede mejorar mediante las Relaciones Personales de Líder-Seguidor (RPLS). Este libro explora algunas de estas relaciones que necesitan existir.

Para este capítulo concordemos con que liderazgo es influencia según John Maxwell lo define. Pudiéramos sugerir que incluye la combinación de destrezas tangibles y personalidad para motivar a las personas para alcanzar metas. El enfoque de liderazgo es influencia siguiendo el ejemplo de Cristo. Las características de liderazgo incluyen metas y valores. Como dice Burns: «[Liderazgo es] inducir a los seguidores a actuar hacia ciertas metas que representan los valores y las motivaciones —deseos y necesidades, aspiraciones y expectativas— *tanto del líder como de los seguidores*».[3]

Las congregaciones existen en toda forma de sociedad y predominan en los países del tercer mundo. También sus estilos de liderazgo varían de muchas maneras. La combinación de dos o más personas trabajando juntas implica que existe la relación personal de líder a seguidor y, como con los estilos de liderazgo, los seguidores exhiben estilos de seguirazgo.

Kelley definió los estilos de seguirazgo como «ejemplar ... alienado ... conformista ... pragmático ... y pasivo».[4] Estos estilos constituyen la base del modelo de seguirazgo de Kelley y relacionan los estilos de seguirazgo a los atributos de la personalidad del individuo en términos de pensamiento y acción. Los atributos de pensamiento del individuo son (a) crítico independiente, (b) crítico dependiente, (c) activo, o (d) pasivo. Estos atributos de pensamiento, como los estilos de seguirazgo y liderazgo, dan dimensión a la noción filosófica de seguirazgo.

Banutu-Gómez dice que «para triunfar, los líderes deben enseñar a sus seguidores no sólo cómo dirigir: liderazgo; sino más importante, cómo ser un buen seguidor: seguirazgo».[5] La contención de Banutu-Gomez de que los líderes deben enseñar a sus seguidores a ser buenos seguidores, exhibe una conexión a la noción de Kelley de que el seguirazgo ejemplar se puede enseñar. Para desarrollar seguirazgo ejemplar, los líderes deben enseñar por el ejemplo a ser seguidores ejemplares demostrando el seguirazgo ejemplar que Jesús modeló.

Los quince atributos que aparecen a continuación definen el seguirazgo ejemplar, de acuerdo a Kelley.[6]

1. Piensan por sí mismos.
2. Van por encima y más allá de lo que requiere el trabajo.
3. Piensan y respaldan al equipo y al líder.
4. Se enfocan en la meta.
5. Hacen una tarea excepcional en las actividades críticas que conducen a la meta.
6. Toman la iniciativa para aumentar su valor.

7. Se dan cuenta de que añaden valor al ser lo que son, con sus experiencias e ideales.

8. Estructuran su trabajo diario y actividades cotidianas.

9. Ven con claridad cómo su trabajo se relaciona a la visión.

10. Se colocan ellos mismos en una posición crítica hacia el logro.

11. Se aseguran de que las tareas que deben realizar están en la senda crítica.

12. Repasan su progreso diaria o semanalmente.

13. Aumentan el alcance de actividades críticas para las metas.

14. Cultivan destrezas adicionales.

15. Promueven nuevas ideas.

El cultivo de las relaciones personales, mientras que a la vez usted se identifica con el líder de una congregación y su visión, es esencial para el buen seguirazgo. Jehn y Bezrukova afirman que el seguirazgo es una conducta orientada a las personas, y esa conducta cultiva las relaciones personales entre líderes y otros seguidores, proveyendo un medio ambiente que promueve que todos los miembros se enfoquen en una meta común. Jehn y Bezrukova sugirieron que los buenos seguidores pueden ser catalizadores para el cambio en una organización, conforme el seguirazgo «inspira a otros a seguir hacia una meta común; promueve entusiasmo y el deseo de sobresalir; procura la interacción plena de otros; promueve confianza, mueve a la organización hacia adelante como entidad antes que como partes separadas».[7]

Puesto que las relaciones personales son importantes entre líderes y seguidores, la calidad de esas relaciones son igualmente factores importantes en el cultivo de una cultura saludable de seguidores que mantiene las características que promueve un buen seguirazgo. Werlin afirma que las relaciones personales del buen seguirazgo deben cultivar la motivación antes que el control, y que instilar valores en los seguidores es esencial para el desarrollo de una cultura de confianza y buenas relaciones personales. Una buena relación personal entre el seguirazgo y el liderazgo requiere que tanto líder como el seguidor participen de elementos de ambos.[8] Schruijer y Vansina sostienen que las características de los líderes y seguidores definen las relaciones personales que llegan a ser el seguirazgo y el liderazgo. En tanto y en cuanto ha habido líderes, ha habido también seguidores. Los líderes no pueden lograr lo que logran sin seguidores, o sin aprender a ser también seguidores. Nos encantaría sugerir que el liderazgo existe para inspirar seguirazgo por medio del ejemplo, y para este fin, el entrenar y ser mentor de líderes para que transformen a sus seguidores en buenos seguidores es esencial en el mundo de hoy día conforme lo modelan en sus propias vidas. Los líderes deben participar activamente en la formación de buenas relaciones de seguidores. Y es esencial que exista la confianza y que se rinda cuentas. Una visión común entre líderes y seguidores desarrollará una cultura de confianza y conducirá a la participación activa de los seguidores. Los líderes deben educar a los seguidores a ser seguidores ejemplares y como tales, proveerles un sentido de confianza para que tengan la libertad de hacer preguntas difíciles en lo referente a rendir cuentas.

Seguirazgo es una palabra extraordinaria, y rara vez usada. Es una palabra especial que connota una cualidad nada común de la disposición y la conducta humanas. El seguirazgo es algo que sucede dentro del alma humana cuando estamos en el camino de seguir a Jesús. El seguirazgo es una marca de la gracia interna. Y tal vez esta es la razón por la que no hemos oído la palabra seguirazgo y nunca la hemos usado. Miramos con sospecha a los pastores que se inventan neologismos y pensamos que tal vez están volviéndose paranoicos. Esto ocurre porque nunca hemos tenido la ocasión apropiada de aplicar el concepto. El seguirazgo es una cualidad escasa, una joya preciosa poco común. Y realmente raros son los verdaderos seguidores cuyas almas internas se caracterizan por la tranquila gracia espiritual que connota.

Nuestras bibliotecas tienen varias hileras de anaqueles llenas de libros bajo la categoría de liderazgo. Los negocios, la industria y las instituciones académicas han hecho estudios significativos para entender las cualidades que distinguen el buen liderazgo. Sería fácil para mí recorrer las muchas tablas de contenido de esos libros, incluyendo los que usan a Jesús como su modelo de liderazgo, y escribir haciéndome eco de lo que ellos dicen. El otro lado de esa búsqueda nos llevaría a un estudio del servicio cristiano. Allí va a encontrar las biografías y las autobiografías de los santos de la iglesia. Estas son las personas de nuestro mundo que llevan una vida singularmente concentrada, de soltería; por lo general, en comuna o en un monasterio, y verdaderamente viven bajo rigurosas condiciones de pobreza, castidad y estricta obediencia a la vida religiosa. Tenemos muy pocos, demasiados pocos servidores cristianos en nuestro mundo. Así que este libro va a ser aplicado de una forma más amplia. No trata necesariamente sólo de liderazgo ni tampoco de servicio. Lo que persigue es comunicar un estilo de vida santo. Jesús presentó un cuadro amplio de la vida cristiana. Y él nos llama al estado de gracia espiritual que nos distinguiría como seguidores. Sorprendentemente, y a pesar de las pocas veces que escuchamos la palabra, el término *seguir* aparece muchas veces en la Biblia. Jesús llamó a los pescadores, Jacobo, Juan y Pedro: «Vengan, síganme» (Marcos 1.16-18). Trataremos de excluir los descriptivos: liderazgo, servicio y discípulo. Seguirazgo es el calificativo que estamos buscando. El seguirazgo demanda que podamos, de buen grado y sin vacilación, someternos a la dirección de otra persona incluso si somos líderes. El seguirazgo incluye una confianza profundamente asentada, que está dispuesta a seguir a alguien en quien confiamos que está lleno de bondad y buena intención. Seguirazgo es Juan el Bautista diciendo: «Yo debo menguar para que él pueda crecer», y hacerlo de todo corazón y con espíritu generoso. Seguirazgo es lo que el conductor de una orquesta dijo una vez con respecto a tocar la tuba: «Si es lo suficientemente fuerte como para que yo pueda oírla, estás tocando demasiado fuerte. Si no puedo oírla, no estás tocando lo suficientemente fuerte». Seguirazgo es la diferencia entre el líder cacique y el líder íntegro. Seguirazgo es estar presente sin hacerse notar mientras que se logra que el trabajo se haga. Seguirazgo es la celebración del programa, del proceso y de la promesa de vida sin la necesidad de atraer ninguna atención hacia nosotros mismos.

Seguirazgo es la disposición de abrazar al marginado. Seguirazgo es ganar la carrera mientras que se dirige la atención al que viene detrás. Seguirazgo es dar dádivas anónimamente. Seguirazgo es cuidar del detalle. Seguirazgo es ser lo que los teólogos de la liberación llaman ser un «portador de Dios» y un *teopraxis*, un hacedor de Dios. Seguirazgo es el silencio considerado ante la palabra innecesaria. Seguirazgo es un ápice de sonrojo abochornado. Seguirazgo es toda una vida de dignidad y de una actitud que vale la pena.

Hacia el final del ministerio público de Jesús, en el breve interludio antes de que llevara a los discípulos aparte —al aposento alto— y les lavara los pies, les dio este mensaje final:

> Ha llegado la hora para que el Hijo del Hombre sea glorificado. En
> verdad, en verdad os digo que si el grano de trigo no cae en tierra y
> muere, queda él solo; pero si muere, produce mucho fruto. El que
> ama su vida la pierde; y el que aborrece su vida en este mundo, la
> conservará para vida eterna. Si alguno me sirve, que me siga; y donde

yo estoy, allí también estará mi servidor; si alguno me sirve, el Padre lo honrará. (Juan 12.23b-26)

Esto es importante porque hay muchos líderes espirituales que son falsos e indignos. Y Jesús nos advirtió que nos cuidemos de este tipo de líder falsificado:

Cuidaos de los falsos profetas, que vienen a vosotros con vestidos de ovejas, pero por dentro son lobos rapaces. Por sus frutos los conoceréis. ¿Acaso se recogen uvas de los espinos o higos de los abrojos? Así, todo árbol bueno da frutos buenos; pero el árbol malo da frutos malos. Un árbol bueno no puede producir frutos malos, ni un árbol malo producir frutos buenos. (Mateo 7.15-18)

Jesús predijo que durante el período entre su primera y segunda venida, muchos líderes falsos van a hacer descarriar al pueblo de Dios. Prácticamente todas las cartas del Nuevo Testamento nos dicen algo sobre este problema.

Dios nos proveyó dos preguntas que debemos hacer antes de comprometernos a seguir a cualquier líder espiritual, y **no** son: «¿Tiene usted un título de seminario? ¿Ha sido ordenado por alguna denominación?» Siempre debe preguntarse: *¿Concuerdan sus enseñanzas con la palabra de Dios?*

La función primaria de los líderes espirituales es ayudar a la gente a encontrar y a seguir al Señor. Y puesto que Dios se ha revelado a sí mismo a través de la Biblia, esta prueba es obviamente esencial. Por eso Pablo le dijo a Tito que cada líder espiritual que nombrara para los creyentes de Creta debía ser «retenedor de la palabra fiel tal como ha sido enseñada, para que también pueda exhortar con sana enseñanza y convencer a los que contradicen» (Tito 1.9 RVR1960). Es por esto que queremos que tenga su Biblia a la mano, a fin de que pueda asegurarse de que estamos siguiendo lo que ella dice y que no estamos tergiversándola para ajustarla a nuestras propias opiniones. Por esto es que tenemos una «Declaración de fe», a fin de que usted conozca en qué creemos y si concuerda o no con la Biblia. Antes de que usted siga al liderazgo de esta iglesia, queremos asegurarle que puede confiar en nuestra integridad doctrinal. ¿Qué significa si un líder se ofende cuando usted le hace preguntas profundas sobre este particular? ¡Debería alegrarse! La segunda pregunta que debe hacerse usted es: *¿Refleja su forma de vida un carácter santo?*

Puesto que los líderes espirituales ayudan a la gente a seguir a Dios, sus propias vidas deben reflejar el carácter de Dios. Por eso Pablo dice que el líder debe ser «irreprensible, marido de una sola mujer, y tenga hijos creyentes que no estén acusados de disolución ni de rebeldía ... irreprensible, como administrador de Dios; no soberbio, no iracundo, no dado al vino, no pendenciero, no codicioso de ganancias deshonestas, sino hospedador, amante de lo bueno, sobrio, justo, santo, dueño de sí mismo» (Tito 1.6-8 RVR1960). Aunque nadie hace esto a la perfección —excepto Cristo—, los líderes espirituales deben estar comprometidos con la integridad y la intención de inspirar a otros a la santidad mediante su propio ejemplo.

Dios quiere que sigamos a líderes espirituales, pero nosotros somos responsables de quién decidimos seguir. Él nos ha dado los recursos para tomar decisiones sabias, así que no podemos decir: «Simplemente hacía lo que se me decían, así que no soy responsable».

Imite la fe de sus líderes

El buen seguirazgo incluye saber cómo beneficiarse del buen liderazgo. Esto no quiere decir que tratamos de copiar la personalidad o los dones espirituales singulares de ese líder, puesto que Dios nos hace diferentes en estos aspectos. Más bien, sugiere que debemos observar cómo ellos siguen a Cristo en sus propias vidas, e imitar lo que es digno. Es bien conocido que la imitación de modelos es una de las maneras más efectivas de aprender.

Es cierto que puedo leer un libro de texto, o escuchar una conferencia sobre cómo montar motocicleta, y esto me ayudará. Pero es mucho mejor montar con alguien que sabe hacerlo, observar cómo lo hace, hacerle preguntas e imitar su forma de montar.

De la misma manera uno puede escuchar las enseñanzas de cómo seguir a Cristo, y esto nos ayuda hasta cierto punto. Pero esto nunca será tan útil como pasar tiempo con un líder espiritual, observando cómo ora, cómo usa la Biblia, cómo habla de su fe, cómo sirve a otros creyentes, cómo maneja su dinero y posesiones, cómo responde al sufrimiento y a la desilusión, cómo se relaciona con su cónyuge e hijos, cómo toma decisiones importantes, cómo responde a la autoridad; y hacerle preguntas en cuanto a lo que uno observa. Así fue como Jesús les enseñó a sus discípulos a seguir a Dios; no meramente con palabras, sino también viviendo su vida con ellos en este aspecto.

En este sentido, sabemos que hemos sido muy privilegiados en nuestra vida cristiana. Dios nos ha provisto de muchos modelos en diversos aspectos de la vida cristiana. Y aunque distamos mucho de ser un modelo perfecto, sabemos que tenemos una responsabilidad de hacer nuestra parte al permitir que otros aprendan esto de nosotros. Podemos continuar liderando al escoger seguir grandes modelos de creyentes. ¿Está usted en contacto estrecho con líderes espirituales como para observar cómo ellos siguen a Cristo?

¿Cuál es el objetivo del liderazgo? Hay varios objetivos bíblicos. Pablo les dijo a los efesios:

> Y El dio a algunos el ser apóstoles, a otros profetas, a otros evangelistas, a otros pastores y maestros, a fin de capacitar a los santos para la obra del ministerio, para la edificación del cuerpo de Cristo; hasta que todos lleguemos a la unidad de la fe y del conocimiento pleno del Hijo de Dios, a la condición de un hombre maduro, a la medida de la estatura de la plenitud de Cristo. (Efesios 4.11-13)

Liderazgo es concentrarse en equipar a los santos para la obra del ministerio, para el crecimiento, unidad y madurez. Otros pasajes pueden hablar de otros objetivos del liderazgo, pero es importante notar que la Biblia nunca hace de la dependencia persistente en el liderazgo un objetivo del liderazgo. El liderazgo y el seguirazgo siempre se deben entender con el propósito en mente, y esos propósitos deben ser la madurez del individuo y el trabajo continuo de la iglesia.

Ideas equivocadas sobre los líderes

Hablemos de algunas ideas equivocadas sobre el liderazgo que pueden meternos en problemas serios.

Los líderes son divinos.

A los que nos enseñan los caminos de Dios, especialmente cuando somos nuevos en la fe, a menudo les asignamos un estatus de cuasi Dios. Pero los líderes no son omniscientes, ni todopoderosos, ni sabelotodo. No son los árbitros finales de todo lo que es bueno o malo. No son «jueces subalternos» de alguna manera ayudándole a Dios en su juicio y providencia. Cuando ponemos a los líderes en lugar de Dios, estamos en gran problema. Se llama idolatría.

Los líderes son infalibles.

Esto tal vez sea obvio, pero vale la pena repetirlo: hay una gigantesca diferencia entre proclamar la palabra de Dios y ser Dios. Cuando llegamos a la fe, los que nos enseñan parecen ser una fuente de divinidad. Toda palabra parece llevar la gracia del toque de Dios mismo. Sin embargo, el líder no es infalible. Sólo habla la palabra de Dios cuando de manera correcta aplica la Biblia a las cuestiones de la vida. Algunos asuntos fundamentales de la fe a menudo tienen respuestas bíblicas directas, lo que los líderes pueden aplicar y por consiguiente parecer infalibles. Muchos otros asuntos carecen de respuestas claras y rotundas de Dios.

El problema también se halla en el liderazgo de América Latina que enseña que ellos son la *rema* de Dios, o la palabra hablada de Dios. Recuerdo a alguien que me llamó al programa para preguntar precisamente sobre esto. Me dijo que su pastor le había dicho a toda la congregación que tenían que prestarle oídos y obedecerle porque él era la palabra hablada de Dios. Esa misma noche llamé a este pastor y le pedí su opinión respecto a la infalibilidad del Papa de la iglesia católico romana. Condenó tal herejía. Luego le pregunté cuál era la diferencia entre la supuesta infalibilidad del Papa y su posición de ser *rema* de Dios. Usted probablemente sabe la diferencia. Los católicos romanos tienen una persona que aduce ser infalible y nosotros tenemos miles que reclaman la misma herejía. El atribuir infalibilidad a los líderes es necedad y en extremo peligroso. Los líderes pueden ser espirituales, pero también son proclives a equivocarse. Es obvio que mientras más uno hace, más equivocaciones es probable que cometa. Por espirituales o llenos de amor que podamos estar, somos seres humanos. Nos equivocamos. Esto no es excusar los errores o minimizar su impacto. Tampoco absuelve a los líderes de su responsabilidad en cuanto a esas equivocaciones. Pero demasiado a menudo en América Latina vemos a líderes actuando, pretendiendo y exigiendo que la gente los siga como si fueran infalibles. ¿Acaso no debemos todos aceptar algo de la responsabilidad por permitir que líderes que se creen infalibles ocupen el escenario central?

Los líderes son padres.

Muchos vienen a la fe en Cristo en su juventud. Es natural que los creyentes jóvenes traten a los líderes como padres postizos, así como también es propio que los líderes traten a los creyentes jóvenes como si fueran hijos (véase 1 Tesalonicenses 2.8-10). Sin embargo, esto también está lleno de riesgos.

El riesgo principal es que, incluso en las familias numerosas, hay relativamente pocos hijos comparados al número de personas en una iglesia. Es irrazonable esperar que el líder de una iglesia persistentemente cuide a todos tanto como si fuera su propio padre o madre amante, aunque por un tiempo ese cuidado pudiera ser razonable y benéfico.

En general, muchos líderes luchan con esto y se confunden. Es fácil que los líderes caigan en este dilema. De hecho, algunos líderes a menudo se ponen a sí mismos en esa posición. Pero, ¿cómo puede el líder de una iglesia persistentemente tener la misma preocupación individual por nosotros como nuestros padres? Bíblicamente, los creyentes tienen que madurar y no mirar a los líderes de la iglesia como padres postizos. Los líderes tienen que entender que ésta no es su responsabilidad.

Tal vez sea una de las realidades duras de la vida, pero la edad adulta se espera y es inevitable con el paso del tiempo. El padre puede proveerle al hijo seguridad y dirección, amor y respaldo. Los hijos que crecen necesitan permiso para aventurarse en nuevos aspectos de la vida, pues no es natural quedarse como niño toda la vida. Los líderes de la iglesia no deben colocarse en papeles de padres porque no es natural y es una senda segura a la desilusión.

Los líderes son «hombres orquesta».

A la par con las líneas de creerse Dios o ser un padre mal dirigido, muchos líderes pretenden ser «hombres orquesta» en la vida. Los líderes a veces pretenden ser todos de estos profesionales: entrenadores personales, médicos, asesores financieros, mecánicos de autos, agentes de bienes raíces, especialistas de computadoras, agentes de viaje, profesionales de salud mental, genios en publicaciones, auxiliares de abogados y abogados. Y la lista sigue y sigue. ¿Qué pasa con eso? ¿De dónde surgen estas expectativas?

A veces los líderes son competentes en varias de estas tareas. Muchos líderes son personas de talento con una amplia variedad de experiencia, educación y destreza profesional pasada. Pero no todos los líderes encajan en este cuadro. Por ejemplo, simplemente porque un líder pueda tener destreza como entrenador físico no quiere decir que todos los líderes tengan la misma destreza. Y cuando la gente pasa de un campo a otro —como los profesionales al ministerio—, la destreza queda a un lado.

Desdichadamente, algunos líderes intervienen en aspectos que deberían evitar, bien sea debido al orgullo (incapaces de no «tener las riendas» o respetar la destreza de otros), falta de destreza o experiencia; o simplemente porque eso extiende más sus papeles como líderes. De manera interesante, los líderes de la Biblia por lo general no se extendían más allá de sus funciones. Cuando Jesús le dijo a Pedro: «Boga mar adentro» (Lucas 5), no fue la experiencia como pescador lo que produjo la pesca numerosa, sino un milagro. No vemos a Jesús entrenando a los doce en carpintería, ni tampoco Pablo entrenando a sus seguidores en la hechura de carpas. Más bien, ellos se apegaron a las cosas espirituales. Cuando los líderes se extienden más allá de las cosas espirituales, despiertan una expectativa de destreza que, incluso si existe para empezar, no es probable que puedan sostener.

Los seguidores son sabios si mantienen a sus líderes espirituales como líderes espirituales, y consultan a expertos en otros campos según sea necesario. Relativo al tema de entrenar y la destreza de los líderes, hay que considerar la competencia individual de los líderes en varias disciplinas «espirituales». Algunos líderes tienen educación formal (con obtención de título), pero muchos no. Algunos líderes han leído ampliamente y conocen muchos temas «de ministerio» tales como lenguajes bíblicos, teología, historia eclesiástica, homilética, apologética y disciplinas similares. Lamentablemente, muchos líderes todavía no tienen competencia en ninguna de estas disciplinas.

Los líderes que tal vez no tengan destrezas en estas áreas, ejercen un trabajo básico de liderazgo, que se considerará más adelante. Los seguidores no deben dar por sentado que los líderes tienen estas destrezas simplemente porque son líderes; ni tampoco los líderes deben pretender que las tienen ni actuar como si las destrezas no tuvieran importancia.

Los líderes son la conciencia.

Estrechamente relacionada a la posición como Dios y posición como padre, los líderes a veces pretenden funcionar como la conciencia de la gente. Esta es una abdicación de nuestra propia persona. Las Escrituras asignan un alto valor a la conciencia del individuo. A veces algunos modelos malsanos de liderazgo enseñan a la gente que antes de que consideren algo en su propia conciencia, los líderes deben «concordar con» o «hacer» como ellos dicen. Esta no es una perspectiva bíblica de la conciencia. Todo lo que la Biblia requiere de la conciencia de uno es que sea limpia delante del Señor. Esto no quiere decir que todas las cosas que parecen limpias a la conciencia sean automáticamente correctas, sino que tales cosas se deben evaluar con las Escrituras. No necesitamos la aprobación de alguna otra persona para tener ciertas opiniones o convicciones en nuestra conciencia.

Ideas correctas sobre los líderes

Listo. Ya explicamos lo que los líderes no son. ¿Cuál es el verdadero lugar de los líderes?

Los líderes son responsables por la iglesia como un todo.
Por su naturaleza, los líderes son responsables por la iglesia. Ciertamente son individuos los que forman la iglesia, pero los líderes más a menudo funcionan como líderes de un grupo.

Los seguidores se disponen a la desilusión cuando esperan que sus líderes los traten como individuos todo el tiempo. Sin embargo, también es razonable esperar que los líderes sean sensibles a las necesidades de los individuos al desempeñar su función.

A veces cosas que se dicen o se hacen por el grupo no se ajustan a todos los individuos que forman parte de él. Los líderes deben moderar los comentarios y acciones en concordancia, y los seguidores individuales también deben darse cuenta de esto y responder de acuerdo a esto. Un dicho antiguo me viene a la mente: «Al que le toca el guante, que se lo ponga». Si las cosas relativas al grupo se ajustan a usted como individuo, tómelas de corazón. Si no, no lo haga. No necesita permiso del líder para hacer esta evaluación.

Dios ha encargado su iglesia a los líderes. Ellos son responsables por dirigir a un grupo de personas a la fidelidad a Dios, y Dios les considera responsables por esto también. Algunos señalan la enseñanza de Mateo 20.20-28 para sugerir que no hay liderazgo «posicional» en la iglesia. Sin embargo, el mismo punto de la parábola es que el liderazgo posicional sí existe y que se debe desempeñar de una manera llena de amor y de servicio, tal como Jesús desempeñaba su liderazgo.

Entonces se le acercó la madre de los hijos de Zebedeo con sus hijos, postrándose ante Él y pidiéndole algo. Y Él le dijo: ¿Qué deseas? Ella le dijo: Ordena que en tu reino estos dos hijos míos se sienten uno a tu derecha y el otro a tu izquierda. Pero respondiendo Jesús, dijo: No sabéis lo que pedís. ¿Podéis beber la copa que yo voy a beber? Ellos le dijeron: Podemos. Él les dijo: Mi copa ciertamente beberéis, pero sentarse a mi derecha y a mi izquierda no es mío el concederlo, sino que es para quienes ha sido preparado por mi Padre. Al oír esto, los diez se indignaron contra los dos hermanos. Pero Jesús, llamándolos junto a sí, dijo: Sabéis que los gobernantes de los gentiles se enseñorean de ellos, y que los grandes ejercen autoridad sobre ellos. No ha de ser así entre vosotros, sino que el que quiera entre vosotros llegar a ser grande, será vuestro servidor, y el que quiera entre vosotros ser el primero, será vuestro siervo; así como el Hijo del Hombre no vino para ser servido, sino para servir y para dar su vida en rescate por muchos.

Los líderes son un recurso.
Dios ha designado líderes para la capacitación y dirección de la iglesia.

Y El dio a algunos el ser apóstoles, a otros profetas, a otros evangelistas, a otros pastores y maestros, a fin de capacitar a los santos para la obra del ministerio, para la edificación del cuerpo de Cristo; hasta que todos lleguemos a la unidad de la fe y del conocimiento pleno del Hijo de Dios, a la condición de un hombre maduro, a la medida de la estatura de la plenitud de Cristo; para que ya no seamos niños, sacudidos por las olas y llevados de aquí para allá por todo viento de doctrina, por la astucia de los hombres, por las artimañas engañosas del error; sino que hablando la verdad en amor, crezcamos en todos los aspectos en aquel que es la cabeza, es decir, Cristo, de quien todo el cuerpo (estando bien ajustado y unido por la cohesión que las coyunturas proveen), conforme al funcionamiento adecuado de cada miembro, produce el crecimiento del cuerpo para su propia edificación en amor. (Efesios 4.11-16)

Los líderes son recursos para la capacitación y la dirección. ¿Cuáles elementos «le faltan a su fe» (1 Tesalonicenses 3.10)? Mire a los líderes para que le ayuden en esas áreas. Atascarse en las fallas de los líderes no es un rasgo espiritual. ¿De qué sirve? El seguirazgo mira cómo otros líderes en su iglesia pueden ayudarle en su andar con Dios, y aprovecha las oportunidades según se presentan.

Breves comentarios sobre la «sumisión»

Es muy triste, pero existen muchos malos entendidos sobre la sumisión y hablaremos de esto con más detalle en otro capítulo. Pero queremos comentar aquí que la sumisión no quiere decir que los líderes son infalibles, similares a Dios, figuras paternales ni hombres orquesta. No quiere decir que los seguidores concuerdan en todo con el líder (a menudo lo opuesto es la verdad). No quiere decir que el líder tiene el ciento por ciento de razón en todo. No quiere decir que la gente capitula en todo asunto cuando discrepan con usted como líder. No quiere decir que la gente echa por la borda su individualidad, cerebro o conciencia en el acto. No quiere decir que no son creyentes maduros o que son clones sin entendimiento.

La verdad es que la sumisión al liderazgo es la acción libre y voluntaria de un creyente maduro con respecto a Dios y su orden en la iglesia, y debe ser consistente con la integridad de los líderes. En otras palabras, no tenemos que someternos a ciegas.

Obedeced a vuestros pastores y sujetaos a ellos, porque ellos velan por vuestras almas, como quienes han de dar cuenta. Permitidles que lo hagan con alegría y no quejándose, porque eso no sería provechoso para vosotros. (Hebreos 13.17)

Es el inmaduro el que rehúsa a someterse sólo basándose en las fallas o limitaciones de los líderes. Tal perspectiva yerra el punto del liderazgo y la sumisión. Dios designa a algunos —quienes quiera que sean— para que dirijan. A menos que el líder drásticamente se salga de los límites bíblicos, los seguidores deben seguir.

El liderazgo típicamente se entiende como algo que un individuo provee. Los líderes dirigen. Proveen una visión convincente. Fijan dirección y determinan estrategia. Motivan e inspiran.

Esta comprensión ha funcionado razonablemente bien, particularmente en ambientes del ministerio, pero también tiene sus limitaciones porque un individuo puede hacer algo sólo hasta cierto punto. Primero, con la creciente diversidad de congregaciones, es muy difícil que cualquier persona formule y articule una meta común. Hoy día, una meta común es posible sólo cuando se combinan los diversos intereses y diferentes agendas de muchos interesados. Segundo, los recursos; es decir, los dones, las destrezas y las energías de una sola persona invariablemente se agotarán. Para tener éxito a largo plazo, los ministerios necesitan sistemas, estructuras y prácticas de liderazgo que exigen la energía de todas las personas sin olvidar el seguirazgo y su importancia.

Pensemos en el liderazgo y seguirazgo como una alianza. El poner en práctica este tipo de liderazgo exige que dos o más personas compartan el poder y unan sus fuerzas para avanzar hacia la consecución de una meta común. Es una relación en que las personas son iguales. El liderazgo se coproduce conforme los individuos se relacionan como socios y desarrollan una visión común, fijan una dirección, resuelven problemas y hallan significado en su trabajo. El liderazgo como alianza es un proceso distribuido del que participan muchas personas ordinarias antes que la expresión de un solo individuo. Veremos más de esto en el capítulo sobre autoridad.

El seguirazgo no funcionará cuando una persona tiene el poder y las demás no, ni cuando algunos tienen el poder y otros no. Cuando una persona o un grupo usa el poder posicional o coactivo, el seguirazgo cesa. Más bien, el líder servidor debe usar su poder personal para fomentar situaciones en que todos ganan y alcanzan una meta común. Esta es una de las conversaciones que tuve con Abel y Víctor cuando decidimos unir nuestros ministerios. Queríamos que fuera una relación en la que todos ganan. Aunque a veces tenemos opiniones diferentes sobre cómo alcanzar un objetivo, todos en la relación de seguirazgo deben tener una comprensión común de cuál es el objetivo. Los individuos tendrán diferencias y conflictos, pero, conforme los líderes practican seguirazgo, debemos aprender a aceptar y a honrar a otros.

Sea en una relación de persona a persona, en un grupo pequeño o en una comunidad numerosa, el seguirazgo requiere que todos sean responsables y rindan cuentas por el trabajo. El trabajo no puede ser hecho por *nosotros* o *ellos*. Puede ser hecho sólo por todos nosotros. En el seguirazgo, la batuta que está en el escritorio de todos, y no sólo en el de la persona con el título o cargo. Cada persona que practica el seguirazgo debe creer en la dignidad inherente y valor de todas las demás. Todos deben reconocer que cada persona tiene talentos, destrezas y energías que aportar. El seguirazgo, de este modo, honra la diversidad, en palabra y obra. Requiere que a todos se les trate con dignidad y respeto. Tal vez la mejor manera de entender cómo el seguirazgo es diferente de otro liderazgo es entender que los líderes que practican seguirazgo no hacen lo que se les antoja, cuando se les antoja y como se les antoja. Básicamente el seguirazgo rinde cuentas a otros. He oído a algunos que dicen que tienen una junta, pero en muchos casos las juntas son nada más que un parapeto porque en realidad están organizadas para conveniencia más que para exigir cuentas.

Demasiados reyes, faraones, tiranos y dirigentes de sectas han actuado de la misma manera en toda la historia. Desdichadamente, una cantidad asombrosa de líderes latinos en las congregaciones actuales se han infectado de un sentido de derecho, prerrogativa divina e infalibilidad. ¿Entienden estos líderes que el liderazgo no es un nombramiento vitalicio, y que ningún individuo, ni siquiera el fundador, es más importante que la misión como un todo? Más bien, algunos líderes se aferran a su posición erróneamente; en lugar de ser mayordomos de la organización, cuya obligación es pasar las riendas a la próxima generación con gentileza y eficacia. Algunos líderes incluso han declarado, pública y frecuentemente, que la tarea más importante que tienen es hallar un sucesor digno.

Si todo eso es cierto, ¿cómo es que los líderes detestan pensar mucho en cuanto a la sucesión? ¿Cómo es que casi siempre se quedan más allá del tiempo de bienvenida, socavan y sabotean a sus sucesores, y probablemente se alegran en secreto cuando ellos fracasan y lloran cuando triunfan? ¿Cómo es que hay que sacarlos a rastras, mientras patalean y berrean, de sus oficinas favoritas, aferrándose con las uñas y arañando a todos para aferrarse a sus cargos hasta el mismo fin?

Tal vez el pensamiento de escoger deliberadamente a la persona que los sustituirá, no es normal. Es tabú.

Como dice el dicho, si usted va a hacer el trabajo de dos o más personas, lo más probable es que usted sea «mil usos». Esto no es un comentario de la calidad o capacidad del líder promedio. Más bien, es un comentario de la naturaleza de estar a cargo. El asumir los deberes de un líder requiere un deseo innato de ponerse por delante, por encima de otros, como la persona capaz de conseguir que las cosas se hagan y que las cosas sucedan. Para la mayoría de líderes esto brota tan naturalmente que es difícil dejar el pensamiento constante: «Yo soy el mejor en esto. Nadie más en realidad puede hacerlo. Sin mí, este lugar se desbarataría en un minuto».

Ahora que usted es líder, se supone que debe guiar y dirigir los esfuerzos de los que lo rodean, pero, ¿quién engaña a quién? En realidad a nadie le importa si esto se hace o no.

Nadie más tiene el mismo sentido de responsabilidad, deber y obligación. Nadie más ve el cuadro en grande y los detalles hostigosos que lo colorean.

Con todo, llega el momento cuando la cantidad de trabajo hace físicamente imposible que una sola persona lo supervise directamente. Ser líder a ese nivel empieza a exigir un conjunto diferente de destrezas. Si usted no puede soltar y siente la necesidad de observar todo movimiento y dirigir a todos los que lo rodean, tiene que aprender un complicado juego nuevo que es una gran parte de seguirazgo. El juego requiere que confíe que en última instancia es la obra de Dios y no de usted ni mía.

En algunos libros de liderazgo, el ceder la responsabilidad y la capacidad a las personas que nos rodean se llama *empoderamiento*. Compartir responsabilidades y recursos es muy importante si queremos ser líderes saludables.

En realidad, los líderes saludables se sienten cómodos al dar poder a otros no sólo como principio del liderazgo saludable, sino también porque el seguirazgo entiende que los líderes no pueden ni deben hacerlo todo.

Muchos líderes por toda América Latina abusan del poder. No ven el poder como una herramienta para lograr lo que Dios les ha pedido que hagan. Piensan innatamente que mientras más poder tengan, más podrán hacer. El dar poder, por definición, quiere decir ceder algo de poder. Y algunos líderes simplemente no son buenos para hacer eso, aunque eso les ayudaría a lograr las metas que Dios ha puesto delante de ellos. Si esto suena como estar entre la espada y la pared, lo es. Es también uno de esos hechos incómodos, caóticos y difíciles de racionalizar de la vida que van mano a mano con el seguirazgo.

Actuar independientemente de cierta manera requiere una combinación de control y manipulación. Dar por sentado que todos tienen la obligación de seguir a un líder ciegamente es una necedad. Sin embargo, es el tipo prevalente de seguirazgo que tiene lugar de parte de los «seguidores».

Hoy día vemos un salón lleno de escolares y nos negamos a catalogarlos por capacidad; más bien, repartimos cintas y aplausos por participación. Ignoramos su voluntad para ganar y pretendemos que son muy buenos aun cuando no se eleven a la altura de la ocasión. Sin embargo, cuando están en el patio es fácil identificar al chiquillo con la mayor destreza y voluntad. Es el niño o niña que gana el juego, capta la atención, y domina a los otros con su punto de vista sobre cómo se deben hacer las cosas. Concédale poder a ese niño o niña, y observe, y pronto hallará que no es fácil controlarlo. Esto es también lo que les ocurre a los líderes.

En una ocasión escuché a un líder popular decir: «Empoderar a los que están abiertos al empoderamiento es casi desperdiciar el tiempo. Lo más probable es que instintivamente echen mano de todo el poder que puedan el momento en que empiezan a percibir que existe». Para muchos líderes, dar a estas personas más poder empieza a parecerles como darle balas alguien que está dispuesto a dispararles. Para el líder que cree que el poder es importante, repartir poder simplemente deja de tener sentido cuando la persona ya sabe qué hacer con ese poder. Me recuerda a cierto pastor al que ayudé y que quería obtener más de su pastor de jóvenes. Viéndolos en acción, vi cuánto el pastor juvenil se contenía en las reuniones, se guardaba sus pensamientos, y por lo general se avenía a lo que fuera que el pastor quisiera. El pastor estimulaba a esta persona a no tener miedo de decir su opinión ni a contradecirle en las reuniones, porque esa era la clase de liderazgo que quería que demostrara. Pronto el pastor de jóvenes estaba haciendo precisamente eso, y el pastor calladamente echaba chispas al respecto. Sabía que había dado poder al pastor de jóvenes, pero ahora se fastidiaba con él porque no podía salirse con la suya todo el tiempo.

Simplemente no es fácil. A los líderes se les ha dicho que deben sentirse cómodos rodeándose de quienes tienen más talento. Los expertos en liderazgo dicen que no es importante ser el más ingenioso ni el más capaz en el salón; es mejor tener al equipo más ingenioso y más capaz. Y si bien esto es cierto, también exige un ser humano con confianza propia, con una firme comprensión de su cargo y estatus para verdaderamente funcionar de esa manera. Y hasta el día de hoy no he conocido a muchos que califiquen. El liderazgo, después de todo, es cuestión de credibilidad. La credibilidad exige confianza, certeza y capacidad. Sabemos que sin una cosmovisión clara tal vez nunca entenderemos toda esta idea de seguirazgo.

• • • • • • • • • • • • • • • • • • • •

10 IDEAS CLAVES

Capítulo 1: EL SEGUIRAZGO

1. La lista de los que se convirtieron en grandes líderes porque siguieron a otros no se detiene.
2. El verdadero liderazgo incluye líderes que están dispuestos a someterse al desarrollo de liderazgo, incluso si ya son líderes.
3. De una u otra forma, es difícil separar el arte o la capacidad de liderar de la destreza de aprender a seguir.

4. La propuesta real de este libro es explicar que un verdadero líder tiene que aprender a seguir primero para poder liderar. En otras palabras, un verdadero líder nunca deja de seguir.

5. Seguirazgo es la diferencia entre el líder cacique y el líder íntegro; es estar presente sin hacerse notar mientras que se logra que el trabajo se haga. Es la celebración del programa, del proceso y de la promesa de vida sin la necesidad de atraer ninguna atención hacia nosotros mismos.

6. Seguirazgo es la disposición de abrazar al marginado; es ganar la carrera mientras que se dirige la atención al que viene detrás. Es dar dádivas anónimamente y cuidar del detalle. Seguirazgo es lo que los teólogos de la liberación llaman ser un «portador de Dios» y un *teopraxis*, un hacedor de Dios.

7. La función primaria de los líderes espirituales es ayudar a la gente a encontrar y a seguir al Señor.

8. Puesto que los líderes espirituales ayudan a la gente a seguir a Dios, sus propias vidas deben reflejar el carácter divino.

9. Liderazgo es concentrarse en equipar a los santos para la obra del ministerio, para el crecimiento, unidad y madurez.

10. La verdad es que la sumisión al liderazgo es la acción libre y voluntaria de un creyente maduro con respecto a Dios y su orden en la iglesia, y debe ser consistente con la integridad de los líderes. En otras palabras, no debemos someternos a ciegas.

• • • • • • • • • • • • • • • • • • • •

Ca • pí • tu • lo / 2 /

LA COSMOVISIÓN CRISTIANA DEL SEGUIRAZGO

Daniel era alto y musculoso. *Le gustaba el voleibol y el ciclismo. Era un atleta nato. Inteligente. Bien parecido. Era un líder. Es más, era pastor de jóvenes. Todos lo querían, en especial las chicas. Cindy fue invitada al grupo de jóvenes por una amiga a la que le gustaba Daniel. Las dos chicas miraban embelesadas a Daniel mientras este dirigía el culto; sus corazones latían más rápido cada vez que él las miraba. Cuando Daniel preguntó si alguien quería aceptar a Jesús como su Salvador, la mano de Cindy fue la primera en alzarse. Y cuando Daniel pronunció la oración de salvación con ella, Cindy repitió cada palabra. Le pidió a Dios que perdonara sus pecados. Que la convirtiera en su hija. Y le prometió a Jesús seguirlo dondequiera que la dirigiera.*

Cindy era una persona nueva en Cristo y estaba muy entusiasmada. Al parecer, Daniel también lo estaba con ella. No había transcurrido una semana que Cindy le había pedido a Cristo que entrara en su corazón, cuando Daniel la invitó a salir. ¡Era un sueño hecho realidad! Todo estaba saliendo a la perfección.

Cindy debe haberse probado una docena de vestidos para su primera cita. «Este parece demasiado a la moda. Este demasiado provocativo. Este muy ancho». Cindy quería que todo fuera perfecto. Ese podría ser el hombre con el que iba a casarse. Era demasiado bueno para perderlo. Todo tenía que ser planificado a la perfección.

Daniel llamó a la puerta de Cindy a las cinco de la tarde. Llevaba flores en una mano y una pequeña y linda tarjeta. Era muy agradable. Cindy suspiró con profunda satisfacción. Entonces la llevó a dar un paseo mientras hablaban. No pudo haber sido mejor. Luego se la llevó a su casa. Qué bueno, pensó Cindy, así veo dónde vive Daniel. Él encendió unas velas y puso música agradable. Luego sacó una botella de vino y le sirvió un vaso. Él tenía el suyo.

Una señal de alerta advirtió al recientemente transformado espíritu de Cindy. ¿Qué está pasando?, pensó de repente. Por supuesto, Cindy no sabía qué pensar. Ella era una cristiana nueva. Confiaba plenamente en su ejemplar y maravilloso pastor de jóvenes. Cuando Daniel le ofreció un segundo vaso de vino, Cindy le dijo que no. Ella ya estaba sintiéndose un poco mareada. Daniel se echó a reír: «Parece que nunca hubieras bebido más de una copa», bromeó. Ella le correspondió y le dijo: «Tienes razón, tomaré otra».

Le pareció un momento romántico al lado del chico que realmente le gustaba mucho. ¿Se sintió él de la misma manera? Debía sentirse así. Ella vio cómo la estaba mirando. ¡Qué romántico! La vista de Cindy comenzó a hacérsele un poco borrosa y cada vez se le hacía más difícil hablar. Estaba somnolienta. Daniel se le acercó más y comenzó a susurrarle al oído. Luego empezó a mordisquearla mientras sus manos le acariciaban la cintura y comenzaban a explorar hacia arriba

Borracha o no, Cindy se sorprendió. Realmente le gustaba Daniel pero, ¿estaba tratando de emborracharla para aprovecharse de ella? Su siguiente movimiento lo confirmó. Daniel la atrajo hacia él y se la puso encima. «¿Qué estás haciendo?», protestó Cindy. «¡Apártate!» Él se rió. «No, en serio! ¡Apártate!», insistió ella. Sin embargo, Daniel no se movió. Luego, Cindy comenzó a llorar y a resistirse. «¡Suéltame! ¿Qué estás pensando? ¡Eres pastor!»

Daniel se levantó de mala gana. Ya no se reía. En lo que a él concernía, el momento estaba arruinado. Cindy estaba más que un poco molesta. Así era él. Estaba enojado. Sopló las velas mientras Cindy se tambaleaba hasta llegar a la puerta y salía del lugar. Nunca supo cómo llegó a casa de Daniel. Él no la llevaría allí, ni a ningún otro lugar nunca más. En cuanto a Cindy, lloró todo el camino a casa, nunca volvería a poner un pie en una iglesia.

Una década más tarde, Daniel sigue siendo soltero y pastor de jóvenes, la envidia y obsesión de las chicas de su grupo de jóvenes...

Estudios realizados en los Estados Unidos por la empresa Gallup y por el grupo Barna, han revelado que el estilo de vida de los cristianos de hoy es muy similar al de aquellos que no conocen a Cristo. Aunque esos resultados quizás no sean muy precisos, ya que no todos los participantes de dichas encuestas eran necesariamente cristianos, no podemos negar la validez de la información dada la realidad de que en muchos lugares se hace difícil diferenciar al creyente del no creyente.

Si hay algo que sabemos es que la Palabra de Dios, de forma recurrente, nos habla de dos mundos en conflicto: el reino de las tinieblas y el reino de la luz. Juan nos explica la batalla de los dos reinos así, en Juan 12.46:

Yo [Jesús], la luz, he venido al mundo, para que todo aquel que crea en mí no viva en tinieblas.

El conflicto es entre el bien y el mal, la luz y la oscuridad, Cristo y el mundo sin Él. El apóstol Juan continúa en Juan 3.17-21:

Porque no envió Dios a su Hijo al mundo para condenar al mundo, sino para que el mundo sea salvo por él. El que en él cree, no es condenado; pero el que no cree, ya ha sido condenado, porque no ha creído en el nombre del unigénito Hijo de Dios. Y esta es la condenación: que la luz vino al mundo, y los hombres amaron más las tinieblas que la luz, porque sus obras eran malas. Porque todo aquel que hace lo malo, aborrece la luz y no viene a la luz, para que sus obras no sean reprendidas. Mas el que practica la verdad viene a la luz, para que sea manifiesto que sus obras son hechas en Dios.

Y de nuevo, en uno de los momentos más oscuros de la tierra, Jesús confirma la batalla entre el dominio de la luz y el de la oscuridad: el reino de los cielos y el reino de los hombres, tal como dice Juan 18.36-37:

Respondió Jesús: Mi reino no es de este mundo; si mi reino fuera de este mundo, mis servidores pelearían para que yo no fuera entregado a los judíos; pero mi reino no es de aquí. Le dijo entonces Pilato: ¿Luego, eres tú rey? Respondió Jesús: Tú dices que yo soy rey. Yo para esto he nacido, y para esto he venido al mundo, para dar testimonio a la verdad. Todo aquel que es de la verdad, oye mi voz.

No existe un tercer reino que represente un punto intermedio. O estamos en el reino de la luz o en el de las tinieblas. Sin embargo, algunos prefieren vivir como en la penumbra... ni en un lado ni en el otro. Uno de los diccionarios consultados define la penumbra como una sombra entre la luz y la oscuridad. Tal definición no aclara dónde comienza una ni dónde termina la otra. Así lucen las vidas de muchos cristianos hoy día. Pero no existe tal reino de las penumbras; o somos luz o somos tinieblas. De ahí la importancia que podamos definir con claridad aquellos que ciertamente están identificados con el reino de Dios, ya que de ese grupo es que deben salir los futuros líderes.

Quizás hemos de preguntarnos: ¿por qué hablar de cosmovisión en un libro que tiene que ver con liderazgo? Y creo que la respuesta es más sencilla de lo que parece. Un buen líder cristiano debe tener una idea clara de cómo luce el mundo a su alrededor visto a través de la mente de Dios, es decir, lo que conocemos de ella: su Palabra. Aun más, necesita conocer no solo cómo luce su ambiente, sino entender cómo espera Dios que reaccione ante las circunstancias que se producen a su alrededor.

Es por eso que vamos a dedicar este capítulo a describir la cosmovisión bíblica y la de la gente moderna para luego —en el capítulo que le sigue— hablar de cuál debe ser la mentalidad del discípulo de Cristo ante un mundo tan adverso como el que enfrenta en la actualidad.

Los líderes tenemos la necesidad imperante de abrazar la cosmovisión bíblica y es por eso que se hace tan importante hablar sobre las corrientes y formas de pensamiento del mundo que obstaculizan este propósito.

John Stott, en su libro acerca del sermón del monte [1], dice que el cristianismo es el movimiento más contracultural que la humanidad haya tenido. Es contracultural porque abarca valores diametralmente opuestos a los que nuestra sociedad celebra y es contrario a las corrientes de la cultura porque sus valores no son solo opuestos, sino que cuando son abrazados por hombres y mujeres de Dios, estos se oponen francamente a la práctica de todo aquello que le deshonre a Él.

Muchos no quieren pagar el precio del sacrificio, de la crítica o de la impopularidad y sacrifican la verdad en el altar de la notoriedad o de la conveniencia. La aprobación, la popularidad, la conveniencia, la apatía, nunca han sido metas del reino de los cielos. Su meta es transformar a la sociedad por medio de la predicación del mensaje de la Palabra de Dios.

Si el movimiento que Cristo inició provoca esos cambios que acabamos de describir, ¿a qué se debe entonces que en estos momentos la vida del cristiano y la del incrédulo se parezcan tanto? ¿En qué grado difiere la cosmovisión cristiana de la que impera en el mundo en que vivimos?

No solo tenemos que hacernos esas preguntas, sino que necesitamos hacer el mayor esfuerzo para encontrar las respuestas. Y de eso estaremos hablando en lo adelante. Todo lo que ocurre a nuestro alrededor tiene el potencial de impactarnos para bien o para mal. Por desdicha, las «corrientes de este mundo» siempre nos afectan negativamente haciéndonos creer que la fe cristiana está desfasada; que necesita adaptarse a las nuevas ideas o corre el riesgo de sucumbir. Pero nada puede estar más lejos de la verdad.

Cristo le ofreció garantías a su iglesia cuando habló de que las puertas del Hades no prevalecerían contra ella (Mateo 16.18). La iglesia es la única institución que cuenta con la garantía divina de manera explícita. De manera que podrán sacudirse las montañas, y desaparecer el firmamento, pero su iglesia prevalecerá porque no depende del hombre, sino de Dios que la garantiza.

De ahí que sea tan relevante el tema de la cosmovisión cristiana y bíblica. Hasta que el creyente que no posea una cosmovisión bíblica que entienda, valore y defienda, no podrá vivir de una manera que afecte su entorno. La realidad es que muchos son los que tienen conocimiento bíblico —en su mente— sin necesariamente poseer una mente bíblica.

Si lo que tenemos es mero conocimiento, terminamos defendiendo las ideas que sostenemos; pero cuando poseemos una mente bíblica, somos sostenidos por convicciones. En otras palabras, nosotros sostenemos las ideas, pero son las convicciones las que nos sostienen a nosotros.

Definición de cosmovisión

Una cosmovisión es un conjunto de valores, ideas, presuposiciones y creencias que una persona adquiere a lo largo de su vida y a través de las cuales interpreta el mundo a su alrededor y reacciona ante las circunstancias que se le presentan. Una cosmovisión —de la naturaleza que sea— es como un lente a través del cual la persona ve todo.

Sin embargo, la cosmovisión cristiana no es solo un lente por el cual vemos las cosas, es mucho más que eso. Es más bien algo similar al foco de una cámara que nos permite dirigir debidamente las circunstancias que ocurren alrededor de nosotros. De la misma manera que el lente de una cámara nos permite hacer ajustes para ver las cosas correctamente, la cosmovisión cristiana «ajusta» nuestra mente para ver la vida como Dios la ve.

Para fines de ese estudio, se definió cosmovisión bíblica como la creencia en los siguientes postulados: «La existencia de una verdad moral absoluta; de una Biblia que es completamente correcta en todos los principios que enseña; de un Satanás que es considerado un ser real o una fuerza y no algo meramente simbólico; del concepto de que la persona no puede ganarse el cielo a través de buenas obras; de que Jesucristo tuvo una vida sin pecado en la tierra; y de que Dios es omnisciente, todopoderoso, creador del mundo que aún gobierna».[2]

Las diferencias de valores y concepciones que dos personas posean con relación a diversos temas de la vida son las causantes de la mayoría de las discusiones que observamos en el mundo. La posibilidad de que dos individuos puedan ponerse de acuerdo con relación a un punto cualquiera, va a depender de cuánto se asemejen sus cosmovisiones con relación a ese punto. Es precisamente por eso que en un mundo cambiante como el que vivimos, y en medio de una generación que se ha ido alejando cada vez más de los valores cristianos, es sumamente importante que el creyente pueda tener una cosmovisión bíblica. Lamentablemente, los estudios realizados por el grupo Barna en los Estados Unidos revelaron que menos de un diez por ciento de los cristianos que se consideran a sí mismos nacidos de nuevo poseen una cosmovisión bíblica.

Esto ha ocurrido porque las iglesias no se han ocupado de formar una mente bíblica en sus miembros y porque hemos visto la Biblia exclusivamente como un libro de instrucción espiritual que solo sirve para llevar una vida santa dentro de lo que es el mundo de la iglesia o de la familia cristiana. No obstante, la Biblia es mucho más que eso; es una cosmovisión total del mundo ya que tiene algo que decirnos con relación a todos y a cada uno de los temas relevantes de la vida.

En la Biblia encontramos principios profundamente teológicos y filosóficos, pero encontramos también principios éticos para nuestro desenvolvimiento diario y, aún más, encontramos principios de biología, sicología, sociología; principios relacionados a las leyes de la nación y al mundo de la política, de la economía y aun relacionados con todo lo que tiene que ver con la historia del hombre. Todos estos temas forman parte de la cosmovisión de una persona. Un líder efectivo necesita estar familiarizado con estos temas, pero desde la perspectiva de Dios.

Dios nos habla en 1 Crónicas 12.32 diciendo: «De los hijos de Isacar, doscientos principales, entendidos en los tiempos, y que sabían lo que Israel debía hacer». Hoy tenemos la misma necesidad: formar líderes que entiendan el momento histórico que estamos viviendo y con conocimiento suficiente para saber qué hacer en momentos tan cruciales.

Los elementos más importantes de una cosmovisión

Los dos elementos más importantes de una cosmovisión son los siguientes:

* La concepción que se tenga acerca de la existencia de Dios o de su no existencia; y,
* La concepción que se tenga del origen del ser humano (creación o evolución).

De estas ideas se desprende el valor que le asignamos al hombre y la manera en que vamos a vivir. No es lo mismo concebir un mundo en el que Dios es el Creador y del cual también es Juez y estándar, que concebir un mundo en el que no hay un estándar absoluto por el cual medir nuestras conductas.

Esta última corresponde a la concepción ateísta que muchos comparten hoy. Igualmente, no es lo mismo que concibamos al hombre como alguien creado a imagen y semejanza de Dios, tal como la Biblia lo afirma en el primer capítulo del libro de Génesis, a que lo concibamos como simple materia evolucionada que, en última instancia, siempre tendrá el mismo valor de la mera materia de la que ha evolucionado.

De esta manera, y a grandes rasgos, hemos mencionado los dos puntos quizás más divergentes entre lo que sería una cosmovisión bíblica y una cosmovisión de la gente del mundo en el que vivimos: la existencia de Dios y su concepción del hombre, y la realidad que lo rodea. De estas dos ideas se derivan una serie de consecuencias que necesitan ser evaluadas.

La cosmovisión bíblica considera al Dios de la Biblia como Dios creador y como el único ser eterno; y ve el mundo y todo el universo como creado por Dios, tal como afirma Génesis 1.1 cuando dice: «En el principio creó Dios los cielos y la tierra». Esta cosmovisión así concebida considera a Dios como alguien que permanece en control del universo porque Él es quien «sustenta todas las cosas con la palabra de su poder» (Hebreos 1.3).

El Dios de la Biblia, por tanto, está relacionado íntimamente con su universo y es el orquestador de todos los acontecimientos de la historia. Pero al mismo tiempo es el Dios majestuoso, grandioso, cuya sabiduría es insondable e inescrutables sus caminos (Romanos 11.33). De ahí que digamos que Dios es *inmanente* (físicamente cercano, a diferencia de «inminente» que implica cercanía en tiempo) y a la vez *trascendente*; o sea, inalcanzable e incomprensible.

Isaías 57.15 lo dice de esta manera: «Porque así dijo el Alto y Sublime, el que habita la eternidad, y cuyo nombre es el Santo: Yo habito en la altura y la santidad *[trascendente]*, y con el quebrantado y humilde de espíritu *[inmanente]*, para hacer vivir el espíritu de los humildes, y para vivificar el corazón de los quebrantados».

Ese mismo Dios nos ha revelado que nos creó a su imagen y semejanza (Génesis 1.26-27) y que por tanto somos seres con capacidad para pensar, sentir, tomar decisiones y capaces de relacionarnos con Dios y de alcanzar cierto grado de santificación, lo que nos diferencia del resto de las especies.

El hecho de que Dios sea el dador de la vida y la idea de que el hombre lleve impresa la imagen divina en su ser, le da a su existencia otra connotación. El valor de la vida de cada persona radica precisamente en estas dos últimas ideas. Dios es el autor de la vida y, por tanto, no tenemos derecho sobre ella. Dios ha puesto su imagen en nosotros y, por consiguiente, tenemos un valor, ya sea que el hombre lo reconozca o no.

En el 1942, el filósofo existencialista Albert Camus escribió un ensayo titulado «El mito de Sísifo», en el que argumentaba que había una sola pregunta filosóficamente seria y tenía que ver con la idea del suicidio. Esa es la consecuencia natural de una mente sin Dios. La vida apartada de Dios carece de sentido y de propósito. Es un proyecto que comienza el día que usted nace y termina el día que muere; ambas fechas son separadas solamente por un guión. Pero la «perspectiva por encima del sol» es otra cosa totalmente diferente.

En la cosmovisión cristiana, el Dios creador y sostenedor del universo pasa a ser el estándar por medio del cual medimos todas nuestras conductas y es la autoridad bajo la cual debemos vivir, reconociendo que tendríamos que rendirle cuentas de todo cuanto hayamos hecho, sea bueno o sea malo, como bien establece 1 Corintios 5.10.

En oposición a esta, la cosmovisión humanista tendrá un conjunto de valores, ideas y concepciones que no tienen como centro a un Dios creador del mundo material ni mucho menos creador de la vida, ni la de los seres humanos ni de las demás especies. Por tanto, bajo esta concepción, el hombre es su propia autoridad. Él es quien determina lo que es bueno o malo, quien determina lo que es moral o inmoral y es ese mismo hombre quien se constituye en el capitán de su propio destino.

Bajo esa cosmovisión humanista, somos el resultado de la evolución de la materia y, por tanto, no tenemos que rendir cuentas a ningún ser superior. Es obvio que bajo esta óptica la vida no tendrá el mismo valor que bajo una perspectiva cristiana en la que el hombre es visto como una criatura hecha a imagen y semejanza de Dios.

Entre las consecuencias nefastas de ver al hombre como simple materia evolucionada podemos mencionar la aceptación y expansión de la práctica del aborto y el comienzo de las prácticas de la eutanasia. Si el hombre es simplemente materia evolucionada, entonces esa vida puede ser tratada simplemente como tal... como materia. ¿Qué hacemos con lo material cuando ya no nos sirve o cuando ya no cumple su propósito? La desechamos como algo inservible. Eso es lo que está ocurriendo en el caso de los abortos y la eutanasia. Cuando estas criaturas se constituyen en un estorbo entonces las desechamos. Pero no debemos perder de vista que esto es simplemente una consecuencia de no ver la vida como creada por Dios ni al hombre como criatura hecha a su imagen y semejanza.

La cosmovisión de un mundo posmodernista

Los historiadores y otros estudiosos de la época han definido nuestros tiempos como los años del posmodernismo. Para entender lo que es el posmodernismo se requiere comprender qué es el modernismo. Muchos consideran la época moderna como el período comprendido entre 1610 —cuando Galileo Galilei hace su primera observación a través del telescopio que el mismo había desarrollado el año anterior— hasta el 1960, cuando inició la década sobre la cual giraría la civilización en otra dirección. A partir de los inicios del siglo diecisiete comenzó a desarrollarse la ciencia y, como resultado, la sociedad comenzó a confiar en ella para sus soluciones. Por tanto la iglesia ya no sería la institución de confianza, sino la universidad. Todo esto comenzó a producir un alejamiento de Dios de tal manera que los valores absolutos no los establecería Dios en lo adelante, sino la ciencia misma. Ahora la ciencia sería la poseedora de la verdad y no la revelación de la Biblia, como hasta ese entonces se había creído en el mundo occidental.

A partir de 1960 surge en Estados Unidos el movimiento *hippie*, la era de las drogas y el sexo libre. Se aprueban los primeros anticonceptivos y se decreta el aborto libre apenas una década más tarde (en enero de 1972). Todo eso comenzó a producir el desarrollo de una nueva serie de valores que cambiaron los fundamentos de la sociedad.

Es importante notar que otros estudiosos hayan definido el período moderno como los años que van desde el 1789, año en que comenzó la Revolución Francesa, hasta el año de 1989, cuando la cortina de hierro se desplomó en Europa. Durante todo ese tiempo, el hombre creyó en la existencia de valores absolutos, lo cual ya para el 1989 había dejado de ocurrir. Ahora hablamos de que estamos en el período posmoderno, y una de sus características principales es el rechazo a toda verdad absoluta y el cuestionamiento a todo lo que habíamos heredado hasta ahora desde las civilizaciones anteriores. Este nuevo período posmoderno tiene características muy peculiares que debemos conocer.

Características del mundo posmoderno

El cristiano de hoy día necesita conocer las peculiaridades de la sociedad en que vive, no solo para poder defender mejor la verdad que conoce, sino también para vivir de una mejor manera en medio de una sociedad que va a la deriva. El posmodernismo ha sido definido como «una filosofía de vida con múltiples manifestaciones que tiene su origen en el desencanto con el pasado, al que cuestiona, rechaza y desafía creando entonces sus propias reglas, normas y principios».

Tal desencanto se debe a que el hombre de hoy sigue vacío, y en su vacío culpa al pasado por no haberle dado sentido para su existencia, no reconociendo que la culpa está en el que ha decidido vivir apartado de Dios. La revista *Irreverencia* define el posmodernismo como «el movimiento por el cual —no sin esfuerzo e incertidumbre—, uno se separa de lo que se acepta como la verdad y busca otras reglas». Esto nos da una idea de hacia dónde apunta este movimiento.

Ese mundo posmoderno tiene características muy definidas:

1) *Celebra y proclama la ausencia de valores absolutos.* En la mente posmoderna, la razón del hombre no es confiable para definir la verdad;

por tanto esta se encuentra en la opinión de un grupo de personas, más que en la afirmación de cualquier individuo en particular. Lo cierto es que sin la existencia de valores absolutos, se hace imposible legislar las naciones porque cada ley quedaría a la interpretación individual de los ciudadanos. La ley que prohíbe el homicidio, lo hace porque considera la vida un valor absoluto.

2) *La mente posmoderna cree que las palabras no tienen significado específico.* La idea es que estas palabras son subjetivas y que cada lector tendrá que darle el sentido a lo que lee según lo entienda. De acuerdo a este movimiento, los historiadores del pasado estaban todos prejuiciados en una dirección u otra y, por tanto, la historia debe desmantelarse para volverse a contar. Este movimiento entiende que la literatura refleja los prejuicios de un escritor y su grupo cultural; que el escritor expresa lo que le beneficiaría a él y a su grupo. Por tanto, el autor es visto como alguien que está tratando de imponer su voluntad.

3) *Exalta la diversidad o pluralismo por encima de la verdad.* El cristiano bien informado estará a favor del pluralismo siempre y cuando sea definido como la coexistencia de ideas diversas, dentro de un marco de respeto garantizado por el Estado. En efecto, ese pluralismo garantiza incluso la libre expresión de los mismos conceptos cristianos. Pero una cosa es apoyar ese pluralismo de ideas y otra es pensar que las verdades absolutas no existen y que, por tanto, son imposibles de ser encontradas. Los tiempos han ido cambiando. Hasta hace poco se tenía la noción de que teníamos que ser tolerantes con las personas, entendiendo que todas ellas tienen el mismo derecho a la vida, a la expresión, a la libertad y que no debería haber discriminación en contra de nadie. Eso es lo que se ha llamado igualitarismo, algo que la Biblia afirma y apoya. Pero ahora hemos confundido el concepto de la no discriminación de las personas con el de que todas las ideas tienen el mismo valor y que por tanto ninguna debe ser considerada superior, o mejor que otra. De ahí que muchos opinen que no existen valores absolutos.

Muchos pensadores del momento creen que la diversidad apoyada o ayudada por la globalización es un paso que puede contribuir al progreso de nuestra sociedad en medio de un intercambio de ideas que favorezca el desarrollo humano y la unidad del mundo. Pero no podemos sacrificar la verdad en aras de la unidad ya que pronto no tendremos ni una ni otra.

Al resistirse a aceptar las verdades absolutas, la mente posmodernista rehúsa ser concluyente en sus opiniones y criterios; y prefiere dejar ciertos temas sensibles a cualquier opinión, o permanecer en la indefinición. Por esta razón, al interactuar con un cristiano, una persona posmoderna muy probablemente no le califique de estar equivocado en sus convicciones ya que piensa que nadie conoce la verdad definitiva. Preferirá calificar a ese cristiano como «cerrado», estrecho de mente, arrogante, superficial o simplista. Como detesta las definiciones, preferirá no emitir un veredicto y permanecer en la indefinición; el posmodernista odia las fórmulas o las ideas dogmáticas.

Sin embargo, el líder cristiano no puede admitir que esta sea la realidad y debe defender su criterio, de manera que pueda demostrar que en la práctica es imposible sobrevivir con una cosmovisión indefinida. Es fácil imaginar lo ingobernable que sería un país si las interpretaciones de las leyes fuesen relativas; por ejemplo, que un semáforo en rojo para alguien fuera una señal para detenerse, mientras que para otro fuera simplemente una advertencia.

Algunos incluso pudieran argumentar que el gobierno no tiene el derecho de coartar la libertad que el ciudadano tiene de manejar sin límites de velocidad. La realidad es que si no existen valores absolutos, no podríamos ni siquiera legislar prohibición alguna, porque toda contravención asume que lo que se prohíbe protege algún valor que todos deben reconocer. Es esta mentalidad posmodernista la que hace difícil entonces que ese hombre pueda aceptar la Biblia y sus conceptos como absolutos.

La mente posmodernista está predispuesta contra la Biblia

Como el hombre posmoderno no cree en la existencia de la verdad absoluta, tal como ya dijimos, entonces no tiene forma de creer en la Biblia. El número de personas que hoy se identifican como cristianos —y que al mismo tiempo no creen que la Biblia revele verdades absolutas— ha ido en aumento en los últimos años. Si la Biblia no es una palabra infalible de parte de Dios, ¿de qué manera sabremos qué sección escoger y cuál rechazar? Si hay algo que el cristiano no puede negociar es la infalibilidad de la Biblia ya que cualquier parte de ella que sea cuestionable pondría en tela de juicio el resto de la revelación. La Biblia es infalible porque su fuente de revelación, Dios, es infalible. Desde el principio, el intento de Satanás siempre ha sido cuestionar la Palabra de Dios. En el Edén hizo caer a Adán cuestionando las instrucciones divinas. Génesis 3.1 declara que:

La serpiente era más astuta que cualquiera de los animales del campo que el SEÑOR Dios había hecho. Y dijo a la mujer: ¿Conque Dios os ha dicho: No comeréis de *ningún árbol del huerto*? [Énfasis añadido]

Dios no dijo que no podían comer de *ningún* árbol del huerto; sino solo del árbol que estaba en el centro.

Eva responde y conversa con la serpiente:

Y la mujer respondió a la serpiente: Del fruto de los árboles del huerto podemos comer pero del fruto del árbol que está en medio del huerto, ha dicho Dios: «No comeréis de él, ni lo tocaréis, para que no muráis». Y la serpiente dijo a la mujer: «Ciertamente no moriréis. Pues Dios sabe que el día que de él comáis, serán abiertos vuestros ojos y seréis como Dios, conociendo el bien y el mal» (vv. 2-5).

Satanás sembró la duda en la mente de esta primera pareja y los hizo caer. La meta de Satanás es poner en entredicho la Palabra de Dios; y así como lo hizo disfrazado de serpiente en el huerto, hoy día lo hace disfrazado de filósofo o de hombre de ciencia mediante los postulados posmodernos que también cuestionan la veracidad de su Palabra.

El posmodernista prefiere las indefiniciones antes que las opiniones concretas. Y eso representa una barrera altamente significativa para la verdad bíblica. Si bien es cierto que hay muchas verdades que Dios no reveló en su Palabra, no es menos cierto que aquellas cosas reveladas están expresadas en un lenguaje a menudo concreto y que no permite cuestionamiento. La idea de las indefiniciones es lo que permite que la mente posmoderna prefiera decir que todos los grandes maestros espirituales representan diferentes intermediarios o diferentes enviados de Dios.

Sin embargo, el maestro que niega la existencia de una verdad absoluta no puede enseñar la suya puesto que su propia verdad quedaría en cuestionamiento, porque si no hay verdad absoluta, todo cuanto esa persona enseñe tampoco podrá aceptarse como bueno o válido. En el mejor de los casos, sería una verdad relativa. Sin embargo, Jesús no habló en esos términos, sino que dijo:

«Yo soy el camino, la verdad y la vida; nadie va al Padre, si no es por mí». (Juan 14.6)

Cuando Jesús habló excluyó a todos los demás que contradecían su revelación. No podemos olvidar que toda verdad es exclusiva, independientemente de lo que se trate; la verdad y el error no pueden sentarse en la misma silla. Jesús siempre habló en términos excluyentes y el resto de la Palabra de Dios también. Pero esta es clara cuando afirma en Hechos 4.12 que:

«En ningún *otro* hay salvación, porque no hay *otro nombre* bajo el cielo dado a los hombres, en el cual podamos ser salvos». [Énfasis añadido]

Como la mente posmoderna es relativista y piensa que la verdad se encuentra en la opinión del grupo, muchos creen que en las iglesias debemos dejar de predicar y solo limitarnos a leer el texto bíblico para que cada cual opine acerca de lo que el texto significa para cada quien. Esto nos da una idea de lo funesto que es este movimiento para el fortalecimiento de la iglesia de Cristo. Gracias a Dios que el Señor nos dejó dicho que las puertas del Hades no prevalecerían contra su iglesia y en esa promesa podemos descansar confiados.

Esa mente posmoderna tiene una idea «mística» y multiforme acerca del mundo sobrenatural. Es este concepto el que ha permitido que cada quien en el mundo de hoy formule su propia idea de quién es o de cómo es Dios, sin que nadie se atreva a cuestionar tal absurdo. Esto es tan ilógico que no es poco frecuente que dos personas con ideas totalmente contrarias en cuanto a su conocimiento de Dios afirmen estar siguiendo o adorando al mismo Dios. De ahí el surgimiento y expansión del movimiento ecuménico.

Debemos tener presente que Dios no es lo que el hombre quiera que sea. Él le dijo a Moisés: «Yo Soy» (Éxodo 3.14). Dios es quien se define a sí mismo y quien se revela a sí mismo. Lo que sabemos de Dios, lo sabemos porque Él lo ha revelado; de lo contrario, no supiéramos nada, absolutamente nada. Cuando Cristo dijo en Juan 14.6: *Yo soy el camino, la verdad y la vida; nadie viene al Padre, sino es por mí*, hizo una declaración absoluta que aun muchos de los que hoy lo aceptan como Maestro rechazan. Sin embargo, fue esa persona a quien ellos mismos llaman «gran Maestro» quien hizo esta declaración; afirmación que en sí misma rechaza todos los demás supuestos intermediarios entre Dios y el hombre. Si aceptamos al Maestro Jesús y le llamamos grande, así de grandes tendrán que ser sus enseñanzas porque precisamente la grandeza de Jesús radicó en estas enseñanzas y en cómo vivió todo el tiempo conforme a ellas.

La mente posmodernista desdeña todo lo que implique autoridad sobre el individuo ya que el individualismo es una de las características de este movimiento. A principio de la década de los sesenta del siglo pasado, surgió en Estados Unidos un movimiento que tendía a cuestionar la autoridad; algo de lo que la generación actual no ha podido deshacerse. El cuestionamiento de la autoridad es algo que dificulta el sometimiento de los individuos, no solo a las autoridades humanas, sino también a la autoridad de la Palabra de Dios.

No obstante, aunque la mente posmodernista menosprecie todo lo que implique autoridad, aun así el discípulo de Cristo nunca podrá dejar de empuñar la Palabra de Dios como la única fuente de autoridad absoluta. Al mismo tiempo el cristiano de hoy necesita vivir la verdad que predica ya que de lo contrario vaciará de poder la verdad que enseña. No hay duda de que cuando el cristiano vive la verdad, hay una tendencia en el prójimo a respetar lo que aquel profesa.

David Hume fue uno de los más grandes escépticos del pasado. En una ocasión alguien lo encontró cambiándose la ropa rápidamente y al inquirir hacia dónde iba, Hume contestó: «A ver a George Whitefield». A lo que la persona le contestó: «Pero, ¿por qué, si tú no crees lo que él enseña?» A lo que Hume contestó: «Sí, pero él lo cree». En otras palabras, este hombre de Dios hablaba con tal autoridad que motivaba aun a aquellos que no creían en sus predicaciones. En efecto, Hume llegó a decir de Whitefield lo siguiente: «El predicador más ingenioso que jamás haya escuchado; vale la pena caminar treinta kilómetros para oírlo».

Estas corrientes posmodernas han dejado sentir su impacto en las filas del cristianismo. E. Jervilla en su obra *Posmodernidad y educación*, sintetiza las principales características que definen la fe que se vive hoy en este mundo posmoderno y destaca tres cualidades: es una creencia cómoda, emotiva y bastante desconfiada de las instituciones y líderes religiosos. Esta fe cómoda es lo que hace que individuos que asisten a las iglesias en esta época quieran disfrutar de todos los beneficios que la iglesia les brinda sin asumir responsabilidades. Y los ministros de la Palabra muchas veces han caído en la misma actitud.

Ese cristiano, por otro lado, generalmente anda buscando una experiencia emotiva más que la verdad y, por tanto, busca una iglesia que le brinde ese tipo de experiencias. Él no quiere ser expuesto y confrontado con la verdad. Prefiere crear su propia verdad mental y luego tener una experiencia emocional que pueda usar como su estándar; que al mismo tiempo entiende debe ser respetado al igual que cualquier otra experiencia ya que no hay nadie que pueda juzgar lo que él ha vivido.

La respuesta cristiana a la mente posmoderna

El cristiano que vive en el mundo actual necesita ser sabio, sensible y al mismo tiempo paciente al tratar de interactuar con una mentalidad como la que acabamos de describir. Lo cierto es que a menos que la conozca no podrá enfrentarse a ella. Hoy más que nunca el cristiano necesita aferrarse a la Palabra de Dios, la única fuente infalible de sabiduría. Para responder a los desafíos de nuestros tiempos necesitamos recordar siempre cómo piensa la mente posmoderna y preguntarnos cuál sería el consejo de Dios para nosotros en tiempos como estos.

Tal como expresamos anteriormente, muchas personas hoy día no creen en la existencia de valores absolutos. Ante esa realidad, ¿qué hacer? Creo que Ezequiel 2.7 tiene la respuesta: «Les hablarás, pues, mis palabras, escuchen o dejen de escuchar, porque son muy rebeldes». El siervo de Dios debe recordar que su rol no es convencer a las personas de su error ni convencer al otro para que cambie de parecer. Nuestra función es presentar la verdad y vivir conforme a ella. Convencer al mundo de pecado es trabajo del Espíritu Santo (Juan 16.8). En los tiempos de Jesús la mayoría no quiso oír su mensaje, pero Él no dejó de predicarlo. En el caso de Pablo, también una gran mayoría se rehusó a escuchar el mensaje, pero algunos sí creyeron (Hechos 17.4, 34). La verdad de Cristo no deja de ser menos cierta o menos efectiva porque el hombre no quiera creerla. Ya Él lo dijo: «Las palabras que yo os he hablado son espíritu y son vida» (Juan 6.63). Nada cambia esa realidad.

El discípulo de Cristo no puede desmayar en presentar la palabra divina. La razón por la que no hemos visto mejores resultados es porque hoy día escasean las personas con el valor de presentar el mensaje sin diluirlo. Cada vez que se diluye el mensaje, lo debilitamos. Por desdicha, un mensaje diluido tiene el efecto contrario a lo que queremos lograr. Quizás la siguiente ilustración pueda ayudar a aclarar este concepto:

Cuando una persona es vacunada contra una enfermedad como la influenza, por ejemplo, se le inyectan pequeñas cantidades del virus para que desarrolle anticuerpos que eviten que la verdadera enfermedad pueda afectar al paciente. La vacuna puede producir algunos síntomas de la enfermedad, pero no la verdadera enfermedad. Lo mismo ocurre con el cristianismo cuando lo diluimos. Le inyectamos al incrédulo algunas verdades cristianas a través de una predicación diluida y el incrédulo desarrolla algunos síntomas del cristianismo, pero la verdadera «enfermedad» (la conversión) no le llega porque ya ha sido inmunizado contra ella.

Hoy día tenemos una gran cantidad de personas escuchando la verdad de la Palabra domingo tras domingo sin responder a la predicación porque han sido inmunizadas contra esa «enfermedad» que llamamos cristianismo. Por eso no vemos en sus vidas los síntomas que le caracterizan. Pero quién sabe si es para un tiempo como este que Dios nos ha levantado a muchos que estamos dispuestos a defender su verdad a cualquier costo. Es un privilegio y un gran reto.

Necesitamos líderes que no sean de este mundo. Líderes que sean modelo de lo que hablan y que hagan lo que dicen. Líderes como Daniel. Pero muchos no somos capaces de adoptar ese estilo de vida. No podemos darnos el lujo de ser como esos danieles. Hay demasiado en juego. Arriesgaríamos mucho. El mundo nos tiene en la mira. Está buscando la verdad.

No hay que olvidar que Dios nos ha colocado en esta generación para que seamos «irreprensibles y sencillos, hijos de Dios sin tacha en medio de una generación torcida y perversa, en medio de la cual resplandecéis como luminares en el mundo». (Filipenses 2.15)

Es un privilegio reflejar la luz de Dios y de esa manera ser la luz del mundo.

• •

10 IDEAS CLAVES

Capítulo 2: LA COSMOVISIÓN CRISTIANA
DEL SEGUIRAZGO

1. Un buen líder cristiano debe tener una idea clara de cómo luce el mundo a su alrededor visto a través de la mente de Dios; es decir, lo que conocemos de ella: su Palabra. Aun más, necesita

conocer no solo cómo luce su ambiente, sino entender cómo espera Dios que reaccione ante las circunstancias que se producen a su alrededor.

2. Los líderes tenemos la necesidad imperante de abrazar la cosmovisión bíblica y por eso es tan importante hablar sobre las corrientes y formas de pensamiento del mundo que obstaculizan este propósito.

3. Muchos no quieren pagar el precio del sacrificio, de la crítica o de la impopularidad y sacrifican la verdad en el altar de la notoriedad o de la conveniencia. La aprobación, la popularidad, la conveniencia y la apatía nunca han sido metas del reino de los cielos. Su meta es transformar a la sociedad por medio de la predicación del mensaje de la Palabra de Dios.

4. En la Biblia encontramos principios profundamente teológicos y filosóficos, pero encontramos también principios éticos para nuestro desenvolvimiento diario. Aún más, encontramos principios de biología, sicología, sociología; principios relacionados a las leyes de la nación y al mundo de la política, de la economía y aun relacionados con todo lo que tiene que ver con la historia del hombre. Todos estos temas forman parte de la cosmovisión de una persona. Un líder efectivo necesita estar familiarizado con estos temas, pero desde la perspectiva divina.

5. La cosmovisión bíblica considera al Dios de la Biblia como Dios creador, como el único ser eterno; y ve el mundo y todo el universo como creado por Dios.

6. El hecho de que Dios sea el dador de la vida y la idea de que el hombre lleve impresa la imagen divina en su ser, le da a su existencia otra connotación. El valor de la vida de cada persona radica precisamente en estas dos últimas ideas. Dios es el autor de la vida y, por tanto, no tenemos derecho sobre ella. Dios ha puesto su imagen en nosotros y, por consiguiente, tenemos un valor, ya sea que el hombre lo reconozca o no.

7. En la cosmovisión cristiana, el Dios creador y sostenedor del universo pasa a ser el estándar por el que medimos todas nuestras conductas. Es la autoridad bajo la cual debemos vivir,

reconociendo que tenemos que rendirle cuentas de todo cuanto hayamos hecho, sea bueno o sea malo.

8. El cristiano de hoy día necesita conocer las peculiaridades de la sociedad en que vive, no solo para poder defender mejor la verdad que conoce, sino también para vivir de una mejor manera en medio de una sociedad que va a la deriva.

9. Necesitamos líderes que no sean de este mundo. Líderes que sean modelo de lo que hablan y que hagan lo que dicen.

10. Es un privilegio reflejar la luz de Dios y de esa manera ser la luz del mundo.

• •

Ca • pí • tu • lo / 3 /

EL SEGUIRAZGO CRISTOCÉNTRICO

¿Alguna vez ha adorado en una iglesia que se olvidó de Cristo? Tal vez lo recuerden en sus devocionales privados. Quizás tengan grupos de células que analicen la Palabra de Dios y beban abundantemente de su verdad. Sin embargo, su experiencia en la iglesia fue distinta. Una vez asistí a una iglesia así. Fui invitado a adorar allí por unos maravillosos amigos cristianos a los que respeto mucho. Cuando llegué, había cientos de personas, tal vez miles de jóvenes congregados.

Entonces, comenzó la música. Era muy bien interpretada. Era inspiradora. El ambiente estaba cargado de emoción. Los niños saltaban y bailaban. El pastor y la banda estaban en un éxtasis casi teatral. Los niños caían en el espíritu, y aún así la música seguía, seguía y seguía. Después de dos horas me di cuenta de que nadie iba a predicar acerca de Cristo. Hubo algunos testimonios.

Entonces, hubo un ofertorio. Llamaron al altar a los que quisieran ser salvos. Todo eso, y Cristo todavía no había sido predicado. En efecto, ni siquiera habían abierto la Palabra de Dios. Ni se había mencionado el nombre de Jesús, ni siquiera en oración. Por favor, no me malinterpreten. No creo que Dios pueda ser encajonado. Y me encanta cantar alabanzas al Rey de reyes. Pero, ¿dónde estaba Cristo? Ni aun las cosas buenas como la adoración pueden transformar la vida de una persona. Es Jesús el que lo hace. Acaso, ¿se le ha olvidado? ¿Cómo saben las personas lo que están aceptando en sus corazones, si Cristo no ha sido predicado? Jeremías 17.9 afirma: «Engañoso es el corazón más que todas las cosas, y perverso, ¿quién lo conocerá?»

Si Cristo no es predicado, ¿entonces cuál es nuestro fundamento? Los que quieran seguir a su corazón pueden contar con que serán inducidos a errar. Si seguimos ese camino, es probable que lleguemos a Disney o a Hollywood, lugares a los que muchos van. En pocas palabras, si Cristo no es predicado, ¡estamos perdidos!

La verdad es que «en ningún otro hay salvación; porque no hay otro nombre bajo el cielo, dado a los hombres, en que podamos ser salvos». (Hechos 4.12)

El seguirazgo implica que como creyentes debemos seguir a Cristo y su Palabra. ¿Estamos siguiendo algo o a alguien más?

Cristo vino a formar discípulos que pudieran seguirle y eso se hace evidente desde el comienzo de su ministerio por la forma misma en que reclutó a sus primeros discípulos. Cuando Jesús encontró a Felipe (Juan 1.43), le dijo: «Sígueme»; cuando halló a Leví, a quien llamó Mateo (Marcos 2.14), le dijo: «Sígueme». Lucas 9.59-60 nos dice que: «A otro dijo: Sígueme. Pero él dijo: Señor, permíteme que vaya primero a enterrar a mi padre. Mas Él le dijo: Deja que los muertos entierren a sus muertos; pero tú, ve y anuncia por todas partes el reino de Dios».

La idea que comunica este mandato, «sígueme», es que para poder seguir a Cristo necesitamos dejar la vida anterior —la que habíamos venido viviendo— para abrazar la nueva existencia que Él está dispuesto a ofrecernos. Seguir a Cristo siempre implica perder algo, pero como bien dijo Jim Elliot: «No es tonto aquel que pierde lo que no puede retener para ganar lo que no puede perder». Estas palabras solo pueden ser pronunciadas por alguien que ha podido valorar la vida eterna por encima de esta existencia temporal que no tiene nada que ofrecerle al espíritu puesto que sus ofertas solo agradan a la carne.

Hasta el día en que nos convertimos al Señor, veníamos evaluando la vida con una perspectiva por debajo del sol, pero a partir de ese momento, Dios desea que cada uno de sus hijos pueda ver la vida a través del lente de Él, que es su Palabra. Ella nos dará una nueva cosmovisión.

Tener una cosmovisión bíblica y cristocéntrica implica ver la vida y el mundo como Cristo los ve. Y por eso se hace necesario hablar acerca de las implicaciones que tiene para nuestras vidas seguir a Cristo como uno de sus discípulos. Obviamente la perspectiva que Cristo tiene de la vida es muy diferente al concepto que tiene de ella el hombre común que no le conoce. Mientras este entiende que una buena vida es aquella que le provee placeres, conveniencias, comodidad y beneficios, aquí y ahora, Dios ve esta vida como muerte (Efesios 2.1) y la define no tanto con relación al tiempo presente, sino más bien en términos de la condición espiritual del hombre y del lugar donde pasará la eternidad. Por esta razón, Cristo define la vida de la siguiente manera: «Y esta es la vida eterna: que te conozcan a ti, el único Dios verdadero, y a Jesucristo, a quien has enviado» (Juan 17.3).

Con esa concepción, el Maestro dejó instrucciones muy claras para que le conociéramos y viviéramos. La manera como vivimos refleja nuestra forma de pensar: humanista o cristocéntrica. Muchas veces pensamos que la mente humanista es aquella que vive sin creer en Dios o que vive sumergida en la sensualidad de nuestros días. Pero realmente reflejamos que tenemos una mente caída cuando pensamos como el mundo que no conoce a Dios en áreas tan simples como nuestras preocupaciones.

A manera de ilustración podemos decir que cuando nos preocupamos más por la forma en que otros nos perciben (reputación) que como realmente somos (carácter), estamos reflejando que el mundo ha logrado darle forma a nuestro modo de pensar. Si usted compara el tiempo empleado en lucir bien, con el que pasa en fortalecer su hombre interior, podrá darse cuenta hasta qué punto la forma de pensar del mundo ha infiltrado su vida.

Jesús dijo que le siguiéramos. ¿Le ha obedecido? ¿Tiene a Cristo en perspectiva? La instrucción no es confusa, ni compleja: «No os conforméis a este siglo, sino transformaos por medio de la renovación de vuestro entendimiento, para que comprobéis cuál sea la buena voluntad de Dios, agradable y perfecta» (Romanos 12.2). La palabra traducida como *transformaos* es *metamorfosis*, en griego, que implica un cambio significativo de forma.

Es como la rana que comienza en el agua y que luego, para vivir en la tierra, necesita sufrir un gran cambio en sus pulmones para así respirar y adaptarse a su nuevo hábitat fuera del agua. Esto constituye una metamorfosis; lo que implica que al pasar del agua a la tierra, la rana ha tenido que cambiar su estilo de vida.

Igual ocurre con la persona que ha nacido de nuevo. Su cambio es tal que su nuevo estilo de vida puede ser notado por aquellos que están a su alrededor.

El cristiano que ha sido redimido por la sangre de Cristo ha cambiado de hábitat: del mundo humanista al mundo de lo sagrado.

El cambio que Cristo contempló para nosotros, sus discípulos, incluía una transformación radical en la manera de pensar que no solo nos llevaría a no desear las cosas que normalmente consideramos mundanas, sino que incluso nos llevaría a pensar de manera diferente aun en las cosas cotidianas. Creo que no hemos comprendido a cabalidad las implicaciones de no conformarnos a este mundo.

Para Cristo, aun el vivir preocupados por nuestra vida era ya una manera mundana de vivir, a pesar de que así vive una gran cantidad de hijos de Dios. A su paso por la tierra, Cristo nos dejó enseñanzas destinadas a cambiar por completo nuestra manera de pensar. Y en el área de las preocupaciones, nos dejó dicho lo siguiente en Mateo 6.31-34: «No os afanéis, pues, diciendo: ¿Qué comeremos, o qué beberemos, o qué vestiremos? Porque los gentiles buscan todas estas cosas; pero vuestro Padre celestial sabe que tenéis necesidad de todas estas cosas. Mas buscad primeramente el reino de Dios y su justicia, y todas estas cosas os serán añadidas. Así que, no os afanéis por el día de mañana, porque el día de mañana traerá su afán. Basta a cada día su propio mal».

Cristo primero identifica las cosas por las que no debemos vivir preocupados y luego nos dice por qué no vivir de esa manera. La razón número uno para vivir diferente a la mayoría de las personas es que la preocupación por las cosas del diario vivir es típica de los gentiles, de los paganos, de los que no conocen a Dios y eso desdice o pone en duda nuestro nuevo nacimiento. Y la segunda razón es que Dios es fiel y es nuestro proveedor; nuestra preocupación hace «lucir mal» a Dios frente al mundo dado que no refleja su fidelidad ni su bondad hacia nosotros.

¿Tenemos a Cristo en perspectiva? Si así es, ¿por qué estamos ansiosos? ¿Por qué nos preocupamos? Nuestras preocupaciones reflejan nuestras inseguridades y estas desvían nuestra atención; en vez de enfocarnos en las cosas que tienen valor eterno, nos concentramos en las terrenales y, sin darnos cuenta, aunque decimos que pertenecemos al reino de los cielos, realmente vivimos con la mente en el dominio de los hombres. Por eso Jesús enfatizó: «No os acumuléis tesoros en la tierra, donde la polilla y la herrumbre destruyen, y donde ladrones penetran y roban; sino acumulaos tesoros en el cielo, donde ni la polilla ni la herrumbre destruyen, y donde ladrones no penetran ni roban; porque donde esté tu tesoro, allí estará también tu corazón» (Mateo 6.19-21).

Vivir de esa manera, no valorando las cosas que tenemos en este mundo, ni las que estamos acumulando, sino aquellas que pudieran continuar con nosotros después de nuestra muerte, nos ayuda a llevar una vida centrada en las cosas que verdaderamente tienen valía y a las que Dios les ha dado importancia. Ciertamente cuando Cristo nos dijo que donde estuviese nuestro tesoro allí estaría también el corazón, nos estaba informando que nuestro corazón nos lleva a «guardar» tesoros en aquel lugar por el cual sentimos pasión: este mundo o el venidero.

Cuando valoramos las cosas temporales como prioritarias, nuestra vista va a estar centrada en este mundo y no en el reino de los cielos. Contrario a ello, cuando valoramos las cosas que Dios valora, nada en este mundo nos podrá distraer. Es sumamente importante que el discípulo de Cristo viva sin ninguna distracción temporal para poder dedicar toda su atención y todas sus energías a la expansión del reino de los cielos.

El discípulo que haya aprendido a seguir a Cristo, a la hora de liderar, lo hará recordándoles a sus seguidores todo el tiempo que esta vida no se trata de nosotros, sino de Dios y de su causa. Hemos sido creados para la alabanza de su gloria, por lo que debiéramos vivir continuamente para glorificar a Dios.

El apóstol Pablo aprendió la lección correctamente e instruyó a sus seguidores en la iglesia de Corintios a que ya sea que comieran o bebieran o que hicieran cualquier otra cosa, debían hacerlo para la gloria de Dios (1 Corintios 10.31). Con esta instrucción, Pablo nos estaba diciendo que aun en las cosas más insignificantes de la vida como el sentarnos a comer o a beber, debiéramos tener en mente la gloria de Dios más que nuestro disfrute o nuestra propia conveniencia o comodidad. Eso es parte de lo que implicaría tener un concepto correcto de la vida conforme a una cosmovisión cristocéntrica.

El llamado del cristiano

Creo que se ha entendido mal lo que constituye el llamado del cristiano. Muchos han pensando que este llamado implica una vida dedicada a la evangelización del mundo a tiempo completo, con lo cual le estamos dando importancia exclusivamente a la labor que hacen los pastores y evangelistas o líderes cristianos de diferentes ministerios.

La realidad es que el llamado de Dios es la tarea que Él nos ha asignado y que involucra la carrera, la vocación, la familia, la iglesia, la comunidad y el país. Si no tenemos esta perspectiva no somos muy efectivos cumpliendo la Gran Comisión.

El hacer discípulos de Cristo no se limita a la formación de hombres y mujeres con conocimiento bíblico en un aula de clase. ¡No! La idea que comunica la frase «haced discípulos de todas las naciones», más bien quiere decir que vayamos haciendo discípulos en la medida que recorramos el mundo, independientemente de la posición que ocupemos en la sociedad.

Una vez salvos, todos somos llamados por Dios a la santificación y al servicio. Este llamado al servicio no se limita únicamente a servir de manera individual a alguien, sino que implica también un llamado a servir a la cultura en la que vivimos. El libro de los Hechos 13.36, dice que David durmió luego de haber cumplido el propósito de Dios en su generación. Esto nos lleva a preguntarnos de qué manera sirvió David a la generación en la que le tocó vivir.

Ciertamente cuando revisamos la historia bíblica nos damos cuenta de que David sirvió primero como pastor y luego como rey. Por su parte, en el Antiguo Testamento también vemos el caso del profeta Daniel, que no solamente fue profeta del reino de los cielos sino que también fungió como consejero del rey Nabucodonosor y sus sucesores, de manera que en cierta medida también sirvió a su cultura como un hombre de estado. Lo mismo pudiéramos decir de José, que fue usado por Dios precisamente como consejero de Faraón en su tiempo y, por tanto, al ser instrumento en las manos de Dios para servir a su cultura, pudo hacer recomendaciones a Faraón sobre cómo administrar los recursos en vista de la hambruna que se avecinaba en los próximos siete años (Génesis 41). Por otro lado, Pablo sirvió al Señor mayormente como evangelista.

Todos esos ejemplos enfatizan el hecho de que todos tenemos un llamado por parte de Dios para servir al reino y al mismo tiempo a la cultura en la cual Él nos ha colocado. Dios nos dota con dones y talentos, y nos da oportunidades distintas para llevar a cabo nuestro llamado. El gran reformador Juan Calvino veía la vida como un gran teatro donde Dios quería desplegar toda su gloria. Si cada creyente tuviera esa perspectiva, las condiciones de nuestras sociedades no serían las mismas.

El cristiano moderno ha cometido un grave error al separar la vida del mundo de la vida sagrada, cuando en realidad toda la vida es sagrada para Dios. Los reformadores entendieron este concepto muy bien cuando nos dijeron que debíamos vivir *Coram Deo*, que implica vivir como si estuviésemos frente al mismo rostro de Dios.

Si el trabajo que el cristiano desempeña en el mundo no es parte de su llamado, eso implica entonces que su labor, aparte de evangelizar y discipular, no tiene ningún valor para Dios, y sabemos que eso no es cierto bíblicamente hablando. Cristo entendía nuestro llamado de esa misma manera cuando nos llamó a ser sal y luz del mundo. En Mateo 5.13-15 leemos las siguientes instrucciones y advertencias: «Vosotros sois la sal de la tierra; pero si la sal se ha vuelto insípida, ¿con qué se hará salada otra vez? Ya para nada sirve, sino para ser echada fuera y pisoteada por los hombres. Vosotros sois la luz del mundo. Una ciudad situada sobre un monte no se puede ocultar; ni se enciende una lámpara y se pone debajo de un almud, sino sobre el candelero, y alumbra a todos los que están en la casa». En aquel entonces la función de la sal era preservar los alimentos; de esa misma manera la función del cristiano es contribuir a preservar la cultura en la que vive. La manera como contribuye a preservar la cultura es levantando ese estándar dondequiera que viva o trabaje.

El cristiano es sal y luz cuando vive de acuerdo a este principio, y contribuye para impactar y transformar el ambiente a su alrededor. Impacta su cultura cuando su influencia provoca algún efecto en su entorno. Si el cristiano no trabaja para impactar la cultura y el desenvolvimiento de la sociedad, entonces no tendrá ningún derecho de quejarse cuando esa sociedad ande mal. Cristo no nos dijo que somos la sal y la luz del mundo para que libremos nuestras batallas dentro de las cuatro paredes de la iglesia. Ninguno de los grandes hombres de Dios del pasado vio la vida de ese modo, sobre todo los grandes reformadores de 1500 en adelante.

En cuanto a su responsabilidad como luz, la idea aquí es que vivimos en un mundo de pecado identificado con las tinieblas y la oscuridad. Cuando el cristiano lleva la verdad de Cristo al seno de su sociedad, contribuye a iluminar y disipar la oscuridad de su mundo. Por desdicha, el cristiano moderno se ha aislado dentro de la iglesia y su impacto se ha visto limitado por las cuatro paredes del templo, mientras que la cultura en la que vive ha quedado a expensas de aquellos que no conocen a Dios, de los que la corrompen; una cultura de la cual luego se queja porque no tiene valores cristianos.

Sin embargo, ese cristiano ha perdido, en gran medida, el derecho de quejarse de una generación por la que no ha hecho el más mínimo esfuerzo de transformar ni de impactar.

Cristo estaba tan consciente de esa responsabilidad del cristiano que nos recuerda que al encender una lámpara, no la debemos colocar debajo de la mesa sino en un lugar que ilumine a los que están en la casa. De la misma manera, el cristiano no debe llegar a ser salvo, a tener la luz, a tener la habilidad de preservar la sociedad y luego decidir retirarse al interior de las paredes del templo ya que eso sería lo mismo que colocar la lámpara debajo de la mesa.

La actitud del cristiano

Me encanta la manera como Pablo mantiene a Cristo en perspectiva. El apóstol Pablo escribió a los creyentes corintios, y a los filipenses diciendo: «Haya, pues, en vosotros esta actitud que hubo también en Cristo Jesús, el cual, aunque existía en forma de Dios, no consideró el ser igual a Dios como algo a qué aferrarse, sino que se despojó a sí mismo tomando forma de siervo, haciéndose semejante a los hombres» (Filipenses 2.5-7).

Lo que Pablo describe en ese texto es la actitud de entrega y de humildad que Cristo exhibió desde un primer momento. Lo primero que Cristo hace cuando viene a servir a Dios Padre en la tierra, en su calidad de hombre, fue «vaciarse», despojarse de sus prerrogativas, de sus derechos y de toda su gloria, sin despojarse de su divinidad. El ser un siervo y al mismo tiempo enfocarnos en nuestros beneficios y derechos son metas antagónicas.

De igual manera, lo primero que tendrá que hacer el cristiano que quiera seguir a Cristo y luego liderar dentro del reino de los cielos es deshacerse (vaciarse) de sus derechos, de sus prerrogativas, de sus actitudes, de sus prejuicios, de su orgullo, para poder comenzar a llenarse de los valores del reino de los cielos. Cristo le dio un valor enorme a la humildad y es por eso que dijo: «Aprended de mí, que soy manso y humilde» (Mateo 11.29).

Esa actitud es congruente con el llamado que Cristo hizo a sus discípulos cuando les dijo: «Si alguno desea ser el primero, será el último de todos y el servidor de todos» (Marcos 9.35). Esto nos ilustra cómo entiende el Señor que debe ser nuestra actitud y nuestro servicio al reino de los cielos durante nuestro paso por la tierra.

No hay cabida en el reino de Dios para el orgullo y la prepotencia; es más, Dios afirma que se opone al orgulloso. El orgullo empaña el trabajo de Dios. Y el siervo de Dios tiene que servir de una manera muy diferente a cómo ha aprendido a hacerlo en el mundo. Sin esa disposición de espíritu nunca seremos capaces de manejar la autoridad y nunca estaremos dispuestos a rendir cuentas como nos corresponde, según se discute en otros capítulos de este libro.

Hay una gran diferencia entre lo que es ser un trabajador u obrero del mundo y un siervo del reino de los cielos. Y esa diferencia comienza precisamente con la actitud con la que este sirve. El trabajador con frecuencia piensa en términos de resultados y de éxito, pero el siervo está llamado a pensar en términos de obediencia y sometimiento. Decía alguien que la obediencia a la voluntad de Dios nos da alas y no cadenas; en otras palabras, en vez de ver la voluntad de Dios como algo que nos coarta y no nos permite tener toda la libertad que quisiéramos, debiéramos ver el acatamiento de la voluntad de Dios como aquello que nos puede llevar a la verdadera libertad. Usted nunca es más libre que cuando cumple el plan que Dios tiene para su vida.

Si queremos ser siervos obedientes, esa obediencia comenzará en nuestra mente con una decisión, pero terminará en el corazón y finalmente con el ejercicio de nuestra voluntad. Decía Robert Murray, un pastor presbiteriano del siglo diecinueve, que Dios quiere obediencia porque nosotros solo somos sus instrumentos, y que «el éxito está condicionado en buena medida a la pureza y perfección del instrumento. No es el talento lo que Dios más bendice, sino la semejanza con Cristo».

Si comparamos al trabajador del mundo con el siervo del reino de los cielos, pudiéramos decir igualmente que el trabajador muchas veces piensa en términos de prosperidad mientras que el siervo aprende a pensar en términos de su madurez espiritual. Y esa madurez espiritual muchas veces no puede alcanzarse cuando lo que tenemos en mente, y en primer lugar, es nuestra conveniencia, nuestros beneficios, nuestra seguridad y nuestra prosperidad. La madurez espiritual implica un espíritu de sacrificio y una actitud de sometimiento a los planes divinos.

Si seguimos comparando lo que busca un trabajador en el mundo con lo que buscaría un verdadero siervo y seguidor de Cristo, pudiéramos decir que el primero a menudo piensa en términos de conseguir su felicidad, mientras que el segundo debe pensar en términos de cómo obtener su santidad.

Obviamente la santidad no excluye la felicidad; es más, pudiéramos decir que la verdadera felicidad y el gozo dependen en gran medida de nuestro grado de santificación. Sin embargo, eso es algo que el mundo no conoce, no entiende, no cree y, por tanto, no busca. Ese trabajador que está en el mundo muchas veces tiene más interés en conocer los beneficios que puede recibir puesto que está más enfocado en ello, mientras que el siervo se enfoca más en dar. Por tanto, su primera pregunta nunca será acerca de los beneficios que recibirá, sino cuáles son sus responsabilidades. Esa es la razón por la que Cristo nos enseñó que es más bienaventurado dar que recibir.

Los siervos han aprendido que no pueden ser verdaderos seguidores de Cristo si sus egos han sido agrandados. En su libro *El equipo soñado por Dios*, Tommy Tenney dice: «Nuestro ego muchas veces supera la razón y que preferimos perder con voluntad inquebrantable que ganar estando en sumisión».[1] El siervo ha aprendido que no siempre tiene que tener la razón y que siempre ha de estar dispuesto a sacrificar su propio plan ante el de Dios. En efecto, el siervo está dispuesto a sacrificar su propio interés por el del lugar o la persona debajo de quien Dios le haya colocado.

Un buen ejemplo de lo que significa sacrificar nuestro plan en aras del reino de los cielos nos fue dado en la vida de Juan el Bautista, cuando literalmente pronunció las siguientes palabras: «Es necesario que él crezca, pero que yo mengüe» (Juan 3.30). La misión de Juan el Bautista fue apuntar hacia Cristo todo el tiempo. Esa es también nuestra misión aquí en la tierra una vez que el Señor Jesucristo nos ha llamado y hemos abrazado su causa.

Juan el Bautista entendió también su misión y preparó a sus discípulos tan bien que un día mientras bautizaba en el río Jordán, Jesús se acercó y Juan dijo: «He aquí el Cordero de Dios» (Juan 1.36) y eso fue suficiente para que sus discípulos siguieran a Jesús. Uno de esos dos discípulos era Andrés y el otro probablemente era Juan, el evangelista, autor del evangelio que lleva su nombre.

Juan no se identifica por su nombre en ese primer capítulo, como tampoco lo hace en muchas de las ocasiones cuando se refiere a sí mismo. Pero lo interesante de ese pasaje es que Juan el Bautista no tuvo que decir nada más para que sus discípulos pudieran seguir al Mesías, y de eso precisamente se trata, de que nosotros preparemos a quienes nos siguen tan bien que estén prestos no tanto a seguirnos a nosotros sino a Jesús, por encima de nosotros. En eso consiste un gran liderazgo cristiano.

El carácter del cristiano

Para poseer una correcta cosmovisión cristiana necesitamos un carácter formado a la imagen de Cristo; de lo contrario, nuestra mente distorsionada no nos permite ver lo que necesitamos. Aquel que quiera seguir a Cristo para luego liderar, tiene que primero desarrollar su carácter para poder reflejar precisamente el carácter de Cristo y para que otros puedan ver a Cristo reflejado en él. Esa es la razón por la que Pablo pudo decir: «Sed imitadores de mí» (1 Corintios 11.1).

En ese momento el apóstol Pablo estaba plenamente convencido de que revelaba el carácter de Dios y los valores del reino; por eso se sintió con confianza al decirles a otros que lo imitaran a él. Pablo no dejó esa afirmación ahí, sino que continuó diciendo: «Como también yo lo soy de Cristo». Para poder pronunciar esas palabras hay que estar muy seguro de que nuestras vidas reflejan su carácter. Como el desarrollo de este carácter cristiano es tan importante para el cristiano, quizás esta sea la razón por la que Cristo dedicó su sermón más famoso a la descripción de cómo este debe lucir. Dentro del sermón del monte hay toda una sección que describe cómo debe ser un discípulo del reino. A esta porción se le conoce como las Bienaventuranzas.

Estas bienaventuranzas no representan ocho tipos de cristianos diferentes que forman parte del reino aquí en la tierra, sino ocho cualidades que Cristo entiende que el siervo del reino de los cielos debe poseer para verdaderamente representar en forma apropiada los valores de su causa. La primera de esas bienaventuranzas afirma:

«Bienaventurados los pobres en espíritu, pues de ellos es el reino de los cielos» (Mateo 5.3).

La palabra bienaventurados en el original es *makarios* que significa felices, contentos, bendecidos. Aquellos que logren desarrollar tales cualidades, serán los más bendecidos y los más felices de los siervos.

La primera pregunta que tendríamos que hacernos es qué significa ser pobre de espíritu. Cuando revisamos todo lo que la Biblia tiene que decirnos, concluimos que una persona que es pobre en espíritu es alguien que ha llegado a entender su condición de bancarrota espiritual, que no tiene nada que ofrecer, que no merece ningún mérito, ningún crédito y que, por tanto, está en necesidad de recibir la gracia de Dios para su salvación. Aquellos que piensan de esa manera, obviamente serán bendecidos ya que nadie que piense lo contrario puede ser beneficiario de la gracia de Dios.

La gracia, por definición, es algo que recibimos precisamente sin merecerlo; nadie es merecedor de la salvación de Dios y, por tanto, nadie puede demandarla. La persona que tenga tal apreciación de sí mismo podrá permanecer libre del orgullo y de las consecuencias que el orgullo trae sobre el hombre. Un líder «pobre en espíritu» es un arma poderosa en las manos de nuestro Dios. La próxima de estas bienaventuranzas nos dice:

«*Bienaventurados los que lloran, pues ellos serán consolados*» (*Mateo 5.4*).

Aquí el significado de «los que lloran» no habla de los que están llorando por el sufrimiento, sino aquellos que lloran porque han entendido su condición de pecado; han entendido su necesidad de arrepentimiento; y es ese arrepentimiento lo que los lleva a llorar por su condición. La conciencia sensible al pecado tiende a llorar al ver su ofensa; llora de dolor; llora por haber ofendido a Dios; llora por las consecuencias que ha traído a su vida.

El llanto es el desahogo del alma que precede a la sanación. Ellos entonces recibirán la consolación de Dios cuando reciban el perdón de Dios. Esa es una condición *sine qua non* para aquellos que quieran seguir a Cristo y ser beneficiarios de su salvación. La tercera de las bienaventuranzas afirma:

«*Bienaventurados los humildes, pues ellos heredarán la tierra*» (*Mateo 5.5*).

Una vez más, Cristo enfatiza la necesidad de caminar en humildad de corazón delante de Dios hasta el punto que aquellos que sean humildes podrán heredar la tierra; podrán heredar las bendiciones que Dios tendrá para ellos no solamente en el mundo venidero, sino también en esta misma tierra. Cristo atestiguó esto cuando dijo en Marcos 10.29-30: «En verdad os digo: No hay nadie que haya dejado casa, o hermanos, o hermanas, o madre, o padre, o hijos o tierras por causa de mí y por causa del evangelio, que no reciba cien veces más ahora en este tiempo: casas, y hermanos, y hermanas, y madres, e hijos, y tierras junto con persecuciones; y en el siglo venidero, la vida eterna».

La humildad no implica subestimarse, sino una correcta idea acerca de nosotros mismos, sin considerar nunca que somos más de lo que somos. Es vernos como Dios nos ve. Con frecuencia decimos o escuchamos a alguien decir: «No considero que esto está bien» o «No creo que debió hacer o decir tal o cual cosa» o «Yo no haría eso que hizo fulano»… y muchas veces no nos damos cuenta que lo que estamos haciendo es midiendo a otros por nuestra forma de ser o por nuestro propio estándar; de ahí que decimos: «Yo no haría»; «Yo no creo», en vez de «la Palabra dice...»

Es la Palabra de Dios la que constituye el estándar, no nosotros. El apóstol Pablo decía: «Porque no nos atrevemos a contarnos ni a compararnos con algunos que se alaban a sí mismos; pero ellos, midiéndose a sí mismos y comparándose consigo mismos, carecen de entendimiento» (2 Corintios 10.12).

«Bienaventurados los que tienen hambre y sed de justicia, pues ellos serán saciados» (Mateo 5.6).

Cuando pensamos que tenemos hambre y sed, inmediatamente nos viene a la mente la sensación de dos emociones sumamente poderosas que mueven la voluntad del hombre. De igual manera, Cristo nos está tratando de enseñar que debiéramos tener esa misma pasión por adquirir la justicia de Dios. La palabra que en este caso ha sido traducida al español como *justicia* realmente significa «rectitud moral» o santidad.

De manera que a aquellos que en verdad tengan deseo, pasión, hambre y sed por alcanzar una rectitud moral, Dios les concederá esa santidad hasta el punto que se sentirán al fin complacidos, no por lo que alcancen con sus méritos, sino por lo que Dios les otorgue; algo que nunca hubiesen podido alcanzar por sus propios medios, su propia fuerza ni sus propios esfuerzos.

En otras palabras, la santidad de Cristo que es dada, o cargada a la cuenta del creyente, es precisamente esa rectitud moral que había estado ansioso por lograr y que ahora ha recibido por la gracia de Dios; por lo cual se siente satisfecho y eternamente agradecido.

«Bienaventurados los misericordiosos, pues ellos recibirán misericordia» (Mateo 5.7).

Aquellos que quieren liderar en el reino de los cielos necesitan seguir el ejemplo de Cristo, que en ningún momento buscó la venganza, ni se sintió contento por poder traer justicia sobre aquellos que le habían hecho mal. Todo lo contrario, continuamente se sintió movido a tener misericordia de las multitudes, aun cuando esas multitudes no tenían el reino de los cielos como prioridad.

El significado de misericordia está dado en el caso de Dios, en primer lugar, por la benevolencia de su ser y, en segundo lugar, por el entendimiento que Él tiene de las consecuencias que el pecado acarrea en el hombre. Por tanto, se conduele de las consecuencias que el hombre sufrirá producto, precisamente, de irse por el camino del pecado.

De esa misma manera, el líder cristiano necesita sensibilizar su corazón a tal punto que pueda sentirse conmovido por la misma razón; esto es, que pueda llegar a ver al hombre como alguien que necesita perdón y redención, sintiendo dolor en su corazón cuando ve las consecuencias que el ser humano trae sobre sí mismo cuando no se ha reconciliado con Dios.

«Bienaventurados los limpios de corazón, pues ellos verán a Dios» (Mateo 5.8). Esto es una referencia clara a la pureza de corazón que el siervo de Dios debe tener. Una referencia clara a la santidad de su mente, de su corazón y al rechazo que llegará a experimentar hacia las cosas pecaminosas del mundo. Mientras más se acerque ese siervo a lo que es la imagen de Cristo, menos quiere buscar los placeres y las atracciones del mundo; y más rechazo experimentará hacia ese pecado.

Sin lugar a dudas que al entrar al reino de los cielos, en el futuro, veremos a Dios; pero hay una manera en la que pudiéramos hablar simbólicamente en cuanto a ver a Dios ahora con los ojos espirituales. Y así hablar de que aquellos que tienen como meta la búsqueda de la santidad, tendrán la oportunidad de «verle» mejor ahora, de este lado de la gloria. Y cuando hablamos de verle mejor en ese sentido no nos referimos a verlo físicamente, sino más bien a conocerle con más profundidad porque al Dios deleitarse en ellos, recibirán mayor iluminación de su verdad y de lo que Él es.

«Bienaventurados los que procuran la paz, pues ellos serán llamados hijos de Dios» (Mateo 5.9).
El hombre que no conoce a Dios está en enemistad con Él, según lo define la misma palabra. El apóstol Pablo hace exposición de esa condición en Romanos 5.10 y 8.7. Pero una vez hemos sido reconciliados con Dios y hemos encontrado paz con Él, una de nuestras primeras obligaciones es precisamente ayudar a otros a reconciliarse con Él y a reconciliar al hombre con el hombre. Esa es la razón por la que el apóstol Pablo en 2 Corintios 5.19-20, nos dice que somos embajadores de Cristo y que a nosotros se nos ha dado la palabra de la reconciliación.

Una vez que hayamos reconciliado al hombre con Dios por medio de la Palabra de Verdad, debemos activamente procurar la reconciliación del hombre con el hombre. Al hacer eso no solo estaremos ayudando a restaurar vidas individuales, sino que estaremos contribuyendo a transformar la cultura, a preservarla y, por tanto, estaremos llevando a cabo nuestra función como sal y luz. El líder cristiano tiene que verse como un agente de reconciliación. Las próximas dos bienaventuranzas expresan lo siguiente:

«Bienaventurados aquellos que han sido perseguidos por causa de la justicia, pues de ellos es el reino de los cielos» (Mateo 5.10).

«Bienaventurados seréis cuando os insulten y persigan, y digan todo género de mal contra vosotros falsamente, por causa de mí» (Mateo 5.11).

Aquellos que decidan seguir a Cristo tienen un precio que pagar en esta vida. Ese precio es precisamente estar dispuestos a ser vituperados, rechazados y a sufrir por causa del reino de los cielos. Pero la garantía que vemos en este mismo sermón es precisamente que cuando suframos este tipo de afrentas debemos contarlas por sumo gozo (Santiago 1.2), ya que Dios tiene grandes recompensas para aquellos que, habiendo tolerado abusos y persecuciones, han tenido como prioridad la causa del reino de los cielos.

Es más, el llamado en el próximo versículo, Mateo 5.12, es a regocijarnos y a alegrarnos porque grande es nuestra recompensa en los cielos. Cristo entonces continúa diciendo que también así fueron perseguidos los profetas que vinieron antes de Él.

El apóstol Pablo nos da una idea en el libro de los Hechos sobre cómo tener por sumo gozo el encontrarnos en medio de las tribulaciones:

La multitud se levantó a una contra ellos, y los magistrados superiores, rasgándoles sus ropas, ordenaron que los azotaran con varas. Y después de darles muchos azotes, los echaron en la cárcel, ordenando al carcelero que los guardara con seguridad; el cual, habiendo recibido esa orden, los echó en el calabozo interior y les aseguró los pies en el cepo. Como a medianoche, Pablo y Silas oraban y cantaban himnos a Dios, y los presos los escuchaban (Hechos 16.22-25).

Esos cánticos que fueron elevados a Dios llamaron la atención de los demás prisioneros y un terremoto —que se produjo en ese mismo momento— le dio a Pablo la oportunidad de predicar el evangelio. Ese día el carcelero se convirtió precisamente por el testimonio y la palabra que Pablo expresó.

Viva para su gloria

¿Es usted seguidor de Cristo? ¿Lo está siguiendo tan de cerca que lo tiene a la vista? Vivir para su gloria requiere haber abrazado la verdad de Dios y su causa como la primera motivación de su vida. Como acabamos de ver, el carácter del ciudadano del reino de los cielos no se asemeja al del ciudadano común y corriente de la sociedad. Necesitamos conocer cuáles son las expectativas del Amo, para ser buenos siervos.

Sin embargo, vivir con una cosmovisión cristocéntrica requiere una nueva forma de pensar; una nueva forma de sentir y una nueva forma de ser. Notemos que a pesar de lo alto del estándar predicado en el Sermón del Monte, Cristo decidió predicarlo dejando en claro cuál era la meta, de forma tal que aquellos que no se identificaran con ella pudieran tomar una decisión temprano en el camino.

El líder cristiano necesita tener bien claro quién es su modelo, cuál es su estándar y cuál su meta. Nuestro modelo es Cristo, nuestro estándar es su Palabra y nuestra meta es glorificarle en todos nuestros caminos. Los demás necesitan ver a Cristo en nosotros hasta que podamos decir como Pablo: «Sed imitadores de mí, como también yo lo soy de Cristo» (1 Corintios 11.1). Por último, líderes, consideremos de nuevo, ¿qué es lo que seguimos? ¿Qué es lo que Él quiere? ¿Cómo podemos ser como Él? Nuestro próximo capítulo explorará la virtud de la compasión que Jesús modeló para nosotros. ¿Seremos verdaderos imitadores de Cristo? ¿Cómo podemos, cual líderes, mostrar compasión?

• •

10 IDEAS CLAVES

Capítulo 3: EL SEGUIRAZGO CRISTOCÉNTRICO

1. El seguirazgo implica que como creyentes debemos seguir a Cristo y su Palabra.

2. Cristo vino a formar discípulos que pudieran seguirle y eso se hace evidente desde el comienzo de su ministerio por la forma misma en que reclutó a sus primeros discípulos.

3. El cambio que Cristo contempló para nosotros —sus discípulos— incluía una transformación radical en la manera de pensar que no solo nos llevaría a no desear las cosas que normalmente consideramos mundanas, sino que incluso nos llevaría a pensar de manera diferente aun en las cosas cotidianas.

4. Cuando valoramos las cosas temporales como prioritarias, nuestra vista va a estar centrada en este mundo y no en el reino de los cielos. Contrario a ello, cuando valoramos las cosas que Dios valora, nada en este mundo nos podrá distraer.

5. Es sumamente importante que el discípulo de Cristo viva sin ninguna distracción temporal para poder dedicar toda su atención y todas sus energías a la expansión del reino de los cielos.

6. El discípulo que haya aprendido a seguir a Cristo, a la hora de liderar, lo hará recordándoles a sus seguidores todo el tiempo que esta vida no se trata de nosotros, sino de Dios y de su causa.

7. El cristiano moderno ha cometido un grave error al separar la vida del mundo de la vida sagrada, cuando en realidad toda la vida es sagrada para Dios.

8. Cuando el cristiano lleva la verdad de Cristo al seno de su sociedad, contribuye a iluminar y disipar la oscuridad de su mundo.

9. Tener una cosmovisión bíblica y cristocéntrica implica ver la vida y el mundo como Cristo los ve.

10. La humildad no implica subestimarse, sino una correcta idea acerca de nosotros mismos, sin considerar nunca que somos más de lo que somos. Es vernos como Dios nos ve.

• •

Ca • pí • tu • lo **/ 4 /**

LA COMPASIÓN

Escuela bíblica vacacional

El día comenzó muy temprano. Eran las cinco de la mañana y Anita estaba preparándose para enseñar, en la escuela bíblica vacacional, a treinta y cinco energéticos y revoltosos pequeños. Trabajaba como voluntaria, así que estaba emocionada, no por lo temprano, sino porque sabía que ese día podría cambiar la eternidad para alguien. Ella estaba haciendo algo sumamente importante. La mañana se sentía húmeda y pegajosa. En esa época del año, los días y las noches son húmedos, el calor no cesa y todo es verde alrededor. Era la primera escuela bíblica vacacional de Anita. Aunque se había criado en la iglesia, nunca había tenido un gran papel como ese.

Se había preparado hasta tarde la noche anterior, para asegurarse de completar cada detalle para el campamento. A las cinco de la mañana comenzó a empacar los almuerzos ese día en el campamento bíblico, hizo el desayuno, ayudó a sus niños a prepararse, empacó todo lo que necesitaba y, por supuesto, su libreta de lecciones llena de efectos visuales, principios e instrucciones para ese día. También empacó el equipo deportivo de sus hijos mayores para que la ayudaran como voluntarios en la escuela bíblica vacacional, de modo que después pudieran disfrutar un momento de diversión con el pastor de jóvenes, como recompensa por su arduo trabajo. Llegaron a la iglesia a las siete de la mañana. Un poco más temprano, como le gustaba a ella.

Anita enseñó con emoción, convicción y certeza. La lección fue muy buena. Vertió cada fracción de su energía en aquellas personitas. Y, a su vez, ellos le retribuyeron con su atención. Cuando llegó el momento decisivo, muchas manitos se alzaron pidiéndole a Cristo que les perdonara sus pecados. Dios había usado a Anita de una manera especial. Y ella estaba abrumada con la bondad y la gracia de Dios. No cabe duda de que supo cuál era su talento.

Una vez finalizada la enseñanza, Anita y sus dos hijos mayores ayudaron a Pablo, uno de los pastores de jóvenes, con los trajines de la actividad a lo largo del abrasador calor del día. Compraron alimentos para los que no tenían. Movieron sillas, limpiaron pisos, ayudaron con los aparejos y asistían a los pequeños que iban al baño. Fue un día agotador.

Por supuesto, no hubo gracias... aunque hubiera sido agradable. No obstante, Anita y sus muchachos no las necesitaban. Solo contaban con la bendición de Dios. Sentían la cálida satisfacción de servirle con todo su corazón. Por primera vez, los hijos de Anita se interesaron en asistir a un grupo juvenil. Es más, de regreso a casa hablaban de todas las cosas maravillosas que ocurrieron ese día y de lo mucho que amaban a su iglesia.

El pastor Pablo se había divertido muchísimo. Habían pasado un día maravillo ayudando a la gente. El día había terminado. El feliz, aunque cansado grupo, subió al automóvil junto con la pequeña Judith. Había sido un gran día. Hasta ese momento... pero entonces sucedió algo.

La prueba

El automóvil se descompuso. Fue a unos ocho kilómetros de la iglesia. El calor se escurría por el negro techo del auto y el aire acondicionado no funcionaba. La feliz plática fue silenciada por la cruda y lacerante realidad. Anita había dejado su teléfono celular en casa. El coche no funcionaba. Y ella y su familia estaban muy cansados, con calor y con hambre. Después de unos angustiosos momentos sudando, un peatón le prestó su teléfono celular a Anita. El único número que fue capaz de recordar fue el del director de la iglesia de niños. Sin embargo, él le dijo que «no podía hablar porque estaba en una reunión». Anita quedó petrificada. ¡Esta era una emergencia! Ellos estaban cocinándose bajo el ardiente sol tropical y ¿no había nadie que ayudara?

Rápidamente Anita le preguntó: «¿Podría, por favor, hablar con el pastor Pablo?» Seguro que a él le gustaría ayudar a un voluntario y a sus padres. Con certeza que recordaba cómo, unas horas antes, ella y sus hijos le habían ayudado. Cuando Pablo respondió, Anita le pidió un gran favor.

«Pablo, ¿me puede ayudar a encender mi auto o por lo menos a lograr que mis cuatro hijos lleguen a casa?» En realidad, no era una pregunta. Quiero decir,

¿quién esperaría que su pastor le respondiera que «no»? Además, ¡estaba a solo cinco minutos de allí! El pastor Pablo le habló tiernamente, pero sus palabras casi la dejaron sin aliento ni consuelo: «Por supuesto que iré», le dijo, «pero cuando termine la reunión».

Anita estaba conmocionada y herida. Sentía que apenas podía respirar, había mucho calor.

El sudor le corría por los brazos y la espalda. Uno de los niños comenzó a llorar. Cada uno de sus rostros estaban encendidos por el calor y la transpiración. No había brisa. Los chicos se quejaban. Pasaron quince minutos. Anita comenzó a orar. Pasaron otros quince minutos. Una hora después de que el coche se detuviera, al fin encendió el motor. Anita y sus hijos, entraron al auto y regresaron a casa.

Anita estaba molesta, pero los niños lo estaban aun más. Así que volvió a marcar el teléfono del pastor Pablo para decirle que ya no necesitaba su ayuda. El pastor le dijo a alguien que contestara el teléfono y le dijera que ya estaba preparándose para ir a ayudarlos. ¡Todavía estaba «OCUPADO»! Todavía no se había movido para ayudarlos. Aunque la reunión había sido aplazada, aún estaba sentado en su oficina con aire acondicionado. Anita y sus hijos se sintieron muy decepcionados.

¿Cuál fue el gran problema? El pastor Pablo no lo vio. ¿Por qué estaban los niños tan enojados? ¿Por qué Anita lo estaba evitando? ¿Por qué tenía que pedirles disculpas? Si él no hubiera estado dispuesto a ir a ayudarles, estaba bien. ¿Por qué los chicos no quieren asistir más al grupo de jóvenes? ¿No les había dicho que los ayudaría? El pastor Pablo sabía que era un hombre ocupado. Tenía cosas que hacer. «Y la gente», razonó, «tiene que aprender a perdonar. Tienen que entender. ¡Estoy ocupado!» Sin pensar, hablar ni hacer nada más con respecto a ese acontecimiento insignificante, el pastor Pablo pasó —mental y físicamente— a otras cosas más gratificantes.

Principios divinos

¿Qué había ocurrido? ¿Por qué Anita y sus hijos estaban tan profundamente heridos dado que su pastor no les ayudó? Tal vez Anita esperaba que su amor, su servicio y su compasión fueran apreciados y correspondidos por su líder, sobre todo cuando más lo necesitó. Por desdicha, este no entendió a Anita ni su necesidad. No podía entender cómo el hecho de ayudar a una madre soltera cuyo auto no arrancaba era responsabilidad suya. Simplemente no veía la «compasión» como parte de su descripción laboral. En verdad, no podía entender la reacción de esa familia ni explicarla, sino en términos de la falta de madurez «espiritual» de ellos. Él no sentía ningún remordimiento.

El diccionario define la palabra compasión como: «Sentimiento de conmiseración y lástima que se tiene hacia quienes sufren penalidades o desgracias».[1] Una definición más útil incluiría la acción. Cuando Jesús tuvo compasión por la gente sintió dolor y, a continuación, actuó en consecuencia con ese sentimiento. Otra palabra para compasión es «lástima». ¿Sentimos verdadera piedad y compasión por los demás? ¿Nos ponemos, representativamente, en los zapatos de ellos y consideramos su situación?

La verdadera compasión compele a actuar a favor del doliente. ¿Acaso se identificó el pastor Pablo con la terrible situación de aquella madre soltera —y sus hijos— y deseó aliviarla? ¿Acaso se apiadó de su situación? No. No lo hizo. Y él no es el único. Hoy día hay muchos líderes cristianos que se consideran a sí mismos pastores y guías del rebaño de Cristo. Sin embargo, a menudo, en el momento en que una oveja necesita de ellos, no están disponibles. No tienen tiempo. Tienen poca paciencia y menos compasión. No se compadecen de la aflicción de su rebaño. Lamentablemente, muchos actúan así.

Esos «líderes» inconscientemente se eximen de sentir compasión. Tienen cosas más relevantes que hacer, atender gente importante, asistir a sus reuniones, preparar programas en video. Tienen que planificar actividades grandes y significativas. Y una madre soltera cuyo auto se descompone no va a desbaratarles lo que tienen programado para el día. Ellos tienen una gran responsabilidad. Tienen labores que hacer. La compasión, simplemente, no es parte de su descripción de trabajo. ¿O acaso lo es?, ¿Espera Dios que los líderes cristianos sean compasivos? ¿Espera que los pastores principales y sus ministros de jóvenes, los padres y los empresarios, los profesores y los directores, así como otros líderes comunitarios, muestren compasión? Si es así, entonces, ¿no debería la compasión compeler a los dirigentes a actuar?

El fenómeno del líder encumbrado

Se han escrito un sinnúmero de libros acerca del «líder fuerte». El líder encumbrado que mira hacia abajo, desde lo alto, con desdén. Cuando las cosas se ponen difíciles se las arregla solo y, si es necesario, despide a los empleados sin inmutarse.

En el púlpito, el fenómeno del líder encumbrado, intocable, casi extraterrestre, se ve a menudo. Son intocables. Tienen guardaespaldas y vehículos blindados. Son incuestionables, irreprensibles. Hablan como si fueran oráculos divinos. No rinden cuentas a nadie. No escuchan a nadie más que a sí mismos. Son autosuficientes. No necesitan a nadie más que a sí mismos. Nunca están disponibles. Su único deber consiste en orar, enseñar y administrar la visión de la iglesia en lo financiero. Son ricos. Merecen una doble porción. Son orgullosos. No aceptan crítica alguna. Son irreprochables, incorregibles e incuestionables. Están divinamente conectados. Ellos se encargan de las finanzas y de predicar al respecto con frecuencia.

Si los escucha y ofrenda, le prometen que será bendecido. No cualquiera puede hacer esas promesas. Sin embargo, ellos sí. Y lo hacen. Las finanzas cuentan. Ellos tienen cosas más importantes que hacer que atender a las personas. Dejan el «pastoreo» humilde a los ministros contratados (o asignados) para atender a las personas. Estos líderes se tocan el pelo y se arreglan en el escenario. Les gusta ser el centro y recibir los aplausos del público.

¿Cómo pueden desconocer lo terrible de su función? ¿Acaso han leído alguna vez la definición de pastor? Según el diccionario, *pastor* es uno que vigila, protege y atiende a las ovejas. Uno que cuida y guía a un grupo de personas, como ministro o maestro.[2] Si un hombre no hace guardia físicamente ni atiende en persona a sus ovejas, si no se toma tiempo para llevarlas a comer pastos verdes ni ve sus necesidades, ni sabe nada de sus ovejas, ¿acaso es pastor?

El apóstol Judas declara lo siguiente acerca de los falsos pastores en Judas 1.11-23:

> ¡Ay de ellos! Porque han seguido el camino de Caín, y por lucro se lanzaron al error de Balaam … Estos son escollos ocultos en vuestros ágapes, cuando banquetean con vosotros sin temor, apacentándose a sí mismos; son nubes sin agua llevadas por los vientos, árboles de otoño sin fruto, dos veces muertos y desarraigados … Pero vosotros, amados, edificándoos en vuestra santísima fe, orando en el Espíritu Santo, conservaos en el amor de Dios, esperando ansiosamente la misericordia de nuestro Señor Jesucristo para vida eterna. Y tened misericordia de algunos que dudan; a otros, salvad, arrebatándolos del fuego; y de otros tened misericordia con temor, aborreciendo aun la ropa contaminada por la carne.

Los falsos pastores siempre están listos para las entrevistas en radio y televisión. Pero no están dispuestos a estrecharles la mano a las ovejas y escuchar sus luchas. Esos líderes no conocen a sus ovejas. A pesar de que estas conocen su voz a la distancia, ellos no conocen a sus corderos, excepto en términos financieros. ¿Puede un pastor sentir pérdida y dolor cuando una de sus ovejas deja el rebaño? Es probable que ni siquiera lo advierta. ¿Cómo puede ser eso? Es posible que nunca visite su casa. Algunos de esos ministros, a veces, ni siquiera conocen los nombres de las ovejas. Si se da cuentan que caen, ¿acaso las llama o las visita? ¿Cómo enfrentan las ovejas la realidad de los pastores ausentes? ¿Sufrirán las ovejas? ¿Serán estas vulnerables a los ataques e incapaces de subsistir sin la debida orientación y cuidado de su pastor? ¿Será la oveja herida por la indiferencia de su pastor? Claro que sí. Por supuesto, se dispersará en las tormentas y las dificultades de la vida por falta de pastor. ¿Provocará el dolor infligido involuntariamente por el líder, que las ovejas se aparten del rebaño y que tal vez nunca regresen? Si eso ocurre, ¿no responsabilizará Dios al pastor de esa terrible y prevenible pérdida? Tal vez por eso es que el apóstol Santiago afirma:

> Hermanos míos, no os hagáis maestros muchos de vosotros, sabiendo
> que recibiremos un juicio más severo (Santiago 3.1).

Dios quiere que la iglesia modele su liderazgo. Cuando somos incapaces de representar a Dios con nuestro liderazgo, le traemos vergüenza a Él tanto en el cielo como en la tierra. Según Judas, si un hombre solo se alimenta a sí mismo y no tiene tiempo para los demás, no es pastor después de todo. Es un impostor. ¿Puede un hombre caminar con Dios y no tener compasión? A los ojos de Dios, ¿es en verdad un líder tal cristiano?

El primero será el último

El estilo de liderazgo divino es diferente al del mundo. El evangelista Mateo registra las palabras de Jesús:

> «Sabéis que los gobernantes de los gentiles se enseñorean de ellos, y que
> los grandes ejercen autoridad sobre ellos. No ha de ser así entre vosotros,
> sino que el que quiera entre vosotros llegar a ser grande, será vuestro
> servidor, y el que quiera entre vosotros ser el primero, será vuestro sier-
> vo; así como el Hijo del Hombre no vino para ser servido, sino para
> servir y para dar su vida en rescate por muchos» (Mateo 20-25-28).

El mayor entre vosotros es aquel que más sirve a su prójimo. En una familia, los miembros principales son aquellos que proveen y cuidan a sus pequeños. Asimismo, como familia espiritual, debemos ver cuán importantes son los que le sirven al Señor en verdad. Es lo que se llama «liderazgo servicial» o de servicio. Como líder, ¿qué significa el liderazgo servicial para usted?

Jesús modeló el liderazgo de servicio en muchas formas. Él adoptó como modelo el liderazgo de servicio a través de la sumisión al Padre, la obediencia, el sacrificio personal, la compasión y los actos de servicio. El apóstol Pablo le escribió específicamente a la iglesia de Filipos acerca del distintivo estilo de liderazgo de Cristo:

> Por tanto, si hay algún estímulo en Cristo, si hay algún consuelo de amor, si hay alguna comunión del Espíritu, si algún afecto y compasión, haced completo mi gozo, siendo del mismo sentir, conservando el mismo amor, unidos en espíritu, dedicados a un mismo propósito. Nada hagáis por egoísmo o por vanagloria, sino que con actitud humilde cada uno de vosotros considere al otro como más importante que a sí mismo, no buscando cada uno sus propios intereses, sino más bien los intereses de los demás. Haya, pues, en vosotros esta actitud que hubo también en Cristo Jesús, el cual, aunque existía en forma de Dios, no consideró el ser igual a Dios como algo a qué aferrarse, sino que se despojó a sí mismo tomando forma de siervo, haciéndose semejante a los hombres. Y hallándose en forma de hombre, se humilló a sí mismo, haciéndose obediente hasta la muerte, y muerte de cruz. Por lo cual Dios también le exaltó hasta lo sumo, y le confirió el nombre que es sobre todo nombre, para que al nombre de Jesús SE DOBLE TODA RODILLA de los que están en el cielo, y en la tierra, y debajo de la tierra, y toda lengua confiese que Jesucristo es Señor, para gloria de Dios Padre (Filipenses 2.1-11).

Cuando Jesús vio al pueblo de Israel, tuvo compasión de ellos. Y su compasión fue más que un sentimiento, fue acción.

Y Jesús recorría todas las ciudades y aldeas, enseñando en las sinagogas de ellos, proclamando el evangelio del reino y sanando toda enfermedad y toda dolencia. Y viendo las multitudes, tuvo compasión de ellas, porque estaban angustiadas y abatidas como ovejas que no tienen pastor. Entonces dijo a sus discípulos: La mies es mucha, pero los obreros pocos. Por tanto, rogad al Señor de la mies que envíe obreros a su mies (Mateo 9.35-38).

Jesús alimentó a miles de personas que le seguían. La compasión de Cristo le costó tiempo, sueño y esfuerzo a favor de la gente. Su compasión lo llevó a servir. Su compasión hizo que dejara líderes que cuidaran de las ovejas en su ausencia. Él estaba dispuesto a ser el último. Ahora Dios le ha hecho primero otra vez. Él ha demostrado su supremacía. Ha demostrado su bondad. Ha comprobado que encarna al amor. Cristo tuvo compasión y, debido a ello, comprobó que es Rey de reyes y Señor de señores y que merece toda la gloria y la honra.

Al fin, a los ochenta años de edad, Moisés fue manso. Había aprendido a someterse a Dios. Había aprendido a ser paciente y a no enojarse con facilidad. Aprendió a poner las necesidades de los demás antes que las suyas. Por último, Dios pudo usarlo. Así, el líder más grande que el mundo haya conocido jamás, dirigió a un grupo rebelde de esclavos durante cuarenta años, hasta que se convirtió en una nación bajo Dios y llegó a la Tierra Prometida.[3]

Fue en el Monte Sinaí donde realmente vemos operando el liderazgo servicial de Moisés. Una cosa es levantar la vara y pronunciar unas palabras. Moisés hizo más que eso. Estuvo con el pueblo. Es más, estaba tan dedicado a ellos, en su compasión por su gente, que trabajando arduamente.

Y aconteció que al día siguiente Moisés se sentó a juzgar al pueblo; y el pueblo estuvo delante de Moisés desde la mañana hasta el atardecer … Cuando el suegro de Moisés vio todo lo que él hacía por el pueblo, dijo: ¿Qué es esto que haces por el pueblo? ¿Por qué juzgas tú solo? (Éxodo 18.13-14).

¿Cuántos líderes hoy día están dispuestos, como Moisés, a sentarse a escuchar a su gente? ¿Cuántos estamos agotándonos a nosotros mismos por el pueblo? Esta no es una pregunta retórica. Hay muchos, muchos pastores y líderes cristianos que están dándose, como dijo el apóstol Pablo, cual «ofrenda de libación». La pregunta es: «¿Es usted uno de ellos?» Moisés estaba dispuesto a dedicar todo su tiempo a ayudar a la gente. Estaba dispuesto a escuchar porque sentía compasión por la gente. En efecto, en un momento, cuando el pueblo de Israel merecía ser borrado del planeta por rebelarse contra Dios con el becerro de oro, Moisés intercedió. Amaba a las personas más que a su propia vida. ¡Tuvo compasión de ellos!

Entonces volvió Moisés al SEÑOR y dijo: ¡Ay!, este pueblo ha cometido un gran pecado: se ha hecho un dios de oro. Pero ahora, si es tu voluntad, perdona su pecado, y si no, bórrame del libro que has escrito (Éxodo 32.31-32).

Dios no eliminó a Moisés ni al pueblo de Israel. Tuvo misericordia y compasión debido a su gran amor por ellos. ¿Tenemos esa clase de misericordia? ¿Estaríamos dispuestos a sacrificar nuestra vida eterna por salvar las vidas y el alma de nuestro rebaño? Moisés lo hizo. ¡Qué asombroso compromiso! ¡Qué clase de amor! ¿Y nosotros, de qué tipo somos? ¿Tenemos compasión por la gente que tenemos a nuestro cargo? Si los amamos, debemos tenerla.

¿En qué falló el pastor Pablo como líder? ¿Por qué perdió el respeto de la gente? Falló debido a las acciones que mostraban su corazón. Las acciones hablan más que las palabras. ¿Habría Cristo valorado más una reunión que a la gente? ¿Habría pensado Él que su tiempo era más valioso que el de otra persona? ¿Habría prometido, sin comprometer su palabra, ayudar a sus hermanos y hermanas abandonados? ¿Habría entendido la desilusión de aquella familia? ¿Habría tratado de hacer lo correcto? ¿Y usted? ¿Ha fallado en esta área?

Es evidente que Jesús les habría dado prioridad a las personas. Él, literalmente, se humilló y tomó forma de siervo. Hizo un tiempo en sus últimos momentos en la tierra, la noche de su Última Cena, para lavarles los pies a los discípulos. Ciertamente, se habría tomado el tiempo para acudir en ayuda de los que realmente lo necesitaban. Jesús cumple su palabra. Él es la verdad. Y nosotros debemos ser como Él. Servir a los demás. Valorarlos incluso por encima de nosotros mismos. Al igual que Jesús, y como Moisés, tenemos que amar a los demás con tanta compasión que seamos capaces de sacrificarnos por ellos. Entonces, y solo entonces, la gente sabrá que somos realmente representantes de Dios y dirigentes de alta estima para Él.

Nuestro deber

Dios no nos ha llamado por nuestra ocupación. Dios nos llamó por nombre. Él no dijo: «¡Oye, tú, profeta!» Más bien, en términos sencillos, dijo: «Samuel, soy yo, Dios. Tengo algo que quiero decirte». Cuando Dios llamó a Jeremías este relata que:

Y vino a mí la palabra del SEÑOR, diciendo: Antes que yo te formara en el seno materno, te conocí, y antes que nacieras, te consagré, te puse por profeta a las naciones (Jeremías 1.4-5).

En verdad, de acuerdo con el rey David, Dios realmente tomó un interés personal en él cada momento de su vida, incluso cuando aún estaba en el vientre. David adora a Dios, afirmando:

Oh SEÑOR, tú me has escudriñado y conocido. Tú conoces mi sentarme y mi levantarme; desde lejos comprendes mis pensamientos. Tú escudriñas mi senda y mi descanso, y conoces bien todos mis caminos. Aun antes de que haya palabra en mi boca, he aquí, oh SEÑOR, tú ya la sabes toda. Por detrás y por delante me has cercado, y tu mano pusiste sobre mí. Tal conocimiento es demasiado maravilloso para mí; es muy elevado, no lo puedo alcanzar … Porque tú formaste mis entrañas; me hiciste en el seno de mi madre. Te alabaré, porque asombrosa y maravillosamente he sido hecho; maravillosas son tus obras, y mi alma lo sabe muy bien. No estaba oculto de ti mi cuerpo, cuando en secreto fui formado, y entretejido en las profundidades de la tierra. Tus ojos vieron mi embrión, y en tu libro se escribieron todos los días que me fueron dados, cuando no existía ni uno solo de ellos (Salmo 139.1-6, 14-16).

¿Acaso nosotros, como líderes, conocemos a nuestras ovejas? ¿Sabemos de sus luchas? ¿Conocemos sus sueños? Dios es un Dios personal. Él se preocupa por la gente. Dios está mucho más interesado en los pensamientos, las palabras y las opciones de cada uno de nosotros, que en nuestra ocupación. Él es el único que escudriña los corazones y las mentes de los hombres. Él está buscando por toda la tierra a alguien de corazón recto. Él nos eligió a cada uno de nosotros y nos ama a cada uno individualmente. Él murió para que ninguno de nosotros se perdiera. ¿Cómo es que Dios, el Creador mismo, se preocupa por nosotros? Y, ¿cómo es posible, que nosotros, como dirigentes, a veces pensemos que la gente es irrelevante?

Aunque a Dios, el Creador, le basta con pronunciar la palabra para que se cumpla su voluntad, prefiere usar a la gente. Todavía lo hace. Y se preocupa por la manera en que tratamos a los demás. Él vino a la tierra porque se compadeció de nosotros. Estábamos condenados a la destrucción. Pero Él dejó el cielo y soportó el desprecio, la vergüenza e incluso la muerte, con el único fin de salvar a la humanidad. Si Dios nos trata así, ¿cómo no vamos a ser compasivos con el prójimo? ¿Acaso somos más que Dios? ¿Tenemos un mejor nivel? ¡Cuidado!

Tienen que saber que somos cristianos

Dios espera que la compasión sea el distintivo del cristiano. Es un tema tan importante para Él que incluso contó un relato al respecto, cuando estuvo en la tierra. ¿Recuerda la «parábola del buen samaritano»?

Y he aquí, cierto intérprete de la ley se levantó, y para ponerle a prueba dijo: Maestro, ¿qué haré para heredar la vida eterna? Y El le dijo: ¿Qué está escrito en la ley? ¿Qué lees en ella? Respondiendo él, dijo: AMARAS AL SEÑOR TU DIOS CON TODO TU CORAZON, Y CON TODA TU ALMA, Y CON TODA TU FUERZA, Y CON TODA TU MENTE; Y A TU PROJIMO COMO A TI MISMO. Entonces Jesús le dijo: Has respondido correctamente; HAZ ESTO Y VIVIRAS. Pero queriendo él justificarse a sí mismo, dijo a Jesús: ¿Y quién es mi prójimo? Respondiendo Jesús, dijo: Cierto hombre bajaba de Jerusalén a Jericó, y cayó en manos de salteadores, los cuales después de despojarlo y de darle golpes, se fueron, dejándolo medio muerto. Por casualidad cierto sacerdote bajaba por aquel camino, y cuando lo vio, pasó por el otro lado del camino. Del mismo modo, también un levita, cuando llegó al lugar y lo vio, pasó por el otro lado del camino. Pero cierto samaritano, que iba de viaje, llegó adonde él estaba; y cuando lo vio, tuvo compasión, y acercándose, le vendó sus heridas, derramando aceite y vino sobre ellas; y poniéndolo sobre su propia cabalgadura, lo llevó a un mesón y lo cuidó. Al día siguiente, sacando dos denarios, se los dio al mesonero, y dijo: «Cuídalo, y todo lo demás que gastes, cuando yo regrese te lo pagaré». ¿Cuál de estos tres piensas tú que demostró ser prójimo del que cayó en manos de los salteadores? Y él dijo: El que tuvo misericordia de él. Y Jesús le dijo: Ve y haz tú lo mismo (Lucas 10.25-37).

Es interesante observar que esta parábola siguió a una discusión acerca de cómo llegar al cielo. Surge así la cuestión de cómo y en qué modo debemos amar. Jesús respondió con una parábola que cita dos queridas figuras religiosas y una poco respetada. En la vida real, la experiencia de Anita fue que la única

ayuda que recibió fue de un desconocido, un transeúnte. En la historia del
buen samaritano, la ayuda también vino de la fuente menos probable. Tal vez
el buen samaritano ayudó porque nadie esperaba que lo hiciera. Quizás era tan
humilde que no creía que era superior a nadie. Tal vez el sacerdote y el escriba
pensaron que no podían hacer aquel trabajo sucio de ayudar a un compatriota
ensangrentado y herido. Tal vez estaban demasiado ocupados.

¿Está usted demasiado ocupado? Sinceramente, ¿tiene algún momento
para ayudar a su prójimo, sea una persona de su congregación o un compañero
de oficina? ¿Le conviene hacerlo? Probablemente no. La vida es muy agitada.
Sin embargo, todos hacemos tiempo para eso que consideramos importante.
En la parábola, la gente con la que el herido hubiera jurado que podía contar,
no lo consideraron una prioridad. Sin embargo, el hombre que evitaba y desde-
ñaba como ilegal —de acuerdo a la ley judía de inmigración—, y como de una
raza mezclada, fue el único que estuvo allí con él. ¿Cuál de esos tres hombres
fue un líder santo? ¿Cuál fue el buen vecino? ¿Cómo podemos ser buenos
líderes, si no damos prioridad a lo que importa en esta vida y en la eternidad?
Sí, si usted ama a Dios y al hombre, tiene el pasaporte al cielo. Sin embargo,
cuando lleguemos allá, ¿cómo será recibido? Cada hombre será recompensado
de acuerdo a lo que haya hecho, no hay ningún favoritismo. Como nos advierte
el apóstol Pablo:

> Ahora bien, el que planta y el que riega son una misma cosa, pero
> cada uno recibirá su propia recompensa conforme a su propia labor.
> Porque nosotros somos colaboradores de Dios, y vosotros sois labranza
> de Dios, edificio de Dios. Conforme a la gracia de Dios que me fue
> dada, yo, como sabio arquitecto, puse el fundamento, y otro edifica
> sobre él. Pero cada uno tenga cuidado cómo edifica encima. Pues
> nadie puede poner otro fundamento que el que ya está puesto, el cual
> es Jesucristo. Ahora bien, si sobre el fundamento alguno edifica con
> oro, plata, piedras preciosas, madera, heno, paja, la obra de cada uno
> se hará evidente; porque el día la dará a conocer, pues con fuego será
> revelada; el fuego mismo probará la calidad de la obra de cada uno. Si
> permanece la obra de alguno que ha edificado sobre el fundamento,
> recibirá recompensa. Si la obra de alguno es consumida por el fuego,
> sufrirá pérdida; sin embargo, él será salvo, aunque así como por fuego
> (1 Corintios 3.8-15).

Nuestro trabajo será probado por el santo fuego de Dios. Un fuego que consume nuestros esfuerzos egoístas, pero que revela el mineral puro del amor desinteresado y el servicio. Es obvio, ¿no? Si es tan claro en la historia y en la Biblia que Dios requiere la compasión y la misericordia del liderazgo, entonces ¿por qué escasea tanto? ¿Cómo es posible que hayamos menospreciado a las personas en nuestra descripción de trabajo? Los números no son muy importantes para Dios. Recuerda, Él ama a cada individuo tanto como para dejar a noventa y nueve en una reunión y salir al calor a buscar al cordero perdido.

¿Estamos dispuestos a hacer lo mismo? ¿Estamos dispuestos a darles prioridad a nuestras vidas y ministerios para que las personas sepan que valen? Somos las manos extendidas de Dios. Si no les mostramos el amor, la compasión ni la misericordia de Dios a la gente, en esta tierra, ¿cómo van a entender al Padre Dios? ¿Cómo van a ser atraídos a Él? Nuestro trabajo debe ser valioso. Que nuestras palabras tengan sustancia. Que nuestro liderazgo sea digno de emular.

Debemos correr «de tal modo que ganéis» (1 Corintios 9.24). ¿Podemos liderar de manera tal que ayudemos a otros a ganar el premio para la gloria de Cristo, y solo para Él. ¿Cómo podemos establecer una base piadosa? ¿Cómo podemos ser líderes compasivos?

La respuesta está en nuestro modelo, nuestro fundador y fundamento: Jesucristo.

¿Qué tipo de fundamento estableció Cristo para nosotros? Se dio a sí mismo. Vivió y murió por amor. Porque Dios es amor. Y, debido a que nos amó, tuvo piedad de nosotros. Así como el samaritano, al que muchos rechazaron, tuvo piedad de nosotros. A pesar de que no lo estimamos, valoró nuestras vidas. Si hemos de vivir como Cristo, si queremos ser líderes piadosos, tenemos que aprender a valorar a las personas.

¿Por qué vino?

Siempre me he preguntado por qué Dios corrió el riesgo y pasó la vergüenza de venir a la tierra tomando forma de humanidad. ¿Por qué el Dios de todos, tomó forma de siervo e incluso se hizo «un poco menor que los ángeles» (Salmo 8.5)? ¿Por qué se convertiría en siervo de su creación? ¿Por qué estuvo dispuesto a sufrir y hasta a morir innecesariamente?

El escritor de Hebreos, posiblemente el apóstol Pablo, afirmó quién es Jesús y por qué merece ser lo que era y lo que es, el que siempre será. El autor contesta esas preguntas y lo que logró Jesús en el proceso. Es una revelación sorprendente.

¿Quién es Jesús? ¿Es un ángel? ¿Es el hermano de todos los ángeles? ¿Es nuestro hermano? La respuesta es clara. ¿Por qué vino?

Él [Hijo] es el resplandor de su gloria y la expresión exacta de su naturaleza, y sostiene todas las cosas por la palabra de su poder. Después de llevar a cabo la purificación de los pecados, se sentó a la diestra de la Majestad en las alturas, siendo mucho mejor que los ángeles, por cuanto ha heredado un nombre más excelente que ellos (Hebreos 1.3-4).

Lo primero que Dios hizo al venir a la tierra, fue demostrar que no solo es la PALABRA (Juan 1.1-3) que creó a los ángeles como seres eternos, sino que además es mayor que ellos, no solo por lo que es, sino porque se lo merece. Él se ganó el derecho frente a las huestes de la creación y de las criaturas. Lo probó con su vida y su muerte. ¿Cómo probó Jesús que es Dios?

Jesús demostró que es mayor que el hombre. Demostró que es, que fue y que siempre será Dios, y lo hizo «tanto por señales como por prodigios, y por diversos milagros y por dones del Espíritu Santo» (Hebreos 2.4). Pero aún más importante, demostró que se ganó el derecho de ser Rey de reyes y Señor de señores; lo cual hizo a través de su bondad, su amor, su sufrimiento y su obediencia. En efecto, vino a la tierra como un simple mortal.

Y como si eso no fuera suficiente humildad, decidió pasar su vida y hacer su obra en el mundo con los que se consideran la escoria. Él sirvió amorosamente al menor, al último y al que se quedó atrás. Mostró que ama a los leprosos, a los ciegos, a los retrasados, a los mudos, a los niños y a las personas difíciles de amar. Aquellos a quienes el mundo no tiene en cuenta, Cristo los valoró. Les mostró compasión. Amaba al recaudador de impuestos y vio su necesidad. Amaba a todos los que eran tan humildes que buscaban un Salvador. Y los valoraba.

¿Por qué viviría el Rey de reyes de manera tan humilde? ¿Por qué se identificaba con los débiles y los quebrantados, los derrotados y los desechados de la humanidad? El escritor de Hebreos afirma que lo hizo para demostrar su señorío. Jesús comprobó que puede cuidar y aun amar a los más miserables de la humanidad. Confirmó que ama a cada ser humano, desde el menor hasta el mayor. Jesús comprobó que solo Él es misericordioso y compasivo como para ser Señor de todos. ¿Quién más, aun estando agotado, tendría compasión de la gente, las sanaría y les enseñaría? (Mateo 14.13-21). ¿Quién otro dejaría todo su esplendor para ir a sentarse en la miseria y ayudar a los desamparados, sin esperanza y heridos? ¿Qué rey lo haría? Solamente Cristo. Él solo se basta para guiar y dirigir a la humanidad. Solo Él es bueno y misericordioso, capaz de amar y digno de ser amado, capaz de buscar y encontrar la oveja perdida, de morir y descender a los infiernos para liberar a los cautivos y resucitarlos de la muerte (Efesios 4.7-10).

Jesús estuvo dispuesto a rebajarse y descender como hombre, menor que los ángeles, a pesar de que era y es Dios. Ahora está coronado de nuevo porque sufrió la muerte por todos nosotros. Nos sirvió a todos, desde el menor hasta el mayor. Comprobó su deidad a través del sufrimiento y sirviendo al que no lo merecía, al despreciable pecador. Solamente Jesús merece ser Rey de reyes y Señor de señores. ¡Él es el Rey de reyes! Ha demostrado que merece ser ambas cosas. Solo Él rige con justicia y amor. Solo Él defiende el caso de los pobres y heridos del alma. Solo Él es digno. Él fue el primer rey. Él es, y merece ser el Rey definitivo, el que impere por siempre jamás.

Porque convenía que aquel para quien son todas las cosas y por quien son todas las cosas, llevando muchos hijos a la gloria, hiciera perfecto por medio de los padecimientos al autor de la salvación de ellos (Hebreos 2.10).

A la luz de esta revelación, ¿qué significa seguirazgo para usted? ¿Es usted como Jesús? ¿Merece ser adoptado en tal clase de familia e incluso ser llamado «hermano» de una persona tan digna y superior? ¿Está dispuesto a ver el mundo como Jesús? ¿Está dispuesto a valorar a la gente? El que busca el bien, lo encontrará. El que busca el mal, igualmente. ¿Qué busca usted cuando ministra a la gente? ¿Cómo se ve a sí mismo? ¿Cómo los ve a ellos?

Hebreos 2.14 dice que si sufrimos por Cristo como hermanos, reinaremos con Él; seremos perfectos a través del sufrimiento de Cristo. Somos adoptados en la familia de Dios únicamente por su gran misericordia y amor por nosotros. Y demostraremos que somos sus hijos cuando caminemos como Cristo, valorando a la gente. ¿Cómo podemos mostrar que valoramos a la gente? Con la manera en que les tratamos. Cuando están en necesidad. Cuando le brindamos nuestro tiempo, atención personal y amor sin prejuicios. Lo mostramos compartiendo nuestros recursos. Escuchándolos. ¿No fue así como lo hizo Cristo? ¿Cómo lo muestra usted? ¿Está usted dispuesto a amar con compasión?

Amados, amémonos unos a otros, porque el amor es de Dios, y todo el que ama es nacido de Dios y conoce a Dios. El que no ama no conoce a Dios, porque Dios es amor. En esto se manifestó el amor de Dios en nosotros: en que Dios ha enviado a su Hijo unigénito al mundo para que vivamos por medio de Él. En esto consiste el amor: no en que nosotros hayamos amado a Dios, sino en que Él nos amó a nosotros y envió a su Hijo como propiciación por nuestros pecados. Amados, si Dios así nos amó, también nosotros debemos amarnos unos a otros. A Dios nadie le ha visto jamás. Si nos amamos unos a otros, Dios permanece en nosotros y su amor se perfecciona en nosotros … Nosotros amamos, porque Él nos amó primero. Si alguno dice: Yo amo a Dios, y aborrece a su hermano, es un mentiroso; porque el que no ama a su hermano, a quien ha visto, no puede amar a Dios a quien no ha visto. Y este mandamiento tenemos de Él: que el que ama a Dios, ame también a su hermano (1 Juan 4.7-12, 19-21).

Pastor, líder, pastor juvenil, empresario, comerciante y amigo, ¿está caminando en amor? ¿Discrimina a alguien entre las personas bajo su cuidado?

Hermanos míos, no tengáis vuestra fe en nuestro glorioso Señor Jesucristo con una actitud de favoritismo. Porque si en vuestra congregación entra un hombre con anillo de oro y vestido de ropa lujosa, y también entra un pobre con ropa sucia, y dais atención especial al que lleva la ropa lujosa, y decís: Tú siéntate aquí, en un buen lugar; y al pobre decís: Tú estate allí de pie, o siéntate junto a mi estrado; ¿no habéis hecho distinciones entre vosotros mismos, y habéis venido a ser jueces con malos pensamientos? Hermanos míos amados, escuchad: ¿No escogió Dios a los pobres de este mundo para ser ricos en fe y herederos del reino que El prometió a los que le aman? Pero vosotros habéis menospreciado al pobre. ¿No son los ricos los que os oprimen y personalmente os arrastran a los tribunales? (Santiago 2.1-7)

El reino de los cielos se ha invertido. Aquellos que pensamos que somos grandes puede que no seamos nada en la eternidad, porque nunca aprendimos el seguirazgo. Nunca aprendimos a caminar como Cristo, siguiendo su ejemplo de amor y compasión. ¿Va usted a ser un líder que reine en la tierra o en el cielo? ¿Aquellos que opten por señorear sobre los demás en esta tierra, no reinarán en la eternidad. Tenemos la opción. Todavía tenemos vida y aliento. Podemos elegir el camino de Cristo. Podemos escoger la compasión.

Por amor al hombre

Como líderes, podemos organizar muy bien los grandes eventos, pero fallamos en lo que es más importante para Dios: nuestra relación con las personas. El amigo más íntimo de Jesús, Juan, revela una vez más lo que siente Dios por el hombre, cuando escribe:

> No améis al mundo ni las cosas que están en el mundo. Si alguno ama al mundo, el amor del Padre no está en él. Porque todo lo que hay en el mundo, la pasión de la carne, la pasión de los ojos y la arrogancia de la vida, no proviene del Padre, sino del mundo. Y el mundo pasa, y también sus pasiones, pero el que hace la voluntad de Dios permanece para siempre (1 Juan 2.15-17).

Solo hay dos cosas que importan en esta tierra. Solo son dos las que cuentan para la eternidad: el amor y la obediencia a Dios, y nuestro amor y servicio al hombre. Esa es la voluntad de Dios, que vivamos y nos conduzcamos de tal manera que podamos verdaderamente amar y ayudar a otros. ¿Cómo podemos relacionarnos con las personas si no las amamos? ¿Cómo podemos amarlas si no estamos dispuestos a hablar con ellas? ¿Cómo podemos hablarles si no estamos dispuestos a pasar tiempo con ellas? ¿Cómo podemos pasar tiempo con ellas si no creemos que son importantes?

Pensemos diferente al mundo. ¡Sigamos el ejemplo de Cristo! Dios espera que la compasión sea algo natural producido por el don espiritual del «amor». Eso es parte integral de nuestra vida en esta tierra y Dios tiene mucho que decir al respecto. Él también nos dio el ejemplo.

Hay dos tipos de sabiduría. Hay dos tipos básicos de liderazgo: los que se enseñorean sobre los demás y los que dirigen sin egoísmo, con misericordia y amor.

Santiago afirma:

> ¿Quién es sabio y entendido entre vosotros? Que muestre por su buena conducta sus *obras* en mansedumbre de sabiduría. Pero si tenéis

celos amargos y ambición personal en vuestro corazón, no seáis arrogantes y así mintáis contra la verdad. Esta sabiduría no es la que viene de lo alto, sino que es terrenal, natural, diabólica. Porque donde hay celos y ambición personal, allí hay confusión y toda cosa mala. Pero la sabiduría de lo alto es primeramente pura, después pacífica, amable, condescendiente, llena de misericordia y de buenos frutos, sin vacilación, sin hipocresía. Y la semilla cuyo fruto es la justicia se siembra en paz por aquellos que hacen la paz (Santiago 3.13-18).

El liderazgo compasivo es sabio y de servicio. En este tipo de liderazgo, uno pone las necesidades de los demás, incluso del rebaño, antes que las propias. Es un liderazgo amoroso.

Si usted es ejecutivo de una gran empresa, si tiene muchos empleados, Dios no se impresiona por eso. En realidad, Él fue quien lo puso ahí. Si usted es el pastor de una iglesia grande y puede contar las ovejas por cientos y miles, eso no impresiona a Dios. Dios no piensa en números. Él se preocupa por la gente. Dios nos conoce a cada uno por nombre. Dios requiere del liderazgo que tenga ciertas cualidades que lo representen, que los distingan del mundo. Tenemos que ser diferentes. Mateo 23:23 declara:

¡Ay de vosotros, escribas y fariseos, hipócritas!, porque pagáis el diezmo de la menta, del eneldo y del comino, y habéis descuidado los preceptos de más peso de la ley: la justicia, la misericordia y la fidelidad.

Hemos de ser conocidos por nuestro carácter, por nuestro amor. Debemos valorar a los demás más que a nosotros mismos. ¡Esa es una actitud que atrae! Tal clase de persona haría que el peor pecador se sienta bienvenido a la iglesia.

¿Podemos separar el amor de la compasión? Si nos solidarizamos y somos compasivos con los demás y no nos elevamos nosotros mismos ni a nuestras acciones, ¿acaso no estamos promoviendo la armonía? Tal liderazgo es atractivo y estimulante en verdad.

Una decisión

La compasión no es un sentimiento. Como líderes tenemos la opción. La compasión es la manera de Dios. Aunque no siempre es parte natural de nuestro temperamento, es una cualidad importante del liderazgo que podemos tener.

Todo lo que requiere es la gracia de Dios y nuestra elección. Es una decisión. Pídale a Dios que le ayude a ver el mundo como Él, que le dé oportunidad para trabajar con el fruto del Espíritu que ya usted tiene. El asunto es que le pedimos que nos dé compasión cuando ya la tenemos, puesto que es parte del fruto del Espíritu. Así que la tenemos, por tanto, usémosla.

Busque los valores de Dios. Él le ha dado las «llaves del reino».

Pues su divino poder nos ha concedido todo cuanto concierne a la vida y a la piedad, mediante el verdadero conocimiento de aquel que nos llamó por su gloria y excelencia, por medio de las cuales nos ha concedido sus preciosas y maravillosas promesas, a fin de que por ellas lleguéis a ser partícipes de la naturaleza divina, habiendo escapado de la corrupción que hay en el mundo por causa de la concupiscencia. Por esta razón también, obrando con toda diligencia, añadid a vuestra fe, virtud, y a la virtud, conocimiento; al conocimiento, dominio propio, al dominio propio, perseverancia, y a la perseverancia, piedad, a la piedad, fraternidad y a la fraternidad, amor. Pues estas virtudes, al estar en vosotros y al abundar, no os dejarán ociosos ni estériles en el verdadero conocimiento de nuestro Señor Jesucristo. Porque el que carece de estas virtudes es ciego o corto de vista, habiendo olvidado la purificación de sus pecados pasados. Así que, hermanos, sed tanto más diligentes para hacer firme vuestro llamado y elección de parte de Dios; porque mientras hagáis estas cosas nunca tropezaréis; pues de esta manera os será concedida ampliamente la entrada al reino eterno de nuestro Señor y Salvador Jesucristo (2 Pedro 1.3-11).

No tenemos que ser como los líderes de este mundo. No tenemos por qué fallar o sufrir sus errores. Tenemos todo lo que necesitamos para triunfar. ¡No tenemos excusa!

No tenemos excusas

Pobre pastor Pablo. Si leyera esto, probablemente se sorprendería. Tal vez a usted también le sorprenda. Quizás haya hecho exactamente lo mismo en términos de cómo tratar a las personas. Ahora que sabe el error que cometió, considere lo siguiente. Pablo no es mala persona. Es un ser humano como usted y como yo. Cometió un error. Aun como padre, es fácil darle prioridad a escribir un capítulo y pasar por alto dedicarle un momento a como se ve su hija con su nuevo peinado o a ver cómo le va a su hijo con algo de él. Como dirigentes, tenemos que saber que nadie espera que seamos perfectos. Somos humanos. ¡Reconózcalo!

Y por favor, no añada al error cometido el insulto de negarse a admitirlo. Tenemos el deber de confesar y pedir perdón cuando nos equivocamos. Imagínese si Pablo hubiera ido a la casa de Anita para decir cuánto sentía lo ocurrido o hubiera enviado una pequeña tarjeta con una disculpa. Su error fácilmente habría sido perdonado y olvidado. Sin embargo, hizo como si no hubiese sucedido nada. Evitó e incluso ignoró a Anita. Si solo hubiera tenido el valor para disculparse. Si se hubiera dado cuenta de la gravedad de su error. Si solo se hubiera preocupado lo suficiente por sus ovejas como para disculparse. ¿Por qué es tan difícil hacer eso?

Por desdicha, la historia de Anita realmente sucedió. Aunque he cambiado los nombres y los detalles para proteger a los involucrados, el caso es que ocurrió. El pastor ni siquiera se disculpó. La familia, por supuesto, se fue de la iglesia. Anita, por su parte, pensó: *Si no puedo contar con este pastor en una emergencia, ¿cómo voy a confiarle mis hijos?* Todos ellos perdieron el respeto por el pastor Pablo. Los niños le decían «egoísta», «perezoso» y hasta «gordo».

El pastor se cuestionaba por qué los hijos de Anita no querían ir más al grupo de jóvenes, pero nunca les preguntó. Tal vez sabía la razón o quizás no quería que se supiera. Sin embargo, debería haber escuchado el resultado. El hijo mayor de Anita, afirmó: «Este tipo no sabe nada acerca de cómo ser un pastor. Cualquiera de mis amigos lo habría dejado todo para venir. ¿Y este llamado pastor me deja morir con este calor cuando está a solo cinco minutos? Pudo haberme ayudado. Ni siquiera estaba dirigiendo esa reunión, ¡no puedo creerlo! Después de todo lo que hicimos por él. Tipos como ese son unos hipócritas. No quiero a ese tipo como modelo». ¿Estaba el chico equivocado con su conclusión? ¿Cuál cree usted que fue la fuente del irrespeto de los niños? Después de trabajar con los jóvenes más de veinticinco años, puedo resumir la respuesta así: los chicos odian la hipocresía. A la gente, de todas las edades, le desagrada la hipocresía. No podemos decir que amamos a las personas si no nos preocupamos lo suficiente por ayudarles. Incluso no podemos decir que somos cristianos, si no amamos a nuestros hermanos. El apóstol Juan afirma:

Amados, amémonos unos a otros, porque el amor es de Dios, y todo el que ama es nacido de Dios y conoce a Dios. El que no ama no conoce a Dios, porque Dios es amor (1 Juan 4.7-8).

Las acciones hablan más que las palabras. El pastor Pablo afirmaba que era cristiano. Decía que las personas eran importantes. Es más, incluso decía que nada en este mundo era más relevante que los asuntos de Dios y el hombre. Pero, en realidad, el pastor Pablo optó por sentarse en un salón con aire acondicionado antes que ayudar a uno de sus voluntarios que le necesitaba. ¿Acaso sus acciones confirmaron que sus ayudantes eran importantes? ¿Acaso sus acciones muestran amor? La mayoría de la gente prefiere seguir el ejemplo que ve. La gente puede ser atraída por un líder exitoso cierto tiempo, pero cuando descubren que su carácter no coincide con sus palabras, se desvanecen y decepcionan. ¿Cómo afecta eso la experiencia de los niños y sus padres? El mundo está lleno de ex asistentes a la iglesia que se han rebelado contra el liderazgo de la figura principal y que han supuesto —erradamente—, que *todos* los cristianos son incongruentes con lo que pregonan, puesto que han estado con un pastor que solo se preocupa por sí mismo.

El liderazgo terrenal —en el contexto de la iglesia—, va más allá de atender a los nuevos creyentes y a los visitantes. ¿Qué ocurre con los voluntarios? ¿Por qué han de volver? ¿Acaso lo harán? En verdad, ¿qué debió haber hecho el pastor Pablo para mostrarle a esa familia que los valoraba? Si hubiera dicho algo que mostrara arrepentimiento, habría avanzado mucho en la dirección correcta. De modo que, Anita, sus hijos y, quizás hasta, todas las demás personas a las que Pablo ministraba eran «incidentales». Eran parte del paquete, pero no eran vistos como individuos ni dignos de mucho esfuerzo. ¡Qué lamentable!

El pastor Pablo no es un fraude. Cometió un error. Un terrible error. Puede que usted también lo cometa. Si lo ha hecho, no es demasiado tarde para pedir a Dios y a los hombres que le perdonen, que le den otra oportunidad para ser un mejor líder. Podemos aprender del seguirazgo compasivo que Cristo modeló. ¡Podemos aprender a vivir por encima del sol!

Podemos aun ser muy diligentes para no caer en esa trampa. Sin embargo, ¿nos humillamos y arrepentimos cuando fallamos? ¿Podemos pedirles disculpas a los que hemos herido? ¿Podemos buscar la ayuda de Dios para ser líderes compasivos que en verdad vivamos en amor? ¿Podemos aprender a amar a las ovejas lo suficiente como para estar con ellas siempre?

• •

10 IDEAS CLAVES

Capítulo 4: LA COMPASIÓN

1. Cuando Jesús tuvo compasión por la gente sintió dolor y luego actuó en consecuencia con ese sentimiento.

2. La verdadera compasión compele a actuar a favor del doliente.

3. Según el diccionario, *pastor* es uno que vigila, protege y atiende a las ovejas; uno que cuida y guía a un grupo de personas, como ministro o maestro.

4. Los falsos pastores siempre están listos para las entrevistas en radio y televisión. Pero no están dispuestos a estrecharles la mano a las ovejas y escuchar sus luchas. Esos líderes no conocen a sus ovejas. A pesar de que estas conocen su voz a la distancia, ellos no conocen a sus corderos, excepto en términos financieros.

5. Jesús modeló el liderazgo de servicio en muchas formas. Él adoptó como modelo el liderazgo de servicio a través de la sumisión al Padre, la obediencia, el sacrificio personal, la compasión y los actos de servicio.

6. La compasión de Cristo le costó tiempo, sueño y esfuerzo a favor de la gente. Su compasión lo llevó a servir. Su compasión hizo que dejara líderes que cuidaran de las ovejas en su ausencia. Él estaba dispuesto a ser el último.

7. ¿Cómo podemos mostrar que valoramos a la gente? Con la manera en que les tratamos cuando están en necesidad, cuando le brindamos nuestro tiempo, atención personal y amor sin prejuicios. Lo mostramos compartiendo nuestros recursos. Escuchándolos. ¿No fue así como lo hizo Cristo? ¿Cómo lo muestra usted? ¿Está usted dispuesto a amar con compasión?

8. Como líderes, podemos organizar muy bien los grandes eventos, pero fallamos en lo que es más importante para Dios: nuestra relación con las personas.

9. Solo hay dos cosas que importan en esta tierra y son las que cuentan para la eternidad: el amor y la obediencia a Dios, y nuestro amor y servicio al hombre.

10. La compasión no debe ser reducida a un sentimiento. Como líderes tenemos la opción. La compasión es la manera de Dios. Aunque no siempre es parte natural de nuestro temperamento, es una cualidad importante del liderazgo que debemos desarrollar.

• •

Ca • pí • tu • lo **/ 5 /**

POR ENCIMA DEL SOL

Nosotros no vemos las cosas como son; sino como nosotros somos. Nuestro hijo Víctor tuvo un tiempo en que parecía que sus ojos azules eran lentes especiales a través de los que el mundo resplandecía con cierto brillo y encanto que solo él podía ver. Todo era hermoso, nada podía hacerle cambiar de opinión. Como la vez que íbamos caminando hacia nuestro auto por el estacionamiento bajo un calor abrasador. A la distancia él vio algo, como un papel soplado por el viento. A pesar del calor, y de las probabilidades, Víctor gritó con voz jubilosa: «¡Mira mamá, un billete de cien dólares!» «No, mi amor. Tal vez es basura...» traté de decirle. Pero era muy tarde. Ya estaba corriendo hacia el papel que volaba. Estaba muy seguro de que era un tesoro. Esperé hasta que lo vi pisando el papel y descubriendo que no era más que basura. Lo agarró, lo agitó ante nosotros y dijo sonriente: «Imagínense si hubiera sido un billete de cien. Sería rico».

Luego fue la vez que la sandía no cabía en el refrigerador. La pusimos en el horno y se nos olvidó por completo. Cuando al fin la sacamos de ahí, estaba enmohecida. Un líquido turbio, fétido, goteaba de la masa desintegrada de la sandía. Andre, Belani y Yanabel comenzaron a sentir náuseas. «¿Qué es ese olor?», dijo uno de ellos asfixiándose. «No puedo soportarlo», exclamó alguien más. Yanabel simplemente contestó: «Perdí el apetito».

Pero entonces llegó mi ángel de ojos azules. «¡Mmmm! ¿Qué están cocinando? Huele a bizcocho. Los demás chicos estallaron de la risa, pero Víctor no les prestó atención.

Él iba directo al horno en busca del bizcocho. El gran Víctor. Tenía un don de incalculable valor que ni siquiera sabía. Esa fue la vez que exclamó: «Cuando *llegue al cielo, ¿me veré como ahora?»* Antes de que pudiera responderle, dijo: «Eso espero». *Los lentes azulados de mi hijo solo veían lo mejor, no lo malo. La gente nos decía que era el niño más agradecido que habían conocido.*

Años más tarde, todavía me bendice la perspectiva de mi hijo y me recuerda lo precioso que es ver a Dios en la vida de uno y la de los demás. En efecto, la Biblia dice que los que buscan el mal lo encuentran, y los que buscan el bien lo hallarán (Proverbios 11.27). Todos buscamos algo en la vida. ¿Qué está buscando usted? ¿Qué ve usted? Qué bueno sería que todos tuviéramos la perspectiva de Dios, una perspectiva **por encima del sol.**

¿Por qué será que algunos de los hombres más entendidos son también los más deprimidos y pesimistas? Salomón, el autor de casi todo el libro de Proverbios, cuestionó de manera repetitiva el propósito de la vida del hombre en la tierra y en este libro —de manera recurrente— usa la frase «bajo el sol» (unas veintisiete veces en la Biblia de las Américas) para hablar de la futilidad de la existencia. Su conclusión al final de Eclesiastés es la siguiente: «Vanidad de vanidades, dice el Predicador, vanidad de vanidades, todo es vanidad» (Eclesiastés 1.2). El hombre más sabio sobre la faz de la tierra, en un momento de su vida, perdió la cordura cuando se alejó de Dios. Tristemente, esta forma de pensar constituye el razonamiento del hombre sencillo, del hombre simple que no alcanza a comprender la revelación de Dios. Sin embargo, esta perspectiva hace la vida más difícil de sobrellevar puesto que la llena de sin sabores, de desaciertos y de amargura.

Sin embargo, por la gracia de Dios, no tenemos que vivir de esa manera. Dios nos ha dado la «fórmula» para vivir de forma radicalmente diferente. El salmista lo expresa con claridad cuando dice: «La ley del SEÑOR es perfecta que restaura el alma, el testimonio del SEÑOR es seguro que hace sabio al sencillo» (Salmo 19.7). Con esta afirmación, el salmista nos deja ver que sin la revelación de su Palabra, el hombre natural, el hombre que no conoce a Dios, permanece siendo sencillo; y el simple de mente, continúa siendo simple en su manera de vivir. Desde el punto de vista de la Palabra, el simple de mente es alguien que no tiene interés por la sabiduría divina y, por tanto, es fácilmente engañado, confundido o desviado.

Esa persona simple o sencilla de mente tiende a ser indisciplinada; su falta de disciplina no le permite adquirir conocimiento ni habilidad para tomar decisiones sabias. Tampoco ve la vida como realmente es y, por tanto, no entiende el propósito de su existencia. No importa lo astuta o lo sabia que, humanamente hablando, pueda lucir esta persona, si no es capaz de ver la vida como Dios la ve, nunca será más que un sencillo o simple de mente y solo podrá ver la vida como sus sentidos la perciban y como su mente caída la entienda; en esto radica su simpleza.

Conociendo esto, Dios nos dio su Palabra; la que nos permite apreciar la vida, su significado y sus acontecimientos desde una perspectiva «por encima del sol». En otras palabras, la revelación de Dios nos permite ver la vida como Dios la ve... como realmente es. Hasta que no usemos la Palabra de Dios como el intérprete de la realidad que nos rodea, no podremos ver las cosas como realmente son, sino como *nosotros somos*. Recuerde esto: nosotros no vemos las cosas como son, sino como nosotros somos.

La opinión que tenemos acerca de los acontecimientos que ocurren a nuestro alrededor con frecuencia es percibida con una mente totalmente distorsionada. Por esto, necesitamos ajustar nuestra visión y nuestro entendimiento; de lo contrario, no solo cometeremos muchos errores, sino que cosecharemos muchas consecuencias. No obstante, lo único que nos permite ajustar nuestra perspectiva es un correcto entendimiento y aplicación de la revelación divina.

Habiendo dicho esto, quisiera establecer tres premisas como marco de referencia de este capítulo.

1. La vida puede ser compleja

Siempre tendremos que admitir que de este lado de la gloria habrá muchas cosas que escapan a nuestro entendimiento, cosas que tendremos que dejárselas a Dios ya que no hay manera de llegar a conocerlas completamente. Deuteronomio 29.29 dice: «Las cosas secretas pertenecen al Señor nuestro Dios, mas las cosas reveladas nos pertenecen a nosotros y a nuestros hijos para siempre, a fin de que guardemos todas las palabras de esta ley». Nunca entenderemos toda la mente de Dios. Él es infinitamente sabio y nosotros, aun en la eternidad, seremos finitos y limitados.

2. Dios plasmó su sabiduría en su Palabra para ayudarnos a simplificar nuestras vidas

Cuando decidimos vivir conforme a su revelación, descubrimos que ciertamente lo que complica la existencia no es solo la percepción errada que tenemos de ella, sino las diversas reacciones pecaminosas con que respondemos a las distintas circunstancias de la vida, sumado a todas las presuposiciones con las que vivimos y juzgamos todo el universo que nos rodea.

3. El «yo» complica la vida

El *yo* insiste en vivir su vida y no la de Dios. Nuestro ego quiere ser alimentado, atendido y tomado en cuenta, lo que hace la vida poco llevadera. Pero desde otro ángulo, la vida es sencilla. La simpleza de la vida es claramente expuesta en su Palabra en textos como el que sigue: «Porque este es el amor de Dios: que guardemos sus mandamientos, y sus mandamientos no son gravosos» (1 Juan 5.3). Sus mandamientos no son difíciles; no son pesados ni complejos. Cristo trató de comunicarnos algo similar, al decir en Mateo 11.30 que su «yugo es fácil, mi carga ligera». De tal forma que la vida, entonces, no puede ser tan compleja que llegue a contradecir las palabras de Cristo. Tal y como dije anteriormente: lo que complica la vida es el «yo» y la enfermedad de ese yo: el *yoísmo*.

Decía alguien que «si pudieras patearle las asentaderas a la persona responsable de tus problemas, no podrías sentarte por semanas». Nosotros mismos somos responsables de la mayoría de nuestros problemas. El evangelista D. L. Moody lo decía de esta manera: «Yo he tenido más problemas conmigo mismo que con cualquier otra persona». Esta expresión confirma que el problema de la vida cristiana no es esa vida en sí misma, sino el *yo* que no ha sufrido una transformación cristiana adecuada, por lo menos hasta donde Dios quiere llevarlo.

La santificación: la solución a nuestros problemas

Cuando leemos acerca de las vidas de los grandes hombres de Dios, como Pablo, por ejemplo, nos percatamos de que la causa principal de nuestros problemas es la falta de santificación. Esa falta de santificación, que en algunos se traduce en sexualidad, drogadicción y vicios similares, en la mayoría de los casos se manifiesta en conductas y actitudes aparentemente de menor envergadura, pero que al final también constituyen una falta de santificación con una larga cadena de consecuencias. Y es lamentable que el origen principal de esa falta de santificación sea que muchos de los hijos e hijas de Dios no cultivan una relación de estrecha intimidad con Él, sino que se conforman con una relación anímica y circunstancial.

El Señor le dijo a Abraham: «Anda delante de mí y sé perfecto» (Génesis 17.1). Ese mandato divino nos hace pensar que Él espera un caminar santo veinticuatro horas al día, los siete días de la semana. Es como la persona que sufre de bulimia, que después de llenarse hasta la saciedad corre al baño para inducirse el vómito. En mi opinión, ocurre lo mismo con muchos de los hijos de Dios. Van a un retiro espiritual; se llenan en gran manera y luego al regresar a sus hogares lo vomitan todo. Esto lo evidencian al no aplicar nada de lo que aprendieron durante los días del retiro.

Su condición espiritual se empeora aún más por el gran desconocimiento de la Palabra de Dios que existe entre su pueblo; muy pocos se dedican a estudiarla. Un porcentaje significativo de los que se dedican a darle tiempo a Dios, lo hacen mediante la lectura de literatura cristiana en lugar de leer su Palabra. Se dedican a leer libros cristianos y devocionales, pero no invierten ningún tiempo directamente de su Palabra. En muchos casos, toda esa literatura es de muy buena calidad doctrinal y edificación, pero aun así no es su Palabra. Hay mucho desconocimiento de su Palabra en el pueblo de Dios. Recomendamos la lectura de literatura cristiana, pero no seamos negligentes con su Palabra.

Por otro lado, muchas veces la Palabra que ya conocemos no es aplicada a nuestras vidas, lo cual solo puede producir una gran falta de santificación. En efecto, me atrevería a afirmar que la gran mayoría de los problemas del cristiano que ya tiene un tiempo en la fe, no vienen como producto de su falta de conocimiento de la Palabra, sino por falta de aplicación de lo que ya ha conocido de ella. Eso explica por qué la Palabra de Dios tiende a repetir las mismas enseñanzas... porque el cristiano no aplica lo que conoce.

Consecuencias de la falta de santificación:

- El orgullo permanece.
- El egocentrismo domina nuestra vida.
- Problemas con los hijos, el cónyuge, con los hermanos.
- Rebelión.

Revisemos cada una de esas áreas.

El orgullo

Detengámonos un momento y formulemos la siguiente pregunta: ¿Por qué vivimos continuamente necesitando que alguien nos pida perdón? Es solo debido a la presencia del orgullo que tenemos, que es simplemente una evidencia más de nuestra falta de santificación. El orgullo se ofende con facilidad y por eso tenemos que vivir apagando fuegos continuamente; necesitando de mediadores cuando un hermano no se puede poner de acuerdo con otro. Pero, ¿qué es lo que genera la necesidad de un mediador? Simplemente la falta de santificación. Si estuviésemos santificados, no nos hubiésemos ofendido en primer lugar, no requeriríamos el perdón, ni necesitaríamos de ninguna otra persona para resolver el conflicto. Toda la tensión y el problema se hubiesen evitado.

El orgullo es defensivo; es insensible a la necesidad de los demás; tiene poca tolerancia ante la crítica, y no sabe lidiar con el aplauso, ni el éxito, ni la popularidad. La persona orgullosa se infla tan pronto recibe algunos aplausos y esto crea grandes obstáculos en su vida de santidad. Observemos lo terrible que puede ser el orgullo que aun cuando manifestamos acciones o actitudes que otros pudieran ver como típicas de personas humildes, terminamos enorgulleciéndonos de dichas acciones. Nos enorgullecemos de nuestra propia humildad pensando: «Ah, es verdad, pocas personas son capaces de hacer lo que yo hago».

El egocentrismo

Vivir enfocados en nosotros mismos está altamente relacionado con el orgullo que poseemos, solo que se manifiesta o luce un poco diferente. Evaluamos toda la vida, y a todas las personas, de acuerdo a cómo nos sentimos, a cómo las circunstancias nos afectan a nosotros o a nuestros intereses. Todo va bien, hasta que afecta a mi esposo, a mis hijos o a mí mismo. Rechazamos una opinión simplemente porque no nos gusta, como si la vida consistiera solo en lo que a nosotros nos agrada. Pero necesitamos ver qué dice la Palabra en cada situación.

Si fuera por lo que me gusta, todos los días tendría que suprimir algo de mi vida, de mi trabajo o de la iglesia porque diariamente hay algo que a alguien no le gusta, o que a mí no me agrada. Ese egocentrismo tiene al yo sentado en el trono continuamente, evaluando todo lo que sucede. Todo lo que transcurre lo evaluamos de acuerdo a nuestros criterios, sin recordar que Dios nos ha dado su Palabra para que ella simplifique nuestra vida.

La pregunta siempre ha de ser: «¿Qué dice la Palabra sobre esto?» El apóstol Pablo nos enseñó cómo eliminar el egocentrismo de nuestras vidas cuando
expresó: «Y por todos murió [Cristo], para que los que viven, ya no vivan para
sí, sino para aquel que murió y resucitó por ellos» (2 Corintios 5.15). Pero eso
no lo podemos hacer sin que muera el «yo» en nosotros.

La rebelión

Esta es otra de las manifestaciones de nuestra falta de santificación.
Esta falta de sumisión, que no es más que rebelión, lo cuestiona todo, lo
resiste todo y en ocasiones levanta la voz tan pronto se le corrige o se le
demanda algo. No obstante, la rebelión no tiene que ser siempre muy audible. Algunas personas no son violentas, pero aun así pueden ser agresivas de
una forma pasiva.

El pasivo agresivo acepta y promete que hará algo, pero como una forma
de rebelión termina no haciéndolo. Hemos oído a algunos decir: «No lo voy a
hacer para que aprenda que las cosas no se hacen cuando él quiera, sino cuando yo quiera». Esa es una reacción de rebeldía y es pecaminosa. La rebelión es
poco cooperadora porque obstruye los procesos. Otras veces la persona no se
atreve a decir que no y, en cambio, decide simplemente obstruir el camino para
que no se logren las cosas.

Tanto el orgullo como la rebelión se resisten a rendir cuentas porque no lo
creen necesario, pero más frecuentemente porque no se quieren someter al
consejo de otro. Para alguien que quiera ser seguidor de Cristo, no hay nada
más tóxico que querer vivir la vida o, peor aún, liderar sin ningún mecanismo
de rendir cuentas. El seguidor de Cristo debe ser una persona dispuesta a someterse al «escrutinio» de otros ya que es saludable para su caminar.

Las relaciones con los demás

Otra de las áreas que genera muchos problemas cuando permanecemos en la
infancia espiritual es la calidad de las relaciones que mantenemos con los
demás. Este egocentrismo y el orgullo del que hablamos anteriormente siempre tenderán a generar problemas con otros. Aquí es bueno diferenciar entre los
conflictos que tenemos con otros y los que tienen los demás con nosotros. Los
fariseos con frecuencia tuvieron problema con Cristo debido a su legalismo y
rigidez, pero este nunca generó problemas con ellos.

Cuando el orgullo y el egocentrismo están presentes se generan muchos problemas con los demás debido, en algunos casos, a la manera como hablamos o actuamos; siendo nosotros a veces poco sensibles y atropelladores. Sin embargo, cuando somos santificados y Dios cultiva en nosotros la humildad de Cristo, los demás podrán tener problemas con nosotros, pero no seremos nosotros los causantes.

Mi santificación

Esa falta de santificación no es más que una muestra de estancamiento, lo que lleva a Dios a orquestar circunstancias que nos obliguen a abandonar el orgullo, el egocentrismo y la rebelión. Sin embargo, cuando nos resistimos a esos designios divinos, los cristianos no crecemos. Son muchos los que permanecen inmaduros por no hacer uso de los problemas que Dios permite para crecer en santidad. Los problemas siempre estarán designados o serán permitidos por Dios con la intención de que maduremos y, dependiendo de cómo reaccionemos ante ellos, creceremos o permaneceremos en la inmadurez espiritual.

Por esa razón, Santiago afirma: «Tened por sumo gozo, hermanos míos, el que os halléis en diversas pruebas, sabiendo que la prueba de vuestra fe produce paciencia, y que la paciencia ha de tener su perfecto resultado, para que seáis perfectos y completos, sin que os falte nada» (1.2-4). Santiago no dice esto porque las pruebas sean causa de regocijo inmediato, sino porque lo serán más adelante al contemplar los resultados que producen en nosotros.

Muchos son los que cuestionan a Dios en medio de las pruebas ya que no entienden lo que Él está haciendo. Por esto el número de cristianos airados contra Dios es monumental, pero no lo admiten porque saben que eso es contrario a los principios cristianos. ¿Cómo se manifiesta esa ira?

Vivimos en un cuestionamiento recurrente y es entonces cuando comenzamos a oír frases como las que siguen: «No entiendo por qué ahora, cuando me he dedicado más al Señor, tengo más problemas», «No entiendo por qué no salgo de un problema para caer en otro». No obstante, detrás de ese «no entiendo», existe muchas veces ira contra Dios. Eso es inconformidad con el trato de Dios con nosotros, y a veces permanecemos ahí por mucho tiempo. Esa inconformidad se profundiza y comienza a convertirse en ira contra los demás y en poco tiempo empezamos a culpar a todo el mundo por la manera en que nos sentimos.

Se nos olvida que Dios está en medio de todo lo que nos ocurre y, aun así, vivimos desplazando esa culpa hacia Él y hacia otros, cuando en realidad nos sentimos así porque hay áreas en mí inconformes y que no aceptan la realidad, en medio de la cual, Dios me ha colocado.

Algunos no se rebelan contra Dios, pero responden también de manera inmadura a través de la resignación. La Palabra no nos manda a resignarnos, sino a *aceptar* las cosas que Dios permite en nuestras vidas, precisamente porque Él es quien las ha designado. Resignación y aceptación son dos conceptos totalmente diferentes. La resignación es pesimista porque dice: «Bueno, si esa es la voluntad de Dios, ¿qué le vamos hacer?» Pero lo dice de una forma triste, derrotista y, en ocasiones, con un tono de frustración.

Un ejemplo de esa actitud es el apóstol Tomás, aunque con el tiempo aprendió a ver las cosas con una perspectiva por encima del sol. Sin embargo, cuando Jesús lo eligió como discípulo, Tomás no era alguien en quien se pudiera creer o esperar algo bueno. ¿Recuerda lo que le respondió a Jesús cuando este le dijo que iban a volver a Judea?

Luego, después de esto, dijo a sus discípulos: Vamos de nuevo a Judea. Los discípulos le dijeron: Rabí, hace poco que los judíos procuraban apedrearte, ¿y vas otra vez allá? Jesús respondió: ¿No hay doce horas en el día? Si alguno anda de día no tropieza, porque ve la luz de este mundo. Pero si alguno anda de noche, tropieza, porque la luz no está en él. Dijo esto, y después de esto añadió: Nuestro amigo Lázaro se ha dormido; pero voy a despertarlo. Los discípulos entonces le dijeron: Señor, si se ha dormido, se recuperará. Pero Jesús había hablado de la muerte de Lázaro, mas ellos creyeron que hablaba literalmente del sueño. Entonces Jesús, por eso, les dijo claramente: Lázaro ha muerto; y por causa de vosotros me alegro de no haber estado allí, para que creáis; pero vamos a donde está él. Tomás, llamado el Dídimo, dijo entonces a sus condiscípulos: Vamos nosotros también para morir con Él (Juan 11.7-16).

¿Acaso no es la resignación obediencia sin confianza? Esto no es totalmente agradable a nuestro Dios. Él es bueno, misericordioso, fiel. ¿Por qué no confiamos en Él? Dios está buscando líderes que lo amen y crean en Él. Quiere dirigentes que lo conozcan tan bien que no duden que estará con ellos incluso en los malos tiempos. Él quiere que tengamos su perspectiva, como lo reflejó el apóstol Pablo cuando escribió: «Y sabemos que para los que aman a Dios, todas las cosas cooperan para bien, esto es, para los que son llamados conforme a su propósito» (Romanos 8.28).

La palabra «aceptación» se define en uno de los diccionarios consultados[1] como recibimiento de forma voluntaria de algo; es aprobación, es estar conforme y, en especial, satisfecho con la voluntad de Dios; que es lo que nos tiene allí en el primer lugar. Los antiguos fueron elogiados porque aceptaron la perfecta voluntad de Dios, a pesar de que no la entendían. Y lo hicieron porque conocían a Dios y sus promesas. A menudo eso se llama fe. Compare lo diferente que es la observación del apóstol Tomás, con la de Abraham, cuando Dios le pidió que sacrificara al hijo que había esperado, literalmente, por cien años.

Por la fe Abraham, cuando fue probado, ofreció a Isaac; y el que había recibido las promesas ofrecía a su único hijo; fue a él a quien se le dijo: EN ISAAC TE SERÁ LLAMADA DESCENDENCIA (Hebreos 11.17-18).

¿Cuál fue la respuesta de Abraham? ¿Acaso fue «Lo hare. Tú eres Dios. He sufrido cien años sin hijos, pero creo que podré lidiar con más sufrimiento»? En absoluto. La carta a los Hebreos registra la perspectiva de Abraham:

Él [Abraham] consideró que Dios era poderoso para levantar aun de entre los muertos, de donde también, en sentido figurado, lo volvió a recibir. (Hebreos 11.19)

A Abraham se le llamó amigo de Dios. Su perspectiva por encima del sol refleja su relación con Dios. Él conocía a Dios. Así que confiaba en Él y obedeció. Aceptó el plan divino porque sabía que, al final, sería el mejor. Seguirazgo significa seguir el ejemplo de Cristo y el de los que son como Cristo. Es tener la «mente» o la perspectiva de Cristo, como Abraham, años antes de que el Señor viniera en forma humana a la tierra.

Podemos estar en medio de una situación económica difícil y, aun así, reconocer la fidelidad de Dios; por lo que debemos sentirnos agradecidos pues sabemos que no nos fallará... eso implica aceptación. Puedo decir: «Estoy pasando por una gran dificultad familiar, pero Dios está con nosotros»; eso es aceptación, no resignación. La resignación no es sabia ni bíblica, es inmadura y nunca nos podrá ayudar.

A veces son las palabras de otro las que me hacen sentir como me siento y una de las cosas que he aprendido, es que cuando me siento mal por lo que otro haya dicho, usualmente se debe a que me he sentido inseguro o a que mi orgullo fue herido, o a alguna otra debilidad en mí que me hizo sentir desvalorado o algo similar. Las palabras que el otro pronuncia no son la causa para sentirme de una u otra forma, lo que ocurre es que hay áreas en mi vida que aún no han sido santificadas.

Cristo pudo haber escuchado las mismas palabras pronunciadas contra Él en su paso por la tierra y no haber sentido el más mínimo dolor puesto que no tenía «botones de inseguridad» que pudiesen haber sido apretados. En el proceso de santificación, mis botones se van cayendo; por lo que ahora puedo vivir con mayor libertad.

La otra forma poco sabia e inmadura de responder es acusando a Satanás por nuestros desaciertos, sin darnos cuenta de que el peor enemigo lo llevamos dentro de nosotros. Por supuesto que Satanás puede tentar a una persona e inducirla a hacer algo incorrecto. Pero no podemos olvidar que hay suficiente maldad en nosotros para hacer todo eso sin él. Santiago lo expresa de la siguiente manera: «Que nadie diga cuando es tentado: Soy tentado por Dios; porque Dios no puede ser tentado por el mal y él mismo no tienta a nadie. Sino que cada uno es tentado cuando es llevado y seducido por su propia pasión. Después, cuando la pasión ha concebido, da a luz el pecado; y cuando el pecado es consumado, engendra la muerte. Amados hermanos míos, no os engañéis» (Santiago 1.13-16). Tenemos que recordar que no podemos negociar con el pecado; cuando lo hacemos, termina vendiéndonos.

Todo lo que nos ocurre y todas las circunstancias por las que atravesamos sencillamente revelan dónde nos encontramos espiritualmente. Dios sacó al pueblo hebreo al desierto para probarlo, para humillarlo y para ver lo que había en su corazón (Deuteronomio 8.1-4). Eso nos deja ver que nuestros desiertos ponen de manifiesto la condición de nuestro mundo interior. En vez de resentirnos, deberíamos usar todas las circunstancias para crecer y santificarnos.

Dios está en el proceso de cambiar a sus hijos y no podemos olvidar que casi nunca cambia a las personas milagrosamente, ni de la noche a la mañana. Vemos a un Pablo transformado, y a veces pensamos que su carácter fue reformado por completo en un solo día, olvidándonos de que desde el momento en que Dios derribó a Pablo al suelo —camino a Damasco— hasta su primer viaje misionero, transcurrieron entre siete a diez años durante los cuales no sabemos dónde estuvo ni qué estaba haciendo. Algunos opinan que es posible que estuviera en Tarso, mientras Dios terminaba de preparar su carácter para una misión mayor. Dios emplea las experiencias de nuestras vidas para cambiarnos porque en realidad está más interesado en cambiarnos que en mejorar nuestras circunstancias.

Nuestra perspectiva «por debajo o por encima del sol»

La mayoría de nuestros problemas derivan de la perspectiva con la que vemos la vida en su totalidad. Muy pocas personas viven con las expectativas correctas partiendo de los acontecimientos descritos al principio de la historia bíblica. No podemos olvidar en qué lugar nos ha tocado vivir. En Génesis 3.17 leemos: «Entonces dijo [Dios] a Adán: "Por cuanto has escuchado la voz de tu mujer y has comido del árbol del cual te ordené, diciendo: 'No comerás de él', maldita será la tierra por tu causa; con trabajo comerás de ella todos los días de tu vida"». Dios maldijo el planeta y a partir de ahí el hombre tendría que ajustar sus expectativas. La vida pasó a ser dura, difícil, penosa, trabajosa, y la única manera de cambiar eso sería a través de la redención del hombre y adquiriendo una perspectiva por encima del sol para vivir el propósito de Dios en la tierra.

Ilustremos por un momento la manera en que las falsas expectativas crean irrealidades en nuestras mentes. Nos integramos a la iglesia y comenzamos a congregarnos esperando que las demás ovejas nunca nos ofendan. Cuando la primera ofensa ocurre, nos preguntamos: «Pero, ¿cómo es posible que los cristianos se comporten de esa manera?»

Ciertamente algunos comportamientos necesitan ser confrontados puesto que son pecaminosos, pero no debemos olvidar que de este lado de la gloria, nunca será diferente ya que las ovejas pasan por un proceso de santificación y en sus inicios tienden a hacer cosas ofensivas, como hicieron Juan y Jacobo, cuando quisieron quemar una villa de Samaria simplemente porque no les recibieron (Lucas 9.54) o como hizo Pedro cuando cortó la oreja del soldado en el huerto de Getsemaní (Mateo 26.51-52).

Esos conflictos surgen porque poseemos una humanidad caída, temerosa, insegura, con complejos y que distorsiona la realidad. Cuando no distorsionamos la realidad, entonces asumimos intenciones en el otro y así va desarrollándose la cadena. Muy posiblemente en un conflicto, una de las partes pudiera estar más cerca de la realidad que el otro, pero la verdadera realidad solo la conoce Dios, porque solo Él conoce nuestras intenciones: por qué dijimos lo que dijimos o hicimos lo que hicimos. Cuando nos percatamos de esta realidad es que comenzamos a ser un poco más humildes.

Después de la caída de Adán, caminamos dominados por el miedo, la vergüenza, la inseguridad y movidos por la gran necesidad de sentirnos aprobados. Entonces vivimos con la falsa expectativa de que no podemos fallar, ni pasar vergüenza; de que no podemos fracasar... Eso nos vuelve ansiosos y nos drena.

Sin embargo, la realidad es que si fallamos deberíamos reconocer que Dios tiene el control y puede utilizarlo para trabajar en nuestro carácter, en nuestro orgullo y en nuestras inseguridades. Nunca debemos pensar que no podemos fallar. Vamos a fallar, la pregunta es: ¿cuándo? Igualmente no debo pensar que no debo pasar vergüenza; si Dios me hace pasarla, he llegado a entender que la creyó necesaria para formar su imagen en mí.

El otro problema de muchos creyentes e incrédulos es la búsqueda de la realización personal. Debido a esa hambre insaciable y a la búsqueda de superación, llegamos a atropellar y, en algunos casos, a poner en peligro nuestras relaciones amistosas con nuestros hijos, cónyuges y amigos. Una vez más, esto ocurre debido a nuestra perspectiva distorsionada de la vida.

Ansiamos el reconocimiento, queremos sentir que tenemos valor y significado. Eso nos lleva a siempre querer ganar, por tanto vivimos luchando por salir adelante o por ganar algún argumento. En otros casos nos empeñamos en obtener la posición que el prójimo ocupa o queremos desempeñar su rol, cuando la realidad es que si hiciéramos aquello para lo cual Dios nos creó estaríamos ampliamente satisfechos. Una buena ilustración de esa problemática la podemos ver en lo que ocurre a nivel de los matrimonios.

Hoy día la mujer quiere hacer cosas que son más apropiadas para el rol del hombre y viceversa, por tanto no es infrecuente que ambos experimentemos grandes frustraciones ya que no fuimos diseñados para actuar fuera de nuestros roles. Cada vez que actuamos fuera de ellos hacemos mucho daño; claro, por estar fuera de propósito. Es como cuando tratamos de aflojar una tuerca con un martillo y dañamos la tuerca; o como cuando tratamos de fijar un clavo en la pared con un alicate y torcemos el clavo. Así ha hecho el hombre y la mujer de hoy en el desempeño de sus roles.

La vida solo es sensata si la vivimos con una perspectiva por encima del sol. Tanto Job (12.6) como Salomón (Eclesiastés 7.15) no lograban entender cómo era posible que el impío prosperara, mientras el justo sufría. Habacuc (1.2-3) no entendía cómo Dios podía permitir la injusticia si Él reinaba en su propio mundo. De ahí que Salomón al contemplar la vida con esta perspectiva declaró que toda ella es vanidad... un sinsentido.

Y así es como él lo afirma en Eclesiastés 1.13-15: «Y apliqué mi corazón a buscar e investigar con sabiduría todo lo que se ha hecho bajo el cielo. Tarea dolorosa dada por Dios a los hijos de los hombres para ser afligidos con ella. He visto todas las obras que se han hecho bajo el sol, y he aquí, todo es vanidad y correr tras el viento. Lo torcido no puede enderezarse, y lo que falta no se puede contar».

Sus obras no llenaron su vacío. Se sintió frustrado con el mal hecho por otros pues no lo podía enderezar. Más adelante, Salomón nos deja ver cómo entendió que el placer que persiguió no anestesió su dolor (2.1) ni su sabiduría lo ayudó más que al necio (2.15). ¡Esa es la vida debajo del sol!

Así es como luce desde aquí abajo, pero necesitamos ver esa misma vida desde arriba, desde donde el creador, sostenedor y orquestador de la historia dirige con absoluta precisión los acontecimientos de los hombres. Lamentaciones 3.37-38 declara: «¿Quién es aquel que habla y así sucede, a menos que el Señor lo haya ordenado? ¿No salen de la boca del Altísimo tanto el mal como el bien?» En este pasaje, Dios se atribuye a sí mismo la causa definitiva de cada hecho.

Aunque Dios no es el autor del pecado, el ejercicio de la voluntad pecaminosa del hombre es en ocasiones limitado por Él mientras que en otras lo usa, como fue el caso de la venta de José por parte de sus hermanos (Génesis 37). Esta es la razón por la que Pablo, escribiendo bajo inspiración divina, nos hace saber «que para los que aman a Dios, todas las cosas cooperan para bien, esto es, para los que son llamados conforme a su propósito» (Romanos 8.28).

¡Qué bien estaríamos si pudiéramos recordar esta verdad todo el tiempo! «Tuve un accidente..., esto va a cooperar para bien»; «Perdí un ser querido..., pero esto va a cooperar para bien», «Perdí mi trabajo..., pero esto va a cooperar para bien». ¿Se imagina usted el efecto que tendría esta forma de pensar EN nuestras vidas? Esa fue la visión de Job al perderlo todo, incluyendo a sus DIEZ hijos... Y por eso pudo decir: «Desnudo salí del vientre de mi madre y desnudo volveré allá. El Señor dio y el Señor quitó; bendito sea el nombre del Señor» (1.21).

En ese momento, el patriarca estaba viviendo muy por encima del sol; por lo que pudo mirar a su alrededor y concluir que todo lo había permitido Dios, por tanto no había razón para preocuparse. Y así podemos ir entendiendo cómo veríamos el mundo y lo que en él ocurre, y cómo reaccionaríamos si tuviéramos esta perspectiva por encima del sol.

La vida guiada por y vivida para Dios es muy valiosa para que estemos preocupándonos por nimiedades, como cuando nos rompen el vidrio del carro para robarnos algo, aunque lo hubiésemos comprado ese mismo día. La vida no consiste en la abundancia de bienes, dijo Jesús. Por tanto nuestro gozo no puede depender de las circunstancias y mucho menos del estado de las cosas materiales, como lo es un auto u objetos similares.

Es probable que en alguna ocasión un hijo nos estropee el escritorio accidentalmente y por ello le hablamos de tal forma que herimos su espíritu, con lo cual demostramos que el escritorio es más importante que él mismo en ese momento. Por desdicha, esta sociedad materialista nos ha enseñado a amar las cosas y a usar a las personas. A veces ocurre algo similar con la esposa, nos vamos de palabras con ella y pasamos varios días sin buscar la reconciliación, aun cuando la Biblia afirma que no debe ponerse el sol sobre nuestro enojo.

¿Un rayón en el escritorio vale dos días de inconformidad con su hijo o su esposa? De ser así, tenemos que preguntarnos, ¿cuáles son nuestros valores? Un escritorio es una cosa que hoy está aquí y mañana no va a estar. ¿Es ese escritorio tan importante como para reaccionar de tal modo? A veces el hijo o la esposa que ha dañado el escritorio se ha sentido mal por el daño causado y el pleito que le formamos es irrelevante, lo que no impedirá que vuelva a suceder, ya que fue solo un accidente. Cuando logramos ver la vida por encima del sol, aprendemos a profanar las cosas y a honrar a las personas. Nosotros vivimos honrando las cosas y profanando a las personas, faltándole el respeto al prójimo con palabras por cosas que tienen que ver con lo material... y eso desagrada a Dios.

La verdad acerca de nosotros

Pocos creyentes realmente conocen la verdad acerca de sí mismos. Y aun aquellos que creemos conocerla, no la conocemos en su totalidad ya que solo Dios tiene una idea completa, perfecta, de lo que realmente somos. En los últimos años he aprendido a molestarme mucho menos por las críticas de otros, pues sé que la realidad es que cada uno de nosotros es peor en su interior que lo que la mayoría de nuestros críticos dicen que somos. Quizás usted no sea exactamente como su peor crítico asegura que es, en un área específica; pero hay otras áreas de su vida que sí le llenarían de vergüenza si tuviera que presentarse hoy delante del Señor. Si la verdad acerca de lo que somos se supiera, quizás muchos tuviéramos que salir corriendo de este mundo. Eso nos ayuda a mantener nuestro caminar en humildad delante de Dios.

Hace unos años tuvimos el privilegio de llevar a nuestros hijos a Disney World. Fue una experiencia maravillosa. Los niños estaban totalmente impresionados con la belleza, la diversión, la limpieza y la perfección de todo en ese lugar, así como la velocidad y la resistencia de su abuela. Pero lo más sorprendente de todo fue ver a dos niños mimados rebelarse contra sus padres. Nuestros hijos vieron, con la boca abierta, cómo un niño ofendía a sus padres mientras el otro se tiró en el suelo con un berrinche. Estaban gritando y llorando porque querían más dulces de algodón y permanecer en una parte del parque que ya habían visto.

Fue un espectáculo horrible. ¡Una vergüenza! Sus padres habían pagado una gran suma de dinero por el tratamiento de esos pequeños monstruos. Pero al parecer no era suficiente. Aparentemente nada, ningún regalo ni sacrificio de los progenitores bastaba para que fueran agradecidos. Los padres estaban avergonzados, rechazados y maltratados por sus herederos ingratos. Lo que los mayores habían planeado para bien, sus niños lo habían arruinado con sus perspectivas egoístas. Sorprendente. Pero, ¿acaso somos diferentes? ¿Somos como niños mimados en medio de la hermosa zona de juegos proporcionada por Dios?

Somos ingratos y por eso nunca nos sentimos satisfechos. La gratitud es la clave de la satisfacción. Filipenses 4.6 nos indica: «Por nada estéis afanosos; antes bien, en todo, mediante oración y súplica con acción de gracias, sean dadas a conocer vuestras peticiones delante de Dios. Y la paz de Dios, que sobrepasa todo entendimiento, guardará vuestros corazones y vuestras mentes en Cristo Jesús». Notemos la relación entre nuestras acciones de gracias y el disfrute de su paz.

Mucha gente que vive orando no tiene paz y estoy convencido de que eso se debe primordialmente al hecho de que han convertido la oración en un ejercicio para devengar beneficios. En segundo lugar, a pesar de vivir orando, no existe en sus vidas un sentimiento continuo de gratitud a Dios. Y la manera como eso se manifiesta es a través de un espíritu de queja permanente que muchos atribuyen a las circunstancias, al país donde viven o a la cultura, pero la razón reside en sus corazones y en sus falsas expectativas de la vida.

Ahora bien, cuando vivimos con una perspectiva por encima del sol, podemos decir con Pablo: «Si tengo que comer y con qué vestirme estoy conforme». Nuestra insatisfacción no es el resultado de falta de cosas. Tenía un amigo, cuando vivía aún en Estados Unidos, que cuando uno lo saludaba y le preguntaba ¿cómo estás?, respondía: «Mejor de lo que merezco». No sé cómo se encuentre usted hoy, pero seguramente está mejor de lo que merece, y yo también. Tenemos que seguir viendo los problemas según la perspectiva de Dios. Cristo nos hizo ver claramente que de este lado de la gloria no debíamos esperar una vida fácil. Juan 16.33 recoge sus palabras: «Estas cosas os he hablado para que en mí tengáis paz; en el mundo tenéis tribulación; pero confiad, yo he vencido al mundo». En ninguna parte se nos promete que vamos a tener una vida fácil. Querer vivir una vida libre de problemas es ingenuo y no es bíblico. La promesa es que en el mundo tendremos muchos problemas. Pero si esa tribulación es vivida en Él, podemos tener paz en medio de la tormenta. Los problemas siempre los tendremos.

Conociendo como somos, Dios orquesta nuestros problemas dependiendo de dónde nos encontremos espiritualmente. Él los designa para que crezcamos; siempre aprendemos de las crisis, y cuando no aprendemos, tenemos que darle otra vuelta al Monte Sinaí... porque no aprendimos la lección que Dios quería mostrarnos. Cuando no aprendemos, no crecemos. Recuerde: al final llegaremos a ser lo que esos problemas hayan hecho de nosotros o lo que nosotros hayamos hecho de ellos.

Dios dice que tiene un propósito con nuestras vidas y sus propósitos son inalterables. La pregunta no es si Dios va a hacer algo en nosotros o no. La pregunta es cómo vamos a permitir que lo haga, pues no cabe duda que lo hará. Unas veces por encima de nosotros; otras, a pesar de nosotros; quizás, alrededor de nosotros o —en el peor de los casos—, por encima de nosotros.

En el caso de Jonás, Dios decidió que este fuera a Nínive a predicar su mensaje, por lo que le dijo: «¡Vamos a Nínive!» ¿Cómo quiere ir usted, en el vientre de un gran pez o por aire? Pues, al fin y al cabo, irá a Nínive. Jonás salió corriendo en dirección opuesta, pero terminó vomitado en las playas de Nínive. Él pudo haberse evitado todo eso. Así mismo, Dios tiene un propósito y lo va a cumplir acompañado de su gracia y de su poder, abriendo puertas si nos rendimos o a empujones, a rastras o bajo dificultades si nos resistimos. La elección es nuestra. Sin embargo, Dios no va a alterar su objetivo; no va a llegar al final de su vida para decir: «Oh, fulano no me dejó realizar mi propósito».

Por tanto, no debemos temer a los problemas; más bien, debemos darles la bienvenida, tal como dice Santiago: «Tened por sumo gozo». Esa es la forma bíblica. No es un asunto de remover las circunstancias de mi vida; sino de vivir su propósito en medio de las circunstancias. Pablo le pidió al Señor tres veces que le quitara su aguijón (su problema) y Dios le dijo: «Te basta mi gracia, pues mi poder se perfecciona en la debilidad» (2 Corintios 12.9), a lo que el apóstol responde: «Por tanto, muy gustosamente me gloriaré más bien en mis debilidades, para que el poder de Cristo more en mí». Dios permitió el aguijón en Pablo para que este no se enalteciera por las revelaciones recibidas (2 Corintios 12.7). Quizás el orgullo fuera una de las debilidades de Pablo en el pasado, por lo que Dios quería protegerlo, para que su debilidad no saliera a relucir nuevamente en el presente.

Nuestro aguijón permitido por Dios es para que nos mantengamos santos y por eso, cuando nos resistimos a lo que Él está permitiendo en nuestras vidas, nos encontramos luchando contra aquello que nos está santificando; luchamos contra la mano de Dios. Cuando aprendamos a ver la vida de esa manera, vamos a vivir más sabiamente y experimentaremos una mayor satisfacción. Por último:

> Haced todas las cosas sin murmuraciones ni discusiones, para que seáis irreprensibles y sencillos, hijos de Dios sin tacha en medio de una generación torcida y perversa, en medio de la cual resplandecéis como luminares en el mundo, sosteniendo firmemente la palabra de vida. (Filipenses 2.14-16a)

El seguirazgo implica más que seguir físicamente a alguien. Implica una perspectiva emocional y espiritual por encima del sol. ¿En qué manera se puede brillar como las estrellas y el sol si nuestras mentes oscurecidas carecen de la perspectiva de Cristo? ¿Cómo se puede conducir, a menos que se pueda seguir? ¿Cómo podemos enseñar a menos que podamos modelar? Tenemos que hacer lo que decimos y sabemos que agrada a Dios. Entonces, y solo entonces, podremos brillar como luces en el universo.

> Así brille vuestra luz delante de los hombres, para que vean vuestras buenas acciones y glorifiquen a vuestro Padre que está en los cielos (Mateo 5.16).

• •

10 IDEAS CLAVES

Capítulo 5: POR ENCIMA DEL SOL

1. Nosotros no vemos las cosas como son; sino como nosotros somos.

2. Siempre tendremos que admitir que de este lado de la gloria habrá muchas cosas que escapan a nuestro entendimiento, cosas que tendremos que dejárselas a Dios ya que no hay manera de llegar a conocerlas completamente.

3. El yo insiste en vivir su vida y no la de Dios. Nuestro ego quiere ser alimentado, atendido y tomado en cuenta, lo que hace la vida poco llevadera. Sin embargo, desde otro ángulo, la vida es sencilla.

4. Cuando leemos acerca de las vidas de los grandes hombres de Dios, como Pablo, por ejemplo, nos percatamos de que la causa principal de nuestros problemas es la falta de santificación.

5. El orgullo es defensivo, es insensible a la necesidad de los demás, tiene poca tolerancia ante la crítica y no sabe lidiar ni con el aplauso, ni con el éxito, ni con la popularidad.

6. La vida guiada por Dios y vivida para él es muy valiosa para que estemos preocupándonos por nimiedades, como cuando nos rompen el vidrio del carro para robarnos algo, aunque lo hubiésemos comprado ese mismo día. La vida no consiste en la abundancia de bienes, dijo Jesús. Por tanto nuestro gozo no puede depender de las circunstancias y mucho menos del estado de las cosas materiales, como lo es un auto u objetos similares.

7. El seguirazgo implica mucho más que seguir físicamente a alguien. Implica una perspectiva emocional y espiritual por encima del sol.

8. La promesa es que en el mundo tendremos muchos problemas. Pero si esa tribulación es vivida en Él, podemos tener paz en medio de la tormenta. Los problemas siempre los tendremos.

9. Ahora bien, cuando vivimos con una perspectiva por encima del sol, podemos decir con Pablo: «Si tengo que comer y con qué vestirme estoy conforme». Nuestra insatisfacción no es el resultado de falta de cosas.

10. La gratitud es la clave de la satisfacción.

• •

LOS INQUIETOS

«No hay término medio para la melancolía. O te yergue para que te realices y celebres o te hace vivir derrotado, sin significado. No hay término medio.»

Tim La Haye,
Temperamentos controlados por el Espíritu

Francisco hacía todo muy diferente a la mayoría de los niños de su edad. Francisco era único. Tal vez fue la forma en que se crió o porque era un genio. Tal vez fue porque era un pacificador. Cualquiera sea la razón, nadie podía predecir lo que Francisco o su familia haría o diría. En la escuela primaria, los niños lo molestaban todos los días cuando iba a casa desde la escuela. Todos los días llegaba corriendo por la calle, perseguido por los chicos malos del barrio. Pero un día, algo rompió ese ciclo terrible.

Esta vez, algo cambió. Como de costumbre, golpeó la puerta, sin aliento, pidiéndole a su madre que lo dejara entrar, pero esta vez su madre no lo hizo. En cambio, le entregó a Francisco una gran piedra blanca, casi del tamaño de una pelota de béisbol. «¿Eres un hombre o un ratón, hijo?», le dijo su madre con firmeza. «Déjame entrar», le suplicó el chico. Y haciendo caso omiso a sus palabras, la madre de Francisco le presionó la piedra en sus manos y le insistió: «¿Hombre o ratón? ¡Pruébalo!» Y cerró la puerta.

Con la espalda pegada a la puerta de entrada, se puso de pie y finalmente, tuvo que enfrentarse a su terror. Francisco miró la roca y luego a los matones que se dirigían hacia él. Francisco no pudo ingresar al equipo de béisbol, pero había pasado mucho tiempo jugando a la pelota con su padre, que había sido lanzador. Sabía cómo lanzar la pelota. Cuando el primer agresor llegó a la entrada de su casa y se abalanzó sobre Francisco, este tomó la posición de lanzamiento, apuntó con su gran piedra al pecho de su torturador y la dejó volar. La fuerza de la roca golpeó al primer matón de plano.

El segundo y el tercero todavía estaban llegando. Pero la mamá de Francisco tenía unas piedras más a la mano. Francisco lanzó de nuevo. ¡Qué bueno era lanzando! Al segundo bribón le pegó en el estómago y quedó en el suelo. El tercero saltó por encima del segundo y siguió corriendo, pero en franca huida. Ni siquiera se detuvo para ayudar a sus compañeros caídos. Desde ese día, nadie más molestó a Francisco. Su madre horneó un pastel para celebrar su victoria. Había aprendido a enfrentar su miedo.

Con el tiempo, Francisco llegó a ser un hombre reflexivo y sensible. Medía un metro sesenta, tenía el pelo negro y brillante, los dientes perfectamente alineados y una nariz pronunciada. Sus grandes ojos de color marrón oscuro eran agudos e inteligentes. Podía alzar cien kilogramos. A pesar de su sonrisa y agradable aspecto, Francisco no era un hombre popular en la escuela. Tal vez era porque le gustaba reír o porque los demás estudiantes no entendían su humor. O porque no actuaba como los que les encantan las celebridades o como todo el mundo. Él era él mismo. Era especial. Solo que no encajaba en la corriente. No era el mejor estudiante. Tampoco un gran atleta. Ni era orgulloso. Era intenso. Compasivo. Tenía una forma única de ver el mundo y de vivirlo. No brillaba en el mundo académico ni en la secundaria. Francisco no había encontrado su lugar. Es más, para obtener una calificación aprobatoria en una clase, le llevaba roscas dulces al profesor cada mañana.

Francisco amaba a Dios. Le gustaba aprender acerca de Él. Rara vez faltaba al grupo juvenil de la iglesia. En este punto es donde usted podría pensar que un niño así encontraría su lugar. Pero no era así. Su pastor de jóvenes creía que la forma de hacer crecer a un grupo juvenil era consiguiendo que los chicos populares de la escuela llegaran a ser líderes. Funcionaba. El grupo creció. Estaba repleto de porristas, atletas, miembros del coro estudiantil y del consejo de estudiantes. Estaban posicionados como líderes de los chicos menos populares. Así, el grupo creció. Era el lugar de reunión. Solo Francisco, y sus demás amigos que amaban a Dios y que conocían la Biblia, no encajaban en ese grupo. En efecto, la experiencia fue tan dolorosa que durante años Francisco no asistió a la iglesia regularmente.

Dios todavía lo ama, pero era una lucha. Veía a las iglesias como el lugar de reunión para la «gente popular». Lo que quería ver en la iglesia era gente sincera. Desilusionado, casi desapareció, de no haber sido por las oraciones de su madre.

Con el tiempo, Francisco fue a la universidad, donde encontró su lugar. Estudiaba a la vez que trabajaba en una institución financiera de prestigio. Inmediatamente después de la universidad se convirtió en ejecutivo de Wall Street. Tuvo tanto éxito que cuando llegó a los cuarenta años, le pidieron que fuera el vicepresidente de una sucursal de una de las firmas financieras más prestigiosas del país. También fue galardonado con una beca completa para estudiar un posgrado en una reconocida escuela financiera. Hoy en día, es uno de los líderes financieros más destacados de los Estados Unidos, y tal vez incluso del mundo.

Francisco y su familia todavía aman a Dios y, a veces, asisten a la iglesia. La mayoría de los líderes inquietos que han sido marginados por la iglesia son fieles a Dios, pero a menudo evitan la iglesia. ¿Es de extrañar? Siempre fiel, los amigos más cercanos de Francisco siguen siendo los de su juventud, esos que fueron rechazados como insignificantes. Curiosamente, muchos de los que fueron líderes de su grupo juvenil ni siquiera profesan la fe cristiana. Sin embargo, algunos de los que fueron rechazados, como Francisco, están sirviendo al Señor como líderes alrededor del mundo, aunque fueron heridos por el liderazgo que los marginó. A pesar de que su amor por Dios era casi nulo, por la gracia de Dios, la mayoría de ellos se convirtieron en cristianos maduros. Hoy día, algunos de ellos impactan realmente al mundo como líderes. Han aprendido a enfrentarse a sus miedos y al rechazo en maneras propias y exclusivas, no huyeron. Eran líderes inquietos entonces. Todavía lo son. Ven el mundo de manera diferente, así los hizo Dios con un propósito especial.

La esencia del asunto

No es fácil reconocer el verdadero liderazgo. Pregúntele al profeta Samuel. Dios lo envió para que nombrara a un rey sobre Israel.

> Samuel hizo lo que el SEÑOR dijo, y fue a Belén. Y los ancianos de la ciudad vinieron a su encuentro temblando y dijeron: ¿Vienes en paz? Y él respondió: En paz. He venido a ofrecer sacrificio al SEÑOR. Consagraos y venid conmigo al sacrificio. Samuel consagró también a Isaí y a sus hijos y los invitó al sacrificio. Y aconteció que cuando ellos entraron, vio a Eliab, y se dijo: Ciertamente el ungido del SEÑOR está

delante de Él. Pero el SEÑOR dijo a Samuel: No mires a su apariencia, ni a lo alto de su estatura, porque lo he desechado; pues Dios ve no como el hombre ve, pues el hombre mira la apariencia exterior, pero el SEÑOR mira el corazón … Isaí hizo pasar a siete de sus hijos delante de Samuel. Pero Samuel dijo a Isaí: El SEÑOR no ha escogido a éstos. Y Samuel dijo a Isaí: ¿Son éstos todos tus hijos? Y él respondió: Aún queda el menor, que está apacentando las ovejas. Entonces Samuel dijo a Isaí: Manda a buscarlo, pues no nos sentaremos a la mesa hasta que él venga acá. Y envió por él y lo hizo entrar. Era rubio, de ojos hermosos y bien parecido. Y el SEÑOR dijo: Levántate, úngele; porque éste es. Entonces Samuel tomó el cuerno de aceite y lo ungió en medio de sus hermanos; y el Espíritu del SEÑOR vino poderosamente sobre David desde aquel día en adelante. (1 Samuel 16.4-13)

Samuel no escogió a David, fue Dios quien lo hizo. Samuel vio un joven alfeñique. Dios vio un líder con un gran corazón. David lo tenía. Él no dejaba las cosas a la mitad. Era intenso. Anhelaba encontrar a Dios. Y Dios lo encontró a él. Dios le dijo a Jeremías:

Me buscaréis y me encontraréis, cuando me busquéis de todo corazón (Jeremías 29.13).

David tenía un corazón maravilloso. Era un inquieto. Estaba dispuesto a oponerse a un gigante aunque apenas era un muchacho, pese a que el poderoso rey Saúl no lo haría. Estaba dispuesto a cantar frente a cientos de personas y al rey que no lo quería. Estaba dispuesto a oponerse a sus propios hombres indisciplinados y a no matar al hombre que lo estaba cazando a él. Estaba dispuesto a dirigir a los disidentes descontentos a una batalla victoriosa. Aun más sorprendente, estaba dispuesto a pedir públicamente perdón por sus pecados. Era un hombre al que no le importaba lo que la gente pensara. Servía a su Dios con pasión e intensidad. Samuel no lo vio todo cuando observó a David. Había amado al alto y apuesto rey Saúl. No se parecía en nada a Saúl. David era realmente diferente. Era un inquieto.

¿Es usted diferente? ¿Ama en verdad al Señor con todo su corazón? ¿Ha estado distraído por algo o todo en este mundo en que vivimos? Somos seres espirituales que tenemos una experiencia terrenal. Dios está mirando lo que vale. Está mirando en el corazón. ¿Cómo está su corazón con Dios? Con Dios, todo o nada. Él no va a ser segundo de nada ni de nadie. ¿Cómo está su corazón? ¿Se acuerda de lo que Jesús le dijo el apóstol Juan?

Y escribe al ángel de la iglesia en Laodicea: «El Amén, el Testigo fiel y verdadero, el Principio de la creación de Dios, dice esto: "Yo conozco tus obras, que ni eres frío ni caliente". ¡Ojalá fueras frío o caliente! Así, puesto que eres tibio, y no frío ni caliente, te vomitaré de mi boca. Porque dices: "Soy rico, me he enriquecido y de nada tengo necesidad"; y no sabes que eres un miserable y digno de lástima, y pobre, ciego y desnudo, te aconsejo que de mí compres oro refinado por fuego para que te hagas rico, y vestiduras blancas para que te vistas y no se manifieste la vergüenza de tu desnudez, y colirio para ungir tus ojos para que puedas ver. Yo reprendo y disciplino a todos los que amo; sé, pues, celoso y arrepiéntete. He aquí, yo estoy a la puerta y llamo; si alguno oye mi voz y abre la puerta, entraré a él, y cenaré con él y él conmigo. Al vencedor, le concederé sentarse conmigo en mi trono, como yo también vencí y me senté con mi Padre en su trono. El que tiene oído, oiga lo que el Espíritu dice a las iglesias» (Apocalipsis 3.14-22).

Incluso los pastores y los cristianos experimentados pueden caer. He aquí Él está a la puerta. Llamando. Esperando. ¿Sigue siendo usted un inquieto de Jesús? ¿Está dispuesto a serlo? ¿Significa Él más que la vida para usted? ¿Es su palabra todavía dulce a su paladar y suficiente cuando la absorbe? ¿Es su tiempo todavía de Él? ¿Espera aún de su dirección y depende de su mano milagrosa? Como líderes, nunca debemos dejar de preguntarnos a nosotros mismos, de desafiarnos a nosotros mismos, de amar a Dios y de confiar en Él aún más.

Dios está a la puerta de nuestro corazón, ¡tocando! Recordándonos. Llamándonos. Él es todo o nada para nosotros. No podemos servirle a medias; es decir, si no queremos que nos deseche. Debemos comprometernos a ser radicales. Debemos estar dispuestos a ser inquietos. Solo cuando somos apasionados con Dios, solo cuando Él es nuestro primer amor, lograremos todo lo que ha propuesto para nosotros en esta vida. Solo entonces estaremos en el centro de la voluntad de Dios.

¿Por qué inquietos?

¿Qué es lo que buscamos cuando elegimos un líder? ¿Escogemos a los miembros de la familia que necesitan un trabajo? ¿Nos rodeamos de personas que siempre dicen «sí» y que están de acuerdo con nosotros? ¿Elegimos personas fuertes, atléticas y apuestas? ¿Buscamos personas atractivas y dotadas? ¿O gente de carácter que verdaderamente ame a Dios? ¿Buscamos personas mansas? ¿Batallamos con todo nuestro esfuerzo y oraciones por encontrar un líder conforme al corazón de Dios? ¿Cómo escoge usted? Y si usted es líder, ¿en qué descansa? Esta sección trata específicamente sobre lo que el liderazgo inquieto puede proporcionar.

¿Qué es un líder rebelde o inquieto? Según el diccionario, un rebelde es un individuo independiente que no va junto con un grupo o partido. El rebelde es un disidente inquieto —como un intelectual, un artista o un político— que asume una posición independiente, aparte de sus asociados.[1] Usted puede ser inquieto por temperamento, llamado o elección. A menudo son personas excesivamente apasionadas por el llamado divino.

En cierto sentido, todo cristiano debería ser inquieto. Estamos llamados a ser diferentes, a ser luces en este mundo de oscuridad. Fuimos llamados a ser ciudadanos del cielo que no se ajustan a la pauta de este mundo (Romanos 12.1-2). Todos los profetas en la Biblia fueron inquietos. Muchos de los líderes más grandes de la historia lo han sido. Eran únicos, diferentes y, a menudo, mal entendidos. Veían el mundo de manera diferente.

Ellos son los Pablo Picasso, los Vincent Van Gogh y los Claude Monet del mundo del arte. Son los Carlos Marx y los Che Guevara de la política; los Carlos Darwin y los Luis Pasteur de la ciencia; los Tomás de Aquino, los Sigmund Freud, los Federico Nietzche y los Fiódor Dostoyevski de la filosofía. Los que cambiaron el mundo para bien o para mal, pero lo cambiaron. Todos esos inconformes e inquietos decidieron servir a Dios u oponérsele, con todos sus dones, sus fuerzas y hasta sus últimos alientos. Hubo aquellos como el Che y Nietzsche, que tuvieron tan mala experiencia con la iglesia que dirían con amargura lo siguiente: «Dios ha muerto» (Nietzsche)[2] y «En efecto, si el mismo Cristo se me atravesara, no dudaría en aplastarlo como a un gusano» (Ernesto «Che» Guevara).[3]

¿Por qué ese enojo? ¿Por qué ese odio a Dios? Los inquietos suelen ser personas movidas por un ardiente deseo de mejorar el mundo, ver la justicia, encontrar la verdad y revelar el verdadero significado de la vida. La mayoría de ellos no encuentran a Dios en la iglesia. Allí los rechazan. Y, al contrario, emplean todos sus recursos para destruir al Dios que no pudieron hallar. A ellos, puede usted usarlos o perderlos. Usted ve su liderazgo y los asesora en el camino que deben seguir o espera que sean oponentes capaces y obstinados. No se detendrán ante nada en su intento por destruir a Dios, los amigos, la esperanza y el propósito que no encontraron en la iglesia. Solo el poder de Dios puede darle a tal persona el perdón necesario para lidiar con el rechazo que, inevitablemente, llegará a invadirle. Solo el perdón de Dios puede evitarle a esa persona la amargura y la ira. Una vez que ponen en marcha su venganza, solo una luz cegadora y la voz del cielo pueden convertirlos de sus caminos destructivos.

El libro de los Hechos registra lo siguiente:

Saulo, respirando todavía amenazas y muerte contra los discípulos del Señor, fue al sumo sacerdote, y le pidió cartas para las sinagogas de Damasco, para que si encontraba algunos que pertenecieran al Camino, tanto hombres como mujeres, los pudiera llevar atados a Jerusalén. Y sucedió que mientras viajaba, al acercarse a Damasco, de repente resplandeció en su derredor una luz del cielo; y al caer a tierra, oyó una voz que le decía: Saulo, Saulo, ¿por qué me persigues? Y él dijo: ¿Quién eres, Señor? Y Él respondió: Yo soy Jesús a quien tú persigues; levántate, entra en la ciudad, y se te dirá lo que debes hacer. Los hombres que iban con él se detuvieron atónitos, oyendo la voz, pero sin ver a nadie. Saulo se levantó del suelo, y aunque sus ojos estaban abiertos, no veía nada; y llevándolo por la mano, lo trajeron a Damasco. Y estuvo tres días sin ver, y no comió ni bebió. Había en Damasco cierto discípulo llamado Ananías; y el Señor le dijo en una visión: Ananías. Y él dijo: Heme aquí, Señor. Y el Señor le dijo: Levántate y ve a la calle que se llama Derecha, y pregunta en la casa de Judas por un hombre de Tarso llamado Saulo, porque, he aquí, está orando, y ha visto en una visión a un hombre llamado Ananías, que entra y pone las manos sobre él para que recobre la vista. Pero Ananías respondió: Señor, he oído de muchos acerca de este hombre, cuánto mal ha hecho a tus santos en Jerusalén, y aquí tiene autoridad de los principales sacerdotes para prender a todos los que invocan tu nombre. Pero el Señor le dijo: Ve, porque él me es un instrumento escogido, para llevar mi nombre en presencia de los gentiles, de los reyes y de los hijos de Israel; porque yo le mostraré cuánto debe padecer por mi nombre. Ananías fue y entró en la casa, y después de poner las manos sobre él, dijo: Hermano Saulo, el Señor Jesús, que se te apareció en el camino por donde venías, me ha enviado para que recobres la vista y seas lleno del Espíritu Santo. Al instante cayeron de sus ojos como unas escamas, y recobró la vista; y se levantó y fue bautizado. Tomó alimentos y cobró fuerzas. Y por varios días estuvo con los discípulos que estaban en Damasco. Y enseguida se puso a predicar a Jesús en las sinagogas, diciendo: El es el Hijo de Dios. (Hechos 9.1-20)

Pablo es un intelectual, un triunfador más. Es un religioso y académico dedicado al aprendizaje, al liderazgo y al celo. Está consagrado a cambiar su mundo y a mejorarlo. Y tiene toda la razón para estar orgulloso. Por eso confiesa:

Aunque yo mismo podría confiar también en la carne. Si algún otro cree tener motivo para confiar en la carne, yo mucho más: circuncida- do el octavo día, del linaje de Israel, de la tribu de Benjamín, hebreo de hebreos; en cuanto a la ley, fariseo; en cuanto al celo, perseguidor de la iglesia; en cuanto a la justicia de la ley, hallado irreprensible. Pero todo lo que para mí era ganancia, lo he estimado como pérdida por amor de Cristo. Y aún más, yo estimo como pérdida todas las cosas en vista del incomparable valor de conocer a Cristo Jesús, mi Señor, por quien lo he perdido todo, y lo considero como basura a fin de ganar a Cristo, y ser hallado en El, no teniendo mi propia justicia derivada de la ley, sino la que es por la fe en Cristo, la justicia que procede de Dios sobre la base de la fe, y conocerle a El, el poder de su resurrección y la participación en sus padecimientos, llegando a ser como El en su muerte, a fin de llegar a la resurrección de entre los muertos. (Filipenses 3.4-11)

Pablo es transformado por un acto divino. Dios sabía lo que hacía falta para convencer a este fanático apasionado. Requirió una luz cegadora y mucho más para cambiar su parecer. Pero una vez que Saulo —ahora rebautizado como Pablo— supiera la verdad, nada ni nadie le impediría que se la contara al mun- do. Era un inquieto. Dios le dijo a Ananías que le mostraría a Pablo cuánto tendría que sufrir por su nombre. La verdad es que Pablo estaba dispuesto a sufrir. Estaba dispuesto a sufrir por Cristo. Era el tipo de hombre para el que su vida no valía nada más que la Verdad. La Biblia dice que Dios hizo a Saulo para ese fin. Pablo sería el instrumento elegido por Dios para alcanzar al mundo. Y, gracias a Dios, Pablo estaba dispuesto a ser ese instrumento. El mundo no es lo mismo hoy debido a un inquieto —llamado Pablo— que Dios decidió usar. Este escribió más del Nuevo Testamento que ningún otro autor. También voluntariamente sufrió persecución como ningún otro discípulo registrado en la Biblia.[4] Pablo relata lo que sigue:

> Yo más; en trabajos más abundante; en azotes sin número; en cárceles más; en peligros de muerte muchas veces. De los judíos cinco veces he recibido cuarenta azotes menos uno. Tres veces he sido azotado con varas; una vez apedreado; tres veces he padecido naufragio; una noche y un día he estado como náufrago en alta mar; en caminos muchas veces; en peligros de ríos, peligros de ladrones, peligros de los de mi nación, peligros de los gentiles, peligros en la ciudad, peligros en el desierto, peligros en el mar, peligros entre falsos hermanos; en trabajo y fatiga, en muchos desvelos, en hambre y sed, en muchos ayunos, en frío y en desnudez; y además de otras cosas, lo que sobre mí se agolpa cada día, la preocupación por todas las iglesias. (2 Corintios 11.23-28)

Dios sabía que solo un inquieto perseveraría y abrazaría una vida de sacrificio perenne; es decir, eterna. Dios miró el pasado de Pablo y vio un corazón como ningún otro. ¡Amaba a Dios! Considero muy interesante que gran parte de la oposición a Pablo provenía del seno de la iglesia misma. En vez de acoger a este apóstol, hubo dirigentes que trataron de competir con él, desacreditarlo e incluso renegar de él. Ellos no podían hacer frente a su unción, su visión ni a sus credenciales, por lo que trataron de rechazarlo. Pero Pablo no se desanimó. Había visto la luz. Lamentablemente, no todos los inquietos son tan persistentes como este apóstol. En lugar de desanimarse, la oposición parece impulsarlo a actuar. Pablo escribió catorce libros del Nuevo Testamento. Además de eso, el libro de los Hechos —que escribió Lucas, el médico— registra en su mayoría el ministerio del apóstol Pablo.

Cazatalentos

Muchos líderes detestan a los inquietos. Les temen. Los inquietos hacen muchas preguntas. Revuelven todo. Investigan dentro y fuera de la iglesia. Incomodan a los líderes. Inquietan al complaciente y hacen que se sienta condenado. Sin embargo, si su inquieto está dedicado totalmente a servir en su medio, entonces se gana el derecho a hablar y a ser respetado. Usted debería escuchar atentamente a esos perspicaces líderes. ¿Estará usted resistiendo a Dios o al hombre? Recuerde, todos los profetas eran inquietos al extremo. Usted debe, como líder, aprender a verse a sí mismo como un buscador de talentos. Debe conocer a sus ovejas muy bien, tanto que pueda identificar sus dones. ¡Debe mantener sus ojos abiertos con los inquietos!

Debemos identificarlos y aceptarlos. Recuerde: «No hay término medio para la melancolía. O te yergue para que te realices y celebres o te hace vivir derrotado, sin significado. No hay término medio».[5] Tenemos que hacerles ver el llamado de Dios a su vida. Debemos tener cuidado de no elegir a muchas personas o estrategias populares para que la iglesia crezca. Debemos valorar a los individuos. Lo que vale son las personas, no los programas. Un cordero que ama al Pastor vale más que un rebaño que no se interesa por Él. Debemos centrarnos en satisfacer a aquellos cuyos corazones están ardiendo por conocer al Dios que los hizo. No debemos marginar a aquellos cuyos corazones han sido especialmente hechos para los propósitos celestiales transformadores. Esos son los líderes de Dios. Fueron hechos para la excelencia.

¿Quiénes somos nosotros para impedir lo que Dios les ha llamado a ser? Tenemos que cerrar los ojos para que el mundo nos cuente de su liderazgo. Debemos abrirlos y ver qué Dios está llamando al liderazgo. Dios usa a los inquietos. Ellos son los que oran y ayunan a menudo. Son los que se cansan de sus ideas y críticas constantes. Los que le cuestionan cuando usted pierde el rumbo. A menudo son los que con sacrificio prestan sus servicios en comedores de beneficencia, recolectando productos para las personas sin hogar y trabajando en los programas que atienden a los hijos de usted. A menudo son los dedicados a la visitación de los enfermos, tanto los físicos como los espirituales.

Son las personas que más trabajan entre nosotros. A menudo son las más difíciles de tragar. Son diferentes. Ven el mundo desde un ángulo distinto. Tienen opiniones. Son apasionadas. Pueden ser ofensivas. No dudan en reprender a los que se oponen a su servicio ni en arriesgar su vida y su reputación para ayudar a las víctimas de abusos y maltratos. Ellos son celosos de su Dios. Están consagrados a Él y a su servicio. No son perfectos. Sin embargo, una y otra vez, este tipo de personas está cambiando al mundo. No deje que les rechacen. Ni los rechace usted. Dios se los entregó. Ellos le bendecirán a usted y a su iglesia si, como líder, está dispuesto a aprender de ellos. Si está dispuesto a cambiar su manera de ver al mundo, la iglesia y al ministerio. No endurezca su corazón ni se ofenda. Dios punza su mente para exponer su corazón. ¿Se resiste a emplear a los inquietos por orgullo? ¿Porque le ofenden? ¿Le cuestionan? ¿Está celoso? ¿Necesita siempre sentir que tiene el control y estos inquietos, con su celo, le hacen sentir que no lo tiene? Como líder puede y debe estar dispuesto a aprender y a trabajar con su rebaño. Usted debe aprender a promover a los demás y darles la posibilidad de seguir las pasiones que Dios les pone en el corazón. Ningún hombre es una isla. Tenemos que trabajar juntos. Dios usa mucho a los inquietos. Si podemos aprender a identificar, iniciar, aceptar y aprender de esas personas dinámicas, nos encontraremos en la vanguardia de un ministerio floreciente y piadoso. No es que no podamos ministrar efectivamente sin ellos. Sí, podemos hacerlo. Podemos continuar. Pero, cuando el cuerpo de Cristo está dispuesto a usar los dones de todos los miembros de la iglesia, estará completo. Tal iglesia conquistará al mundo como nunca antes. Será una iglesia revolucionaria.

Tres tipos de revolucionarios

Existen tres diferentes tipos de líderes que cambiaron la historia. Los tres fueron inquietos, pero solo uno de ellos es Cristo, el Mesías; es Dios. Cada uno de esos líderes estaba consagrado a cambiar el mundo que conocía. Estos tres disidentes fueron fuente de inspiración. Eran originales. Ellos fueron: Mahoma, Gandhi y, el más importante, Dios hecho carne: Jesús. Vea sus diferentes estilos de liderazgo. ¿Cuál de ellos ha traído una paz duradera? ¿Cuál de esos inquietos ha sido más amado y aceptado? ¿Cuál estilo de vida habla más que mil palabras?

Abu l-Qasim Muhammad ibn 'Abd Alla—h al-Hashimi al-Qurashi

El profeta Mahoma, a menudo llamado «el alabado» por sus seguidores, vivió hace aproximadamente seiscientos años después de Cristo. Es el fundador de la religión del Islam y es considerado por los musulmanes como mensajero y profeta de Dios. Por lo tanto, los musulmanes lo consideran el restaurador de la fe monoteísta, incorrupto original de Adán, Noé, Abraham, Moisés, Jesús y otros profetas. También fue un activo diplomático, comerciante, filósofo, orador, legislador, reformador, general del ejército y, según la creencia musulmana, un agente de la acción divina.[6]

Nacido en el 570 en la ciudad árabe de La Meca, quedó huérfano a temprana edad y se crió bajo el cuidado de su tío Abu Talib. Más tarde trabajó como comerciante y pastor. La primera vez que se casó fue con una viuda rica y quince años mayor que él. Todos cuentan que ese matrimonio fue feliz. Después que su esposa murió, tuvo otras once mujeres y dos concubinas. Durante la vida de su primera esposa, Jadiya, Mahoma se retiró a una cueva en las montañas circundantes para meditar y reflexionar.

De acuerdo a las creencias islámicas fue ahí, a la edad de cuarenta años, en el mes de Ramadán, donde recibió su primera revelación del ángel Gabriel. Mahoma no sabía leer ni escribir, de modo que su primera esposa, Jadiya, escribió lo que el ángel le dijo. Aunque Mahoma fue inicialmente desterrado por sus creencias, cuando ganó suficientes seguidores, regresó a La Meca, su lugar de nacimiento, para vengarse por el derrocamiento de su liderazgo.

En su vida, Mahoma sostuvo veintisiete campañas militares sangrientas contra pueblos y caravanas inocentes, y planeó treinta y ocho más. Se adueñaba del veinte por ciento de todo el botín que obtenía de esas redadas. Mahoma ordenó a los musulmanes que extendieran el Islam mediante la *jihad* ofensiva; es decir, la conquista de las tierras no musulmanas. También les mandó que recuperaran los terrenos que anteriormente eran musulmanes, como Israel. A los musulmanes radicales se les enseñaba que eran muyahidines o «guerreros santos de Alá». Su objetivo, como islámicos, es establecer en todo el mundo un estado islámico puro (Califa), que se ajuste a las leyes islámicas. Así Mahoma unificó toda Arabia con el Islam, exterminando a los no creyentes, en su celo por Alá.

Mahoma no hizo milagros; además, admitió que había pecado y pidió perdón. Creía que Moisés y Jesús eran profetas. Mahoma murió en el hogar de una de sus esposas, Aisha, no mucho después de que una esclava lo envenenara. El cuerpo de Mahoma fue reducido a un agujero en Medina, y su cadáver cubierto por la suciedad y las piedras.[7]

Mahoma era un inquieto. Unió a los sauditas bajo el Islam. Se afirma que decía: «Soy el profeta que ríe cuando mato a mis enemigos». Creía en una revolución sangrienta. Aunque se dice que era honesto, insistía en pagar todos los impuestos para ayudar a los pobres, y alentaba a sus mujeres a que opinaran. Mahoma es más conocido por sus escritos incendiarios, por su antisemitismo, por la supresión de los derechos de las mujeres, por el fomento de la esclavitud y la *jihad*, que por su filantropía. Creía que el dominio de Alá se establecería en la tierra por la fuerza. Él cambió al mundo en el siglo VII y aún lo está cambiando.[8]

Mohandas Karamchand Gandhi

Mohandas Karamchand Gandhi, también conocido como Mahatma Gandhi, nació en Porbandar, India, el 2 de octubre de 1869. Hombre tranquilo, aunque con una fuerte opinión, Gandhi inspiró a sus compatriotas a oponerse a la tiranía británica con la resistencia pasiva. Era un nacionalista y un líder espiritual. Después de promover los derechos civiles como abogado en Sudáfrica, en 1914, Gandhi regresó a la India, donde llegó a ser un prominente opositor a la dominación británica, por lo que fue frecuentemente encarcelado. Como Presidente del Congreso Nacional Indio (1925-34), nunca tuvo oficina de gobierno, pero fue considerado supremo líder político y espiritual del país y como la principal fuerza forjadora de la independencia de India.

La «Marcha de la sal» a Dandi (1930) fue seguida por una campaña de desobediencia civil hasta 1934, la resistencia pacífica (satyagraha) individual (1940-41), y otra campaña llamada «Quit India», en 1942. A medida que la independencia de India se acercaba, cooperaba con los británicos a pesar de su oposición a la partición del subcontinente. En términos políticos, el principal logro de Gandhi fue convertir a la pequeña clase media alta del Congreso Nacional Indio en un movimiento de masas. En términos intelectuales, su énfasis fue en la fuerza de la verdad y la no violencia (ahimsa) en la lucha contra el mal.

El hecho de que aceptara la partición y su preocupación por el tratamiento de los musulmanes en India le hizo enemigos entre los extremistas hindúes. Uno de ellos, Nathuram Godse, lo asesinó en Delhi. Ampliamente distinguido, antes y después de su muerte, fue conocido como el Mahatma (en sánscrito, Gran Alma). También fue conocido como Bapu, el padre de la nación.

La ideología de la resistencia sin violencia de Gandhi, cual luz resplandeciente, finalmente hizo que Gran Bretaña concediera la independencia a India. Los indios celebraron la victoria, pero sus problemas estaban lejos de terminar.

Las tensiones religiosas entre hindúes y musulmanes pronto estallaron en violencia a través de toda la nación. Gandhi declaró una huelga de hambre, y aseguró que no iba a comer hasta que la guerra terminara.

La lucha se detuvo al fin, pero el país siguió dividido por la religión. Así que se decidió que la zona noroeste de la India y la parte oriental —hoy día Bangladesh—, donde los musulmanes eran mayoría, se convirtiera en un nuevo país llamado Pakistán (Pakistán occidental y oriental, respectivamente). Se esperaba que al alentar a los musulmanes a vivir en un país independiente, la violencia disminuiría. Gandhi se opuso a la idea, e incluso estuvo dispuesto a permitir que Mahoma Ali Jinnah se convirtiera en primer ministro de India; sin embargo, la partición del territorio se llevó a cabo.

Gandhi pasó sus últimos días tratando de lograr la paz entre ambas naciones, lo que enfureció a muchos disidentes de ambos lados, uno de los cuales, Godse, por fin se acercó lo suficiente para asesinarlo. Gandhi murió el 30 de enero de 1948, fue incinerado y sus cenizas se dispersaron en el sagrado río Ganges.

Gandhi triunfó sobre Gran Bretaña con la resistencia pasiva, la no violencia. Enseñó la desobediencia civil a las autoridades británicas a través de la rebelión no violenta. Era un inquieto pacífico. Enseñó y promocionó la educación, la aceptación, las concesiones y la resistencia pasiva como medios para obtener la paz en la tierra. Pero no pudo alcanzar todas sus metas, aunque sacrificó su vida intentándolo.

Las palabras de Gandhi conservan hoy día su vigencia: «Cuando me desespero, recuerdo que, a través de la historia, los caminos de la verdad y el amor siempre han triunfado. Ha habido tiranos y asesinos, que durante un tiempo pueden parecer invencibles pero —al final—, siempre caen. Recuerde eso siempre». Sus palabras todavía son magistrales.[9]

Jesús, el Cristo

Tal como lo anunciaron los profetas, Jesús nació en la ciudad de Belén. Cumplió más de trescientas profecías en su vida. Fue y es el Mesías, el Salvador del mundo. Nació de una virgen, se crió como carpintero. Hablaba árabe con fluidez debido a que pasó diez años en Egipto. Fue un estudioso de las Sagradas Escrituras, y sorprendió a los líderes religiosos con su conocimiento, aun durante su juventud. Comenzó su ministerio público a la edad de treinta años. Su primer milagro fue en una boda en Canaán. En efecto, hizo tantos milagros que Juan dijo:

Y hay también muchas otras cosas que Jesús hizo, que si se escribieran en detalle, pienso que ni aun el mundo mismo podría contener los libros que se escribirían. (Juan 21.25)

Aunque Jesús era inocente, fue rechazado por el sistema religioso, padeció bajo el poder de Poncio Pilato y fue crucificado. Murió voluntariamente porque nos amó. Dio su vida para que nosotros pudiéramos vivir (Lucas 23.1-46). Jesús dijo: «Mi reino no es de este mundo» (Juan 18.36).

Los líderes judíos no querían reconocer el verdadero liderazgo. Ellos eran los líderes. Se habían establecido. Se esforzaban por mantener su estatus y peso político. En vez de preocuparse por promover la verdad de Dios y transformar su mundo con ella, estaban más interesados en formar parte del sistema político. Les encantaba la honra y el estatus que les daba el conocimiento de la ley mosaica. No estaban interesados en trabajar con los líderes ajenos a su sistema. Tampoco estaban satisfechos con la reforma religiosa. No les importaba si la gente se arrepentía de sus pecados y se volvía a Dios con todo su corazón o no. La mayoría de los líderes religiosos del tiempo de Jesús tenían celos, eran ambiciosos, estaban ávidos de poder, eran unos políticos criminales. La ley de Moisés era su herramienta para obtener estatus. A decir verdad, no eran muy diferentes a los títulos de algunos líderes hoy día. No eran instrumentos de servicio. Era un club para derrotar a los sabios, revolucionarios y líderes transformadores a los que temían. Era un club con el que gobernaban al pueblo y lo ataban a leyes estrictas. No es extraño, entonces, que no pudieran soportar a un líder como Jesús, que enseñaba la liberación del pecado mediante la gracia. Tampoco es extraño que odiaran a Jesús, puesto que enseñaba que los sacerdotes ya no eran los intercesores entre Dios y los hombres. Al contrario, a través de Él, de la sangre de Jesús, todos somos perdonados y tenemos libertad para servir a Dios. Somos iguales ante Dios. Así como David el pastor se convirtió en rey, y Jesús el carpintero es el Mesías; la nobleza y la educación no lo son todo. Todos podemos ser elegidos por Dios. No hay ningún sistema de castas. En Cristo, somos hermanos y hermanas, adoptados por Dios el Padre, a través de la limpieza de la sangre de Jesucristo.

Jesús dijo: «Nadie tiene un amor mayor que éste: que uno dé su vida por sus amigos» (Juan 15.13).

Jesús no fue asesinado. Ni lo mataron por sorpresa. Tampoco murió sin un plan definido. Jesús sabía que había llegado su hora para completar su misión terrenal.

Jesús les respondió, diciendo: Ha llegado la hora para que el Hijo del Hombre sea glorificado. En verdad, en verdad os digo que si el grano de trigo no cae en tierra y muere, queda él solo; pero si muere, produce mucho fruto. El que ama su vida la pierde; y el que aborrece su vida en este mundo, la conservará para vida eterna. Si alguno me sirve, que me siga; y donde yo estoy, allí también estará mi servidor; si alguno me sirve, el Padre lo honrará. Ahora mi alma se ha angustiado; y ¿qué diré: «Padre, sálvame de esta hora»? Pero para esto he llegado a esta hora. Padre, glorifica tu nombre. Entonces vino una voz del cielo: Y le he glorificado, y de nuevo le glorificaré. (Juan 12.23-28)

Luego, en el huerto, Jesús se entregó espontáneamente a los que lo ejecutarían.

Y Jesús le dijo: Amigo, haz lo que viniste a hacer. Entonces ellos se acercaron, echaron mano a Jesús y le prendieron. Y sucedió que uno de los que estaban con Jesús, extendiendo la mano, sacó su espada, e hiriendo al siervo del sumo sacerdote, le cortó la oreja. Entonces Jesús le dijo: Vuelve tu espada a su sitio, porque todos los que tomen la espada, a espada perecerán. ¿O piensas que no puedo rogar a mi Padre, y El pondría a mi disposición ahora mismo más de doce legiones de ángeles? (Mateo 26.50-53)

Jesús, con su sacrificio, optó por seguir un plan divino en el que daría su vida para salvar al mundo de la muerte eterna. Debido a que era perfecto, puesto que es Dios, después de que sufrió y murió, y recibió el castigo por nuestros pecados, venció a la muerte. Jesucristo es el único que la ha vencido y, en presencia de más de quinientas personas, ascendió al cielo en forma corporal. Él se levantó de la tumba y ahora vive para siempre. ¡Él demostró que es Dios!

Tres hombres. Tres ideologías. Uno de ellos es Dios.

Mahoma obtuvo poder con la religión y la utilizó para conquistar al mundo a la fuerza. A él se le atribuye la propagación de la poligamia, la esclavitud, la misoginia, el antisemitismo, el odio y una guerra que dura hasta hoy día. Los delitos que cometió contra su esclava fueron tan graves que esta lo envenenó. Por eso murió y fue sepultado.

Sus pensamientos, escritos por su primera y más antigua esposa, fueron conservados por su esposa más joven, y la preferida. Por eso sus enseñanzas, sobre casi todos los temas, se consideran como derecho vinculante, incluso hoy. Es reverenciado por sus seguidores al punto que lo consideran su deidad. Es irrespetado por el resto del mundo por su declarada violencia para conquistar y abusar de sus subordinados, y de los que no creen en el nombre de Alá. Su ley no da amor ni paz a sus seguidores en el Oriente Medio, ni en otras partes del mundo. Lo que da es espada y violencia.

Gandhi conquistó el poder con educación y los movimientos sociales basados en la resistencia pacífica a la autoridad. Se le atribuye la reducción de la violencia en la India. Él creía en la paz y la resistencia a la tiranía. Su espíritu afable, su creencia en la verdad y su bondad son fuente de inspiración. Pensaba que los hindúes podían vivir en paz con los musulmanes. Trató de promover la unidad y la paz en la tierra. Fue capaz de influir los sistemas políticos y de liberar a su pueblo del dominio británico, pero fue incapaz de cambiar el corazón del hombre. Fue asesinado por un compatriota hindú y sus cenizas esparcidas en el río Ganges.

Jesús, por su parte, fue rechazado por su familia, sus amigos y la gente del pueblo. Le dio al César lo debido y no promovió rebeliones. Dividió la historia del calendario romano. Sanó los cuerpos y las almas de las personas. Nos dio su vida para salvarnos. A Él se le atribuye la elevación de la condición de la mujer, trayendo la ley del amor a la tierra y transformando vidas hasta hoy. Y continúa operando milagros. Él dio su vida en la cruz, pero resucitó de la tumba y ascendió al cielo. ¡No está muerto! En efecto, a través de su Espíritu Santo, nunca nos deja. Está simplemente a una oración de distancia.

Él transformó el interior del hombre

Las diferencias en el mundo a raíz de estos tres inquietos son sorprendentes. Mahoma trajo coacción y cambio social y religioso a través de la *jihad* religiosa y la fuerza. Promovió y exigió la transformación social violenta. Gandhi intentó cambiar el mundo social y político mediante la resistencia pacífica. A su juicio, la paz podía lograrse a través de la transformación social coaccionada por la resistencia pacífica. Sin embargo, Jesús tenía una manera diferente. Él logró cambios sociales, políticos y espirituales a través de una transformación interna y espontánea del corazón. Jesucristo enseñó la resistencia al pecado y la sumisión a Dios. Demostró que el amor a Dios y al prójimo traería transformación espiritual y social a esta tierra y a la que viene.

No debemos menospreciar a los inquietos. Ellos tienen poder para cambiar la sociedad con su entusiasmo, su pasión y su visión. Pero solo uno de ellos puede cambiar el corazón del hombre. Solo Dios puede transformar el hombre interior... ¡Jesús!

Cristo era el inquieto por excelencia. Él no encaja en nuestro sistema humano. Ni encajará. Él trajo una mejor manera de vivir a la tierra. Mucho mejor que la que ningún hombre ha sido capaz de concebir. Estamos hechos a imagen de Dios. Si el propio Dios no encaja en el cuadro, ¿cómo rechazamos a aquellos que tampoco encajan? Los inquietos fueron hechos por Dios para cambiar al mundo. Es difícil trabajar con ellos porque exponen cosas inconvenientes, palabras incómodas e ideas atrevidas. Pero su visión es muy valiosa. Pueden ser herramientas importantes en las manos de Dios o de Satanás. ¿Dónde se pueden utilizar? ¿Dónde puede ser valorada su visión? ¿Cómo tornarán a su celo? Si la iglesia aprende a incorporar a esos hombres y mujeres, serán los constructores más eficaces del reino de Dios. Los inquietos que siguen a Cristo son los que afilan nuestro pensamiento y mantienen nuestros valores en sintonía con Dios. Ellos nos inspiran con su celo. Son apasionados por la verdad. Todos los profetas de la antigüedad eran inquietos. No hay duda, Dios los ama porque es uno de ellos.

El corazón de Dios

La voluntad de Dios es que ningún hombre perezca. Por eso nos ha llamado a todos. Sin embargo, no todos responden a su llamado. No seamos como los líderes religiosos de su tiempo, que lo rechazaron porque temían perder su poder.

> *Si oís hoy su voz, no endurezcáis vuestros corazones, como en la provocación* ... Tened cuidado, hermanos, no sea que en alguno de vosotros haya un corazón malo de incredulidad, para apartarse del Dios vivo. Antes exhortaos los unos a los otros cada día, mientras todavía se dice: Hoy; no sea que alguno de vosotros sea endurecido por el engaño del pecado. (Hebreos 3.7-13) [Énfasis añadido]

Nuestra filosofía para desarrollar el liderazgo debe centrarse en la búsqueda de hombres y mujeres conformes al corazón de Dios. Acuérdese de Francisco. No busquemos lo popular. Busquemos a aquellos que son sinceros, dedicados y dispuestos, aunque sean inquietos. Esas son las personas que van a cambiar al mundo, con o sin usted.

Líder piadoso, si escucha su llamado hoy, no cierre su corazón ni su mente, no endurezca a los que están bajo su cuidado. Ellos son piedras preciosas que solo necesitan ser pulidas con amor y aceptación de parte de usted y del Espíritu Santo. Pídale a Dios que abra sus ojos para que usted también pueda ver el corazón del hombre. Pídale que le ayude a ser un buscador de talentos. Él lo hará. Dios quiere que veamos el mundo como Él lo ve. ¡Él contestará su oración! Un cristiano temeroso y apasionado en las manos de Dios es una herramienta poderosa.

Emplee a sus inquietos para glorificar a Dios. Sea uno de ellos, para la gloria de Dios.

A Él sea la gloria, para siempre jamás. ¡Amén!

10 IDEAS CLAVES

Capítulo 6: LOS INQUIETOS

1. La mayoría de los líderes inquietos y que han sido marginados por la iglesia son fieles a Dios, pero a menudo evitan la iglesia.

2. Dios está a la puerta de nuestro corazón... ¡tocando! ¡recordándonos! ¡llamándonos! Él es todo o nada para nosotros. No podemos servirle a medias; es decir, si no queremos que nos deseche.

3. Debemos comprometernos a ser radicales. Debemos estar dispuestos a ser inquietos. Solo cuando somos apasionados con Dios, solo cuando Él es nuestro primer amor, lograremos todo lo que ha propuesto para nosotros en esta vida. Solo entonces estaremos en el centro de la voluntad divina.

4. En cierto sentido, todo cristiano debería ser inquieto. Estamos llamados a ser diferentes, a ser luces en este mundo de oscuridad. Fuimos llamados a ser ciudadanos del cielo, gente que no

se ajusta a la pauta de este mundo (Romanos 12.1-2). Todos los profetas en la Biblia fueron inquietos.

5. Pablo estaba dispuesto a sufrir; estaba dispuesto a sufrir por Cristo. Era el tipo de hombre para el que su vida no valía nada más que la Verdad.

6. Usted debe, como líder, aprender a verse a sí mismo como un buscador de talentos. Debe conocer a sus ovejas muy bien, tanto así que pueda identificar sus dones. ¡Debe mantener sus ojos abiertos con los inquietos!

7. Jesucristo enseñó la resistencia al pecado y la sumisión a Dios. Demostró que el amor a Dios y al prójimo traería transformación espiritual y social a esta tierra y a la que viene.

8. Nuestra filosofía para desarrollar el liderazgo debe centrarse en la búsqueda de hombres y mujeres conformes al corazón de Dios.

9. Busquemos a aquellos que son sinceros, dedicados y dispuestos, aunque sean inquietos. Esas son las personas que van a cambiar al mundo, con o sin usted.

10. Un cristiano temeroso y apasionado en las manos de Dios es una herramienta poderosa.

Ca • pí • tu • lo **/ 7 /**

APRENDA A LEER LOS TIEMPOS Y LA CULTURA

Hace algún tiempo leí una historia asombrosa en una revista acerca de una madre, su hijo y un cocodrilo. No todos pueden darse el lujo de tener una piscina y los días en el trópico pueden ser extremadamente calientes y húmedos. Ese, en particular, no fue la excepción. Luis quería nadar en el fresco y verde canal que pasaba por detrás de su casa. Así que le rogó a su madre noche y día durante todo el verano. A la madre de Luis no le agradaba la idea. Ella había escuchado historias de horror acerca de lo que invade a los ríos y canales.

Había serpientes de agua, cuya picadura venenosa puede desintegrar a un hombre. Había culebras exóticas, como las pitón, lo suficientemente grande como para triturar caimanes; peces voraces como la piraña y el enorme gar, iguanas y, por supuesto, los cocodrilos. Esas historias las había leído en el periódico, pero nunca había visto a esos animales. En efecto, ellos habían vivido con ese canal tras su patio más de un año y nunca habían visto nada, solo algunos peces, unas lindas iguanas y la tentadora corriente de agua verde y fresca.

Susana, la madre de Luis, sabía que todas las corrientes de agua estaban interconectadas. Recordaba haber oído a alguien decir: «Todo lago y canal en el trópico tiene un cocodrilo. La cuestión no es —si— tiene uno. La pregunta es: —¿Qué tan grande es?—» Pero nadie en la familia de Susana había visto ninguno de esos peligros. Tal vez solo fuera un rumor, un viejo cuento de hadas, una exageración o un comentario de tiempos pasados. Seguramente ya no había amenaza ni peligro para nadar en el canal.

Sin embargo, como toda buena madre, Susana tenía que estar segura. No fue sino hasta que vio a otras personas nadando en los canales que al fin cedió a la petición de su hijo. Él tenía razón. ¿Cómo podría ser el canal tan peligroso como había oído? Si lo fuera, ¿por qué entonces todas esas personas nadaban ahí? ¿Por qué nadaban a diario en el canal los niños, riendo y jugando en las aguas? Luis tenía razón. Estaba siendo demasiado estricta. Al fin, Susana le dijo a Luis que podía nadar en el canal, si y solo si ella estaba allí, sentada en el muelle, viéndolo.

Luis estaba eufórico. Ya no era un niño. Eso fue hace casi diez años y era un buen nadador. Ahora, su sueño se había hecho realidad. Podría explorar el canal con su máscara y su respirador para bucear. Ese último mes del verano, Luis nadaba cada día. Su madre se sentaba en una silla plegable bajo un paraguas y el calor sofocante, cubierta con repelente de mosquitos. Ella no iba a leer. Ni a descansar. A pesar de que «todos los demás» pensaban que era seguro nadar en los canales, su Luis era demasiado preciado para ella como para dejarlo solo en el agua. Así que se sentó allí, con los ojos fijos en el agua sin dejar de verla un instante, viendo a su hijo explorar el canal totalmente ajeno al peligro.

Sin embargo, un día el peor temor de Susana se hizo realidad. ¡Lo vio! ¡No podía creerlo! Así que se puso en pie y empezó a gritarle a Luis. Este, perezosamente, levantó la cabeza fuera del agua, pero su rostro alegre cambió en un instante cuando vio el miedo y la histeria en el rostro de su madre. «¡Nada Luis! ¡Nada!», le gritaba ella. Su madre le estaba señalando algo en el agua. Era un cocodrilo de cuatro metros de largo. Aunque el chico no estaba muy lejos del muelle, el enorme reptil estaba cerrando la brecha rápidamente. Ella intentó alcanzarlo con sus brazos en la medida que podía, pero el cocodrilo se acercaba demasiado rápido. Iba en busca de Luis. Este se aferró al muelle y su madre alcanzó sus dos brazos por los codos para sacarlo del agua, pero ya era demasiado tarde.

El gran reptil mordió las piernas de Luis. El chico gritaba. Entonces comenzó la batalla por la vida de Luis. Prendido de sus piernas y perforando sus pantorrillas con sus dientes, la enorme bestia tiró con toda su fuerza, golpeando el agua con su poderosa cola. Al otro extremo de Luis estaba su madre, enrollada con una cuerda y atada al muelle mientras se aferraba con todas sus fuerzas a los brazos de su hijo. Sus uñas herían los brazos de Luis extrayéndole sangre, mientras el lagarto empezaba a ganar. Susana no quería soltar al chico. En un momento, el cocodrilo parecía ganar, en otro era Susana la que parecía controlar la situación.

Ni siquiera podía gritar para pedir auxilio. Toda la fuerza de su pequeño cuerpo se centraba en su hijo. Sus ojos nunca se apartaron de él mientras batallaba por la vida de su hijo. No lo soltaba. Luis estaba siendo desgarrado. Sus gritos atravesaron el aire. Los vecinos escucharon y se acercaban corriendo. No podían creer lo que veían sus ojos. Nadie había visto nunca un cocodrilo en el canal y este era monstruoso. Fue uno de esos momentos que no se olvidan. Una pesadilla hecha realidad. Y estaban demasiado lejos para ayudarles. Sin embargo, Susana no lo soltaba. Parecía que el tiempo se había detenido bajo el sol abrasador. Como si los gritos de Luis estuvieran suspendidos en el aire. Como si el cocodrilo estuviera tirando de un lado a otro en cámara lenta. Aquellos momentos angustiosos parecían una eternidad. Pero todavía el cocodrilo no soltaba su presa, ni Susana tampoco. No lo soltaba.

Los periódicos reportarían más tarde los testimonios de los vecinos. La pequeña figura de la madre halando a su hijo por un extremo mientras el cocodrilo gigantesco tiraba del otro. ¡Qué clase de amor! Susana, sin embargo, no soltó a su hijo hasta que el animal finalmente lo hizo. Hoy día, cuando la gente ve las terribles cicatrices que cruzan las rodillas de Luis hasta los tobillos y los pies, este explica: «Ahí es donde el cocodrilo me agarró». Cuando ven las de los brazos, desde los codos hasta las muñecas, dice: «Ahí es donde mi madre me agarró. Y no me soltó». Luis está vivo porque a alguien le interesaba lo suficiente como para no dejar de verlo ni soltarlo.

Los vigilantes

Líderes, el mundo es un lugar peligroso. Es posible que haya oído hablar de ello. Es probable que lo haya visto en la televisión o en la Internet. O que lo haya vivido. Usted puede estar temeroso. Puede que se haya acostumbrado a ello. Pero no se deje llevar por la autocomplacencia. No se vuelva insensible ni se conforme a ello. Usted líder necesita estar despierto y alerta; y necesita a alguien que vea por usted. ¿Quién lo está haciendo? ¿Quién está velando por su cuidado? ¿Tiene a alguien?

Dios busca vigilantes. Si usted es pastor de una iglesia, miembro de la directiva, líder de una organización o de una familia, Dios le pide ser vigilante. Usted es, o debería ser, lo que Susana fue. Usted es el que debe estar velando por sus hijos espirituales, sus empleados y compañeros de trabajo, sus familias, sus amigos, el pastor y el líder de jóvenes de su iglesia, y por los demás que se encuentran cerca. Usted ha sido llamado a ser consciente de los tiempos y los peligros. Ha sido llamado a ser vigilante. ¿Sabe por qué? Porque es su deber. Dios le ha dado gran poder. ¿Cómo lo ha usado? Dios le ha dado una gran responsabilidad. Como se dijo una vez de Spiderman, el hombre araña, debería decirse de nosotros: «Un gran poder implica una gran responsabilidad».[1] ¿Comprende que su llamado tiene que ver con dirigir a muchos otros? Usted es responsable ante Dios sobre cómo se puede dirigir a su rebaño, su negocio y su casa. Entonces, ¿cómo se conduce? ¿Cómo está velando? ¿Ha sido un vigilante fiel? Tal vez nunca haya considerado plenamente su responsabilidad como líder. ¿Sabe lo que Dios espera de su vigilante? ¿Sabe lo que espera de usted, querido líder? Dios fue muy específico cuando esbozó la descripción del trabajo de un hombre en el Antiguo Testamento. Su obligación puede muy bien ser la de usted.

Ezequiel

Dios llamó a un hombre llamado Ezequiel para que hiciera algo muy importante. Lo llamó a ser guardián de Israel. Esta es su historia.

Esa voz me dijo: «Hijo de hombre, ponte en pie, que voy a hablarte.» Mientras me hablaba, el Espíritu entró en mí, hizo que me pusiera de pie, y pude oír al que me hablaba. Me dijo: «Hijo de hombre, te voy a enviar a los israelitas. Es una nación rebelde que se ha sublevado contra mí. Ellos y sus antepasados se han rebelado contra mí hasta el día de hoy. Te estoy enviando a un pueblo obstinado y terco, al que deberás advertirle: "Así dice el SEÑOR omnipotente." Tal vez te escuchen, tal vez no, pues son un pueblo rebelde; pero al menos sabrán que entre ellos hay un profeta. Tú, hijo de hombre, no tengas miedo de ellos ni de sus palabras, por más que estés en medio de cardos y espinas, y vivas rodeado de escorpiones. No temas por lo que digan, ni te sientas atemorizado, porque son un pueblo obstinado. Tal vez te escuchen, tal vez no, pues son un pueblo rebelde; pero tú les proclamarás mis palabras. Tú, hijo de hombre, atiende bien a lo que te voy a decir, y no seas rebelde como ellos». (Ezequiel 2.1-9 NVI)

«Hijo de hombre, ve a la nación de Israel y proclámale mis palabras. No te envío a un pueblo de lenguaje complicado y difícil de entender, sino a la nación de Israel. No te mando a naciones numerosas de lenguaje complicado y difícil de entender, aunque si te hubiera mandado a ellas seguramente te escucharían. Pero el pueblo de Israel no va a escucharte porque no quiere obedecerme. Todo el pueblo de Israel es terco y obstinado. No obstante, yo te haré tan terco y obstinado como ellos. ¡Te haré inquebrantable como el diamante, inconmovible como la roca! No les tengas miedo ni te asustes, por más que sean un pueblo rebelde.» Luego me dijo: «Hijo de hombre, escucha bien todo lo que voy a decirte, y atesóralo en tu corazón. Ahora ve adonde están exiliados tus compatriotas. Tal vez te escuchen, tal vez no; pero tú adviérteles». (Ezequiel 3.4-10 NVI)

Al cabo de los siete días, el Señor me dijo lo siguiente: «Hijo de hombre, a ti te he puesto como centinela del pueblo de Israel. Por tanto, cuando oigas mi palabra, adviértele de mi parte al malvado: "Estás condenado a muerte." Si tú no le hablas al malvado ni le haces ver su mala conducta, para que siga viviendo, ese malvado morirá por causa de su pecado, pero yo te pediré cuentas de su muerte. En cambio, si tú se lo adviertes, y él no se arrepiente de su maldad ni de su mala conducta, morirá por causa de su pecado, pero tú habrás salvado tu vida. Por otra parte, si un justo se desvía de su buena conducta y hace lo malo, y yo lo hago caer y tú no se lo adviertes, él morirá sin que se le tome en cuenta todo el bien que haya hecho. Por no haberle hecho ver su maldad, él morirá por causa de su pecado, pero yo te pediré cuentas de su muerte. Pero si tú le adviertes al justo que no peque, y en efecto él no peca, él seguirá viviendo porque hizo caso de tu advertencia, y tú habrás salvado tu vida». (Ezequiel 3.16-21 NVI)

Ezequiel escribió esas palabras entre quinientos y seiscientos años antes de la muerte de Cristo, más de dos mil años atrás. El mensaje de Dios no ha cambiado en absoluto. Solo la geografía de nuestro ministerio específico ha cambiado la descripción de la tarea. Dios llama a los líderes a ser vigilantes. Hay que ponerse de pie y proclamar la verdad o los hombres buenos se harán malos; nunca se arrepentirán. Así que debemos levantarnos y pregonar la verdad escuche o no la gente. Hay que levantarse y repetir las palabras de Dios en obediencia a Él. Debemos defender y velar por los hombres de bien o se desvanecerán. Tenemos el mensaje de vida. Si no levantamos nuestra voz, ¿acaso no vamos a ser responsables? Se necesita gente que vele por los demás como nunca antes en este siglo veintiuno. Pregúntele a Benjamín.

Benjamín

Benjamín estaba estudiando para ser médico cuando se enteró de la verdad. Sus padres iban a divorciarse debido a una infidelidad. Benjamín voló a casa para hablar con su papá, sin obtener resultado alguno. Sus padres habían estado luchando durante algún tiempo por su matrimonio. Sin embargo, puesto que eran líderes en la iglesia, solo el círculo íntimo de la familia lo sabía. Era su gran secreto. Si los hijos mencionaban algo de ello, eran inmediata y rotundamente obviado.

Benjamín y su hermano Samuel sabían que algo andaba mal. Después de todo, ¿cómo podía un hombre piadoso maldecir tanto su hogar? ¿Cómo podía un hombre piadoso bromear tan groseramente? ¿Cómo podía un hombre piadoso estar siempre coqueteando? ¿Cómo podía un hombre santo golpearles tan cruelmente y amenazarles con matarlos si le contaban algo a alguien? ¿Cómo podía un hombre piadoso tratar a su esposa tan mal?

En verdad, era el momento de hablar. Tal vez si alguien, respetado por su padre, iba a enfrentarse a él con amor y a advertirle, quizás se retractaría de su error.

Así que Benjamín escribió una carta cuidadosamente. Se la envió a los seis amigos más cercanos de su padre, los más fieles. Cada uno de ellos eran respetados clérigos o empresarios cristianos. Sin duda, uno de ellos estaría dispuesto a ayudarles. Pero no fue así. Tristemente nadie respondió al llamado. Benjamín esperaba que los amigos de su padre lo enfrentaran y lo ayudaran a encarrilarse. Pero, al contrario, se aliaron a él. Pensaron que Benjamín era un mal hijo. Su padre habló con ellos y les aseguró que amaba a su familia, por lo que le creyeron. Y dudaron de Benjamín.

Tres años más tarde, el padre de Benjamín fue sorprendido en un escándalo que estremeció a la ciudad. Fue llevado a los tribunales por sus relaciones con mujeres menores de edad y encarcelado. El padre de Benjamín perdió su trabajo, su mujer, el respeto de la comunidad y todos sus ahorros. El padre de Benjamín era culpable y Dios lo juzgó. Pero, ¿no eran sus amigos culpables también? Según la Biblia: ¡Sí lo eran! Y Dios los juzgará por no preocuparse lo suficiente como para intentar salvarlo de un desastre. Con solo intentar convertirlo del error de su camino, podrían haberle salvado la vida entera. Pero no lo hicieron. Ni siquiera lo pensaron. Benjamín perdió a su familia porque a nadie le importó lo suficiente como para estar dispuestos a ayudar.

¿Está usted dispuesto a ayudar? ¿Le preocupa lo que la gente piense o le interesa más conservar una gran amistad que decirle la verdad a una persona? ¿Le preocupa lo que la gente diga de usted? No se equivoque, su testimonio vale. ¿Cuál es su testimonio ante Dios? ¿Está dispuesto a levantarse o a ceder ante la presión pública? ¿Qué hace aquí entonces? ¿Por qué le dio Dios dones para dirigir y usted hace con ellos lo quiere? Si alguien hubiera hablado, si alguien hubiese confrontado al padre de Benjamín, tal vez el nombre de Dios no habría sido humillado. Ni la familia de Benjamín arruinada. Y un hombre extraviado podría haber vuelto a la verdad. Si solo hubiese habido *un* hombre dispuesto a pararse en la brecha y decir la verdad sin miedo.

Escape de la trampa

Es un gran honor ser elegido por Dios como guardián de su pueblo. Hay muchos líderes que toman esa responsabilidad muy en serio y han sido muy bendecidos por Él. Sin embargo, hay una trampa en la que muchos buenos líderes han caído. Es la falacia de que el siervo de Dios debe darse un título para ser reconocido. Muchos hombres buenos han caído en la trampa de la exaltación propia. Por egoísmo, los líderes mundanos dirigen a esa muerte dorada. Esos son los que prefieren llamarse a sí mismos grandes. Les encantan los títulos y que los honren. Algunos incluso se atreven a llamarse a sí mismos «rhema (la palabra viva) de Dios». ¿Cómo pueden emplear un término empleado por Jesús para sí mismos? ¿Por qué lo harán? ¿Buscan la aprobación de Dios o la aclamación del hombre? ¿Son pastores de la grey de Dios o monumentos a sí mismos? ¿Aman lo suficiente a sus ovejas como para dar su vida por una de ellas? ¿Se dedican a cuidar a los demás o a sí mismos?

Cada vez que oigo los títulos que algunos se otorgan, me asombro. Me pregunto cómo es que Jesús vino como un humilde carpintero y sus «siervos» se ven como celebridades. Me cuestiono por qué Jesús andaba a pie y en burro mientras que sus «siervos» andan en limusinas y aviones privados. Me pregunto por qué estos líderes religiosos se dan a sí mismos nombres rimbombantes y se comportan de forma elitista, mientras que Jesús se hizo siervo para lavar aquellos pies sucios y tocar a los leprosos (Filipenses 2.7). Si usted ha caído en esa tonta trampa, cobre conciencia y arrepiéntase. Por su propio bien, así como por el de su rebaño, por favor, deje de usar los títulos que solo Dios debe dar. «En ningún otro hay salvación, porque no hay bajo el cielo otro nombre dado a los hombres mediante el cual podamos ser salvos» (Hechos 4.12 NVI). Solo hay un Salvador, y su nombre es Jesús. El mismo que le dio a Pedro un nuevo nombre (Juan 1.42 NVI). Él nos dará un nuevo nombre cuando haga un cielo nuevo y una tierra nueva (Apocalipsis 3.12 NVI).

Pero no permitan que a ustedes se les llame "Rabí", porque tienen un solo Maestro y todos ustedes son hermanos. Y no llamen "padre" a nadie en la tierra, porque ustedes tienen un solo Padre, y él está en el cielo. Ni permitan que los llamen "maestro", porque tienen un solo Maestro, el Cristo. El más importante entre ustedes será siervo de los demás. Porque el que a sí mismo se enaltece será humillado, y el que se humilla será enaltecido (Mateo 23.8-12 NVI).

Como dice el proverbista: «No te jactes de ti mismo; que sean otros los que te alaben» (Proverbios 27.2 NVI). Los títulos deben ser dados por Dios, no por los hombres. No es nuestro momento para reinar. Un día lo haremos, Dios mediante, si hemos sido fieles. ¿Por qué establecer nuestro reino aquí y ahora? ¿Por qué Jesús esperó que Satanás lo tentara? ¿Por qué no hacer que contemos con «una herencia indestructible, incontaminada e inmarchitable ... reservada en el cielo para [nosotros]» (1 Pedro 1.4 NVI). Jesús es nuestro modelo. «Ningún siervo es más que su amo» (Juan 15.20 NVI).

Debemos aprender de Él. Cuando Pedro tentó a Jesús para que reinara en la tierra, esta fue su respuesta:

Pero Jesús se dio la vuelta, miró a sus discípulos, y reprendió a Pedro. —¡Aléjate de mí, Satanás! —le dijo—. Tú no piensas en las cosas de Dios sino en las de los hombres. Entonces llamó a la multitud y a sus discípulos. —Si alguien quiere ser mi discípulo —les dijo—, que se niegue a sí mismo, lleve su cruz y me siga. Porque el que quiera salvar su vida, la perderá; pero el que pierda su vida por mi causa y por el evangelio, la salvará. ¿De qué sirve ganar el mundo entero si se pierde la vida? ¿O qué se puede dar a cambio de la vida? Si alguien se avergüenza de mí y de mis palabras en medio de esta generación adúltera y pecadora, también el Hijo del hombre se avergonzará de él cuando venga en la gloria de su Padre con los santos ángeles. (Marcos 8.33-38 NVI)

¿Acaso nos avergüenza andar como lo hizo Jesús? No debería ser así. Más bien, debemos imitarlo... ser como Él. No podemos ayudar a los demás, si nosotros mismos estamos atrapados por nuestros egoístas deseos de poder, gloria y fama. ¡Con qué facilidad caemos en el mismo error de Satanás! ¡Cuán dispuestos estamos a dar el salto a la trampa! No es demasiado tarde para arrepentirse y caminar como Cristo. ¿Está usted dispuesto a ser un pastor de verdad? ¿Está dispuesto a ser un vigilante? Ese es un puesto muy digno y necesario. ¿Quién se levantará y velará por el pueblo de Dios? ¿Quién se sentará en una silla bajo el calor sofocante a ver lo que pasa en las aguas? Líder, ¡esta es su descripción de trabajo! Recuerde la advertencia de Dios para que persevere y no caiga en la trampa de ser un falso pastor.

También Enoc, el séptimo patriarca a partir de Adán, profetizó acerca de ellos: «Miren, el Señor viene con millares y millares de sus ángeles para someter a juicio a todos y para reprender a todos los pecadores impíos por todas las malas obras que han cometido, y por todas las injurias que han proferido contra él.» Estos individuos son refunfuñadores y criticones; *se dejan llevar por sus propias pasiones; hablan con arrogancia y adulan a los demás para sacar ventaja.* Ustedes, queridos hermanos, recuerden el mensaje anunciado anteriormente por los apóstoles de nuestro Señor Jesucristo. Ellos les decían: «En los últimos tiempos habrá burladores que vivirán según sus propias pasiones impías.» Éstos son los que causan divisiones y se dejan llevar por sus propios instintos, pues no tienen el Espíritu. Ustedes, en cambio, queridos hermanos, manténganse en el amor de Dios, edificándose sobre la base de su santísima fe y orando en el Espíritu Santo, mientras esperan que nuestro Señor Jesucristo, en su misericordia, les conceda vida eterna. Tengan compasión de los que dudan; a otros, sálvenlos arrebatándolos del fuego. Compadézcanse de los demás, pero tengan cuidado; aborrezcan hasta la ropa que haya sido contaminada por su cuerpo. ¡Al único Dios, nuestro Salvador, que puede guardarlos para que no caigan, y establecerlos sin tacha y con gran alegría ante su gloriosa presencia, sea la gloria, la majestad, el dominio y la autoridad, por medio de Jesucristo nuestro Señor, antes de todos los siglos, ahora y para siempre! Amén. (Judas 1.14-25 NVI) [Énfasis añadido]

La promesa divina para los que vigilan

El evangelio no es para cobardes; por lo tanto, el liderazgo cristiano tampoco es para pusilánimes. En los tiempos postreros...

El que salga vencedor heredará todo esto, y yo seré su Dios y él será mi hijo. Los cobardes, los incrédulos, los abominables, los asesinos, los que cometen inmoralidades sexuales, los que practican artes mágicas, los idólatras y todos los mentirosos recibirán como herencia el lago de fuego y azufre. Ésta es la segunda muerte. (Apocalipsis 21.7-8 NVI)

Dios nos advierte. También nos alienta. Dios ha fortalecido a sus líderes en varias ocasiones con palabras fuertes. No hemos sido llamados a ser débiles, codiciosos, egoístas, mentirosos ni impíos. Fuimos llamados a ser diferentes. Fuimos llamados a asumir una posición. ¡A ser vigilantes! Como le dijo a Josué:

Durante todos los días de tu vida, nadie será capaz de enfrentarse a ti. Así como estuve con Moisés, también estaré contigo; no te dejaré ni te abandonaré. Sé fuerte y valiente, porque tú harás que este pueblo herede la tierra que les prometí a sus antepasados. ¡Sé fuerte y valiente! ¡No tengas miedo ni te desanimes! Porque el SEÑOR tu Dios te acompañará dondequiera que vayas. (Josué 1.5-9 NVI)

Como le dijo Dios a Jeremías:

Antes de formarte en el vientre, ya te había elegido; antes de que nacieras, ya te había apartado; te había nombrado profeta para las naciones». Yo le respondí: «¡Ah, SEÑOR mi Dios! ¡Soy muy joven, y no sé hablar!» Pero el SEÑOR me dijo: «No digas: "Soy muy joven", porque vas a ir adondequiera que yo te envíe, y vas a decir todo lo que yo te ordene. No le temas a nadie, que yo estoy contigo para librarte.» Lo afirma el SEÑOR. Luego extendió el SEÑOR la mano y, tocándome la boca, me dijo: «He puesto en tu boca mis palabras. Mira, hoy te doy autoridad sobre naciones y reinos, para arrancar y derribar, para destruir y demoler, para construir y plantar» ... Pero tú, ¡prepárate! Ve y diles todo lo que yo te ordene. No temas ante ellos, pues de lo contrario yo haré que sí les temas. Hoy te he puesto como ciudad fortificada, como columna de hierro y muro de bronce, contra todo el país, contra los reyes de Judá, contra sus autoridades y sus sacerdotes, y contra la gente del país. Pelearán contra ti, pero no te podrán vencer, porque yo estoy contigo para librarte», afirma el SEÑOR. (Jeremías 1.1-8, 7-19, NVI)

Dios no elige personas perfectas. A los que llama, los equipa. Sin embargo, cada uno de nosotros tendrá que decidir. ¿Cómo le serviremos a Dios? ¿Buscaremos la aceptación del público con una apariencia de piedad? ¿O estamos dispuestos a servir al Señor de todo corazón? «El SEÑOR recorre con su mirada toda la tierra, y está listo para ayudar a quienes le son fieles» (2 Crónicas 16.9a NVI). ¿Está dispuesto a consagrarse plenamente a Dios? ¿Está dispuesto a hacer lo impopular aunque sea lo correcto? ¿Está dispuesto a ser criticado por decir la verdad? ¿Está dispuesto a pararse frente a todo el mundo por obedecer a Dios? ¿Está dispuesto a pararse en la brecha por otros? ¿Está dispuesto a hacer más que llevar el título de líder? ¿Está realmente dispuesto a cuidar de su rebaño? ¿A tomar su cruz cada día y seguir a Cristo? Dios le fortalecerá.

En ti confían los que conocen tu nombre, porque tú, SEÑOR, jamás abandonas a los que te buscan (Salmo 9.10 NVI).

¿Confía lo suficiente en Dios como para luchar contra un cocodrilo por el bien de su hijo o hija espiritual? ¿Está dispuesto a obedecer, como vigilantes, de los hijos de Dios?

¿Político o guardián?

A todo el mundo le gusta ser popular. Es más divertido ser un comediante que un profeta. Además, si nos identificamos con Jesucristo, nos arriesgamos a ser rechazos por el mundo. Cristo es anatema para el mundo. Su reino no es terrenal. Quienes no le conocen no pueden entender sus caminos. ¿Cómo entenderá el mundo si nadie les habla? ¿Cómo será advertido el mundo si nadie está dispuesto a pararse y vigilar en el muelle de la vida? Dios necesita mujeres y hombres valientes para que sean líderes de Él. Esa es una gran responsabilidad, y ofrece grandes beneficios tanto en la tierra como el cielo. Sin embargo, no es una tarea sencilla.

Así mismo serán perseguidos todos los que quieran llevar una vida piadosa en Cristo Jesús. (2 Timoteo 3.12 NVI)

Si usted entiende la responsabilidad que implica, desea algo bueno.

«Se dice, y es verdad, que si alguno desea ser obispo, a noble función aspira ... Los que ejercen bien el diaconado se ganan un lugar de honor y adquieren mayor confianza para hablar de su fe en Cristo Jesús» (1 Timoteo 3.1, 12-13 NVI). Dios bendecirá a sus santos y fieles profetas, guardianes y líderes en muchas formas. Usted es un bendecido.

Los ancianos que dirigen bien los asuntos de la iglesia son dignos de doble honor, especialmente los que dedican sus esfuerzos a la predicación y a la enseñanza.

Pues la Escritura dice: «No le pongas bozal al buey mientras esté trillando», y «El trabajador merece que se le pague su salario». (1 Timoteo 5.17-18 NVI)

Cuando Cristo regrese a la tierra como Rey de reyes en el milenio, usted será considerado digno y reinará con Él (Apocalipsis 20.4-6). En el cielo, por supuesto, el propósito del gran juicio —el «tribunal de Dios»— es premiar a los santos puesto que sus pecados ya fueron lavados, y cada creyente será recompensado de acuerdo a lo que haya hecho (Apocalipsis 20.11-15).

De manera que este es un buen momento para preguntarse a sí mismo: ¿Qué he hecho en cuanto a la eternidad?

Líder, ¿qué ha hecho usted? ¿Ha hablado de Cristo? ¿Ha estado dispuesto a darle palabras de vida a un mundo agonizante? ¿O ha evadido predicar por temor a ofender a alguien? ¿Qué habría sido de Luis si su madre, Susana, hubiese pensado que lo molestaría si le gritaba que saliera del agua? ¿Qué habría ocurrido si Susana se hubiera detenido a pensar qué hacer? ¿Y qué si no le hubiese puesto atención? Sin duda que Luis no estaría vivo.

Líderes, Dios los ha colocado en este lugar estratégico de liderazgo para momentos como este. ¿Está cumpliendo el deber que le dio Dios? O, acaso por una falsa sensación de «decencia» —por la que decida no ofender a alguien— ¿dejaría de comunicar la verdad en tiempos de desesperación? Por desdicha, muchos ministros no cumplen su deber. Tal vez no entiendan su llamado.

A continuación veremos cinco maneras en que los líderes desaprovechan las oportunidades que Dios les ha dado para buscar y salvar a los moribundos.

1. Discursos motivacionales vacíos / Mensajes sin arrepentimiento

El primer error grave de muchos líderes es predicar mensajes motivacionales que no condenan ni mencionan específicamente a Jesús ni su sacrificio redentor. Es probable que estos líderes teman que sus congregaciones no crezcan. Por eso hablan palabras suaves de motivación. Con ello omiten, en forma deliberada, las palabras que dan vida por temor a perder miembros. Líderes, ¿tememos tanto ofender que no decimos nada de relevancia eterna? ¿Estamos tan ansiosos porque la iglesia crezca que no queremos arriesgarnos a predicar la verdad?

Hermanos, si usted teme afirmar que todos los hombres son pecadores y necesitan un Salvador; que todos los hombres irán al infierno a menos que se vuelvan de sus malos caminos, que se arrepientan y clamen a Jesús para que les salve, le habrá quitado la esencia al evangelio. ¿Cómo sabrá la gente las buenas noticias del evangelio de Cristo, si no sabe las malas noticias acerca del infierno? ¿Cómo puede la gente saber que necesita un salvador si no se le explica que todos hemos pecado?

Así está escrito: «No hay un solo justo, ni siquiera uno». (Romanos 3.10 NVI)

Y que además,

La paga del pecado es muerte, mientras que la dádiva de Dios es vida eterna en Cristo Jesús, nuestro Señor. (Romanos 6.23 NVI)

Y que,

Todo aquel que invocare el nombre del Señor, será salvo. (Hechos 2.21 NVI)

Lo primero que Jesús predicó después de ser tentado en el desierto fue: «Arrepiéntanse porque el reino de Dios está cerca». Juan el Bautista y todos los profetas predicaban el arrepentimiento. «Arrepiéntase y bautícese cada uno de ustedes en el nombre de Jesucristo para perdón de sus pecados —les contestó Pedro—, y recibirán el don del Espíritu Santo» (Hechos 2.38 NVI). Sin arrepentimiento no hay perdón de pecados. Como le dijo el apóstol Pablo al rey Agripa:

A todos les prediqué que se arrepintieran y se convirtieran a Dios, y que demostraran su arrepentimiento con sus buenas obras. (Hechos 26.20 NVI)

Si usted no enseña a los perdidos la verdad acerca de que el hombre es incapaz de alcanzar a Dios por méritos propios; si no enseña que «todos han pecado y están privados de la gloria de Dios» (Romanos 3.23 NVI); entonces, ¿cómo sabrán que deben arrepentirse para ser salvos? Es posible que haya personas en su congregación o incluso en su lugar de trabajo que piensen que van al cielo porque asistieron a la iglesia. ¿Cómo sabrán que Cristo es el único camino si nadie les ha dicho que necesitan un salvador?

Ahora bien, ¿cómo invocarán a aquel en quien no han creído? ¿Y cómo creerán en aquel de quien no han oído? ¿Y cómo oirán si no hay quien les predique? ¿Y quién predicará sin ser enviado? Así está escrito: «¡Qué hermoso es recibir al mensajero que trae buenas nuevas!» (Romanos 10.14-15 NVI)

El evangelio de Cristo es la buena noticia. Si usted no relata la historia completa del evangelio, ¿cómo pueden los demás entender, creer, arrepentirse y ser salvos? Aquellos que conocen la verdad, pero no hacen nada para salvar al perdido, tendrán que rendir cuentas.

2. Los mensajes universalistas

El segundo error trágico de los que lideran es tratar de incluir a todas las religiones bajo el sol como un camino al cielo, para que nadie se sienta excluido. ¿Está Dios realmente en cada árbol y en cada piedra? ¿O es que adoramos a la creación en vez de adorar al Creador? No todo camino conduce al cielo. No todos los dioses son iguales. La madre Tierra no es nuestro Dios Padre.

Yo soy el camino, la verdad y la vida —le contestó Jesús—. Nadie llega al Padre sino por mí. (Juan 14.6 NVI)

Jesús también dijo:

Entren por la puerta estrecha. Porque es ancha la puerta y espacioso el camino que conduce a la destrucción, y muchos entran por ella. Pero estrecha es la puerta y angosto el camino que conduce a la vida, y son pocos los que la encuentran. (Mateo 7.13-14)

Hoy día, muchas iglesias enseñan que Dios está en todas partes, que se le conoce por diferentes nombres, pero que es esencialmente el mismo.

El movimiento de la Nueva Era y libros como *La cabaña* promueven esta ideología universalista. ¡Eso no es bíblico! Nosotros, como dirigentes del pueblo, debemos saber y declarar la verdad. *Jesús es el único camino al cielo.* Todos los otros dioses son falsos. Solo el Dios de Abraham, de Isaac y de Jacob vino a la tierra para estar con nosotros y enseñarnos la verdad; solo Él dio su vida por nosotros para salvarnos y enseñarnos a amar; solo Él se levantó de la muerte para darnos la victoria y el poder; y solo Él viene de nuevo a recompensar nuestra fidelidad con la vida eterna. Nuestro trino Dios es el único bueno. Él encarna la bondad.

Separados de mí no pueden ustedes hacer nada. (Juan 15.5 RVR1960)

¿Por qué oramos y olvidamos mencionar el nombre de Jesús?

De hecho, en ningún otro hay salvación, porque no hay bajo el cielo otro nombre dado a los hombres mediante el cual podamos ser salvos. (Hechos 4.12 NVI)

¿Cómo podemos hablar desde el púlpito y no mencionar el único nombre en que podemos ser salvos? ¿Cómo podemos orar sin emplear el nombre de Jesús? Uno se pregunta por qué las oraciones colectivas no son contestadas. Cristo dijo: «Nadie viene al Padre sino por mí». E insistió: «Ciertamente les aseguro que mi Padre les dará todo lo que le pidan en mi nombre. Hasta ahora no han pedido nada en mi nombre. Pidan y recibirán, para que su alegría sea completa» (Juan 16.23-24 NVI).

Si no empleamos el nombre de Cristo, no estamos tocando la puerta correcta.

Porque hay un solo Dios y un solo mediador entre Dios y los hombres, Jesucristo hombre (1 Timoteo 2.5 NVI).

Si usted ora o enseña fe en cualquier otro nombre, ¿cómo serán salvos aquellos por lo que vela o cómo serán contestadas sus oraciones? La falsa ideología y los falsos dioses no salvan a nadie. Sin embargo, el Buen Pastor, Jesús, entregó su vida para salvar a los que perecen. ¿Cuál es su nombre? ¡Dígalo! Su nombre es Jesús, ¡Yeshua! Aquellos que conocen la verdad, pero no hacen nada por salvar a los que se pierden, tendrán que rendir cuentas.

3. Buscadores sensibles

El tercer grave error se centra en los medios de comunicación, no en el mensaje. No hay que convertir a la iglesia en un circo. Recordemos que nuestro Dios es santo. Que merece respeto. «Porque está escrito: Sed santos, porque yo soy santo». Dios merece ser el protagonista principal. Como le dijo a Isaías: «¿Cómo puedo permitir que se me profane? ¡No cederé mi gloria a ningún otro!» (Isaías 48.11). Y de nuevo habló el Señor: «Yo soy el SEÑOR; ¡ése es mi nombre! No entrego a otros mi gloria, ni mi alabanza a los ídolos» (Isaías 42.8).

Ser buscador sensible en una iglesia casi siempre implica conocer la tecnología y estar a la vanguardia de la cultura. Sin embargo, muchas iglesias satisfacen tanto al cliente que se olvidan de la razón de la reunión. Además, el buscador sensible a menudo teme caer en desgracia. Camina en la cuerda floja de lo «políticamente correcto». Dios dice: «Temer a los hombres resulta una trampa, pero el que confía en el SEÑOR sale bien librado» (Proverbios 29.25 NVI).

¿Dónde está el equilibrio? Este es un activo maravilloso que la tecnología moderna pone al alcance de nuestras manos. El buscador sensible hace bien, en términos de incorporar la tecnología más reciente; tales como: videos, obras de teatro, música, radio, televisión, internet, *Twitter* y *Facebook* a la evangelización. Pero, ¿qué pasa con el mensaje? El mensaje no tiene que cambiar. «Jesucristo es el mismo ayer y hoy y por los siglos» (Hebreos 13.8 NVI). No podemos mejorar la palabra de Dios. Si Dios es el Alfa y la Omega, es claro que no necesitamos una nueva revelación. Él nos ha dado «el Camino, la verdad y la vida» (Juan 14.6 NVI). Debemos ser capaces de adoptar la metodología y los principios eternos de Dios en formas que sean más pertinentes a los cambios culturales.

En 1 Pedro 3.15 (NVI) se nos insta: «Estén siempre preparados para responder a todo el que les pida razón de la esperanza que hay en ustedes», de manera que se relacione con otras personas. Como dijo Pablo: «Me hice todo para todos, a fin de salvar a algunos por todos los medios posibles. Todo esto lo hago por causa del evangelio, para participar de sus frutos» (1 Corintios 9.22-23 NVI). Sin embargo, lo que nunca debemos olvidar es que fuimos hechos para adorar a Dios. Por tanto, no debemos perder el enfoque; al contrario, «fijemos la mirada en Jesús, el iniciador y perfeccionador de nuestra fe» (Hebreos 12.2 NVI). No fuimos creados para estar por encima de Dios. Él es el centro del universo. Dios es quien tiene todas las cosas juntas.

Él es la imagen del Dios invisible, el primogénito de toda creación, porque por medio de él fueron creadas todas las cosas en el cielo y en la tierra, visibles e invisibles, sean tronos, poderes, principados o autoridades: todo ha sido creado por medio de él y para él. Él es anterior a todas las cosas, que por medio de él forman un todo coherente. (Colosenses 1.15-17 NVI)

Si somos capaces de adoptar una metodología sin perder el enfoque en Cristo, entonces hagámoslo. Sin embargo, si los medios de comunicación se vuelven más importantes que el mensaje de Cristo, fallaremos. Dios merece la gloria. Tenemos que complacerlo a Él. Tenemos que trazar la línea entre el siervo y el amo; la criatura y el Creador. Debemos encontrar el equilibrio al usar la tecnología de punta, culturalmente adaptada a la metodología, sin perder nunca el enfoque en la razón de nuestra vida: dar gloria a Dios. Como dice Pablo: «En conclusión, ya sea que coman o beban o hagan cualquier otra cosa, háganlo todo para la gloria de Dios» (1 Corintios 10.31). Aquellos que conocen la verdad, pero no hacen nada por salvar al que se pierde, tendrán que rendir cuentas.

4. Cristo debe ser el primero

El cuarto error grave que cometemos es omitir o minimizar el lugar que Cristo ha de tener en nuestras vidas y corazones. Él es el primero. Tiene que serlo. ¿Hay alguna otra forma de llegar al cielo? Solo aquellos que han sido limpiados por la sangre del sacrificio perfecto, la del «Cordero de Dios, que quita el pecado del mundo» (Juan 1.29 NVI) tienen sus nombres «escritos en el libro de la vida» (Apocalipsis 20.15 NVI). ¿Cómo podemos —entonces— llegar al cielo, si amar a Dios es solamente algo más en nuestra vida, en vez de ser la esencia de nuestra existencia? Cuando le preguntaron a Jesús: «Maestro, ¿cuál es el mandamiento más importante de la ley? "Ama al Señor tu Dios con todo tu corazón, con todo tu ser y con toda tu mente" —le respondió Jesús—. Éste es el primero y el más importante de los mandamientos. El segundo se parece a éste: "Ama a tu prójimo como a ti mismo". De estos dos mandamientos dependen toda la ley y los profetas» (Mateo 22.36-40 NVI). Así que amar a Dios con todo el corazón es básico; es el fundamento. Usted no irá al cielo si no ama a Dios con todo su corazón. Y no espere que sus oraciones sean contestadas, si no le busca primero (ver Mateo 6.33). El amor a Dios es el pasaporte para el cielo. Como le dijo el ángel al apóstol Juan en el libro de Apocalipsis:

Esto dice el que tiene las siete estrellas en su mano derecha y se pasea en medio de los siete candelabros de oro: Conozco tus obras, tu duro trabajo y tu perseverancia. Sé que no puedes soportar a los malvados, y que has puesto a prueba a los que dicen ser apóstoles pero no lo son; y has descubierto que son falsos. Has perseverado y sufrido por mi nombre, sin desanimarte. Sin embargo, tengo en tu contra que has abandonado tu primer amor. ¡Recuerda de dónde has caído! Arrepiéntete y vuelve a practicar las obras que hacías al principio. Si no te arrepientes, iré y quitaré de su lugar tu candelabro. (Apocalipsis 2.1-5 NVI)

Y, de nuevo, Dios reiteró su disgusto con los creyentes tibios. Les dijo:

Por tanto, como no eres ni frío ni caliente, sino tibio, estoy por vomitarte de mi boca. (Apocalipsis 3.16, NVI)

El que es rechazado por Dios, en efecto, está perdido. Sin embargo, muchas personas creen que irán al cielo, pero son tibias. ¿Quién les dice la verdad? Querido líder, como guardián que protege a muchos, no deje pasar un día sin decir la verdad acerca de la necesidad de amar a Dios con todo el corazón. Muchas personas ni siquiera saben que no tienen pasaporte al cielo. ¿Quién se los dirá? Aquellos que conocen la verdad, pero no hacen nada por salvar al que se pierde, tendrán que rendir cuentas.

5. Oración

El quinto error que los líderes cometen es olvidar el gran poder de la oración. Incluso las organizaciones e iglesias cristianas, especialmente las más grandes, a menudo caen en esto. La oración no es algo secundario para el hombre de Dios.

«Dios no hará nada en la tierra excepto en respuesta a la oración» (John Wesley).[2]

«Cada gran movimiento de Dios puede atribuirse a una figura de rodillas» (D. L. Moody).[3]

«La oración no es una preparación para el trabajo, es el trabajo. La oración no es una preparación para la batalla, es la batalla» (Oswald Chambers).[4] «La oración es el medio indispensable de la fe, el secreto del poder. Los ejemplos de los que fueron grandes en el poder espiritual, porque eran hombres y mujeres de oración, son demasiado numerosos para ser negados» (G. Allen Fleece).[5]

«La oración no es tanto un acto como una actitud, una actitud de dependencia de Dios» (Arthur W. Pink).[6]

«La oración es al cristiano lo que la respiración es al ser vivo» (Martin Luther King).[7]

La oración es lo más importante para nosotros. Lo es para nuestro éxito y nuestra protección. Es clave para nuestra orientación y comunión con Dios. La Biblia nos insta a orar continuamente: «Oren en el Espíritu en todo momento, con peticiones y ruegos. Manténganse alerta y perseveren en oración por todos los santos» (Efesios 6.18 NVI). «Oren sin cesar» (1 Tesalonicenses 5.17 NVI).

Tenemos el ejemplo de la iglesia primitiva, cuando el apóstol entregó el gobierno de algunos ministerios a otros para que pudieran dedicarse «de lleno a la oración y al ministerio de la palabra» (Hechos 6.4 NVI).

El propio Cristo oró a Dios Padre. Cuando escogió a sus discípulos, Jesús oró:

Por aquel tiempo se fue Jesús a la montaña a orar, y pasó toda la noche en oración a Dios. (Lucas 6.12 NVI)

Jesús oraba por todo. Por su comida, sus decisiones, sus milagros, por instrucción de Dios y por fortaleza divina. Oró por su vida y su muerte. Oró por sus discípulos y hasta por nosotros (Juan 17). Y si Él, siendo Dios, no cesó de orar y mantener una comunicación constante con el Padre, ¿por qué pensamos que podemos tener éxito sin hacer hincapié en la oración? ¿Cómo podremos andar bajo el poder de Dios, si no nos mantenemos en contacto con Él? ¿Cómo podremos hacer frente a las asechanzas de nuestro adversario, sin oración? Por eso, se nos ordenó ponernos toda la armadura de Dios.

Por último, fortalézcanse con el gran poder del Señor. Pónganse toda la armadura de Dios para que puedan hacer frente a las artimañas del diablo. Porque nuestra lucha no es contra seres humanos, sino contra poderes, contra autoridades, contra potestades que dominan este mundo de tinieblas, contra fuerzas espirituales malignas en las regiones celestiales. Por lo tanto, pónganse toda la armadura de Dios, para que cuando llegue el día malo puedan resistir hasta el fin con firmeza. Manténganse firmes, ceñidos con el cinturón de la verdad, protegidos por la coraza de justicia, y calzados con la disposición de proclamar el evangelio de la paz. Además de todo esto, tomen el escudo de la fe, con el cual pueden apagar todas las flechas encendidas del maligno. Tomen el casco de la salvación y la espada del Espíritu, que es la palabra de Dios. Oren en el Espíritu en todo momento, con peticiones y ruegos. Manténganse alerta y perseveren en oración por todos los santos. (Efesios 6.10-19 NVI)

No podemos subestimar la importancia de la oración. Dios es nuestra fuente de energía. Un liderazgo desconectado es tan inerte e ilógico como un aparato que no se enchufa a la energía. Los creyentes desconectados no andan, en absoluto, en el espíritu. Andan en oscuridad sin saber lo que les hace tropezar. ¿Quién les alumbrará? ¿Quién les dirá la verdad? ¿Quién les ayudará a encontrar protección? Aquellos que conocen la verdad, pero no hacen nada por salvar al que se pierde, tendrán que rendir cuentas.

Jesús nos dejó la siguiente ilustración para enfatizar en esto:

Fíjense en la higuera y en los demás árboles. Cuando brotan las hojas, ustedes pueden ver por sí mismos y saber que el verano está cerca. Igualmente, cuando vean que suceden estas cosas, sepan que el reino de Dios está cerca. Les aseguro que no pasará esta generación hasta que todas estas cosas sucedan. El cielo y la tierra pasarán, pero mis palabras jamás pasarán. Tengan cuidado, no sea que se les endurezca el corazón por el vicio, la embriaguez y las preocupaciones de esta vida. De otra manera, aquel día caerá de improviso sobre ustedes, pues vendrá como una trampa sobre todos los habitantes de la tierra. Estén siempre

vigilantes, y oren para que puedan escapar de todo lo que está por suceder, y presentarse delante del Hijo del hombre. (Lucas 21.29-36 NVI)

Aquellos que conocen la verdad, pero no hacen nada por salvar al que
se pierde, tendrán que rendir cuentas.

Prepárese para el futuro

El vigilante conoce los tiempos. Los conoce porque está velando y orando.
Jesús sabía que su hora había llegado, de manera que les dijo a sus discípulos
que oraran y velaran... pero ellos se durmieron.

Luego fue Jesús con sus discípulos a un lugar llamado Getsemaní, y
les dijo: «Siéntense aquí mientras voy más allá a orar.» Se llevó a Pedro
y a los dos hijos de Zebedeo, y comenzó a sentirse triste y angustiado.
«Es tal la angustia que me invade, que me siento morir —les dijo—.
Quédense aquí y manténganse despiertos conmigo.» Yendo un poco
más allá, se postró sobre su rostro y oró: «Padre mío, si es posible, no
me hagas beber este trago amargo. Pero no sea lo que yo quiero, sino
lo que quieres tú.» Luego volvió adonde estaban sus discípulos y los
encontró dormidos. «¿No pudieron mantenerse despiertos conmigo ni
una hora? —le dijo a Pedro—. Estén alerta y oren para que no caigan
en tentación. El espíritu está dispuesto, pero el cuerpo es débil». Por
segunda vez se retiró y oró: «Padre mío, si no es posible evitar que yo
beba este trago amargo, hágase tu voluntad.» Cuando volvió, otra vez
los encontró dormidos, porque se les cerraban los ojos de sueño. Así
que los dejó y se retiró a orar por tercera vez, diciendo lo mismo. Volvió
de nuevo a los discípulos y les dijo: «¿Siguen durmiendo y descansan-
do? Miren, se acerca la hora, y el Hijo del hombre va a ser entregado
en manos de pecadores. ¡Levántense! ¡Vámonos! ¡Ahí viene el que me
traiciona!» (Mateo 26.36-46 NVI)

¿Por qué debe conocer los tiempos el vigilante? ¿Qué tiempos debe conocer? Jesús sabía que su tiempo de sufrimiento y muerte había llegado. Era la
hora final de la prueba. Conocía los tiempos, así que oró. Los conocía, por eso
oraba y estaba en comunión con Dios el Padre. Jesús conocía los tiempos, así
que oró, preparó y protegió a sus ovejas de la tormenta que se avecinaba.

Tenemos que hacer lo mismo. Debemos anticipar en lugar de reaccionar.

Debemos preparar a las ovejas que se nos confían y animarles en todo sentido. Ellas deben conocer nuestra voz para prestar atención a la advertencia de Dios cuando nos hable. Imagínese si Benjamín no hubiese escuchado la llamada de su madre. No estaría vivo. Si nuestras ovejas saben que estamos orando por ellas, que estamos preparándolas y protegiéndolas, van a responder —por la gracia de Dios— y serán salvadas el día de la catástrofe. Para ser guardianes debemos estar cerca de Dios en oración. Debemos estar tan atentos como para sentarnos en el banquillo bajo el calor y mirar las ovejas. Debemos animarlas y ser verdaderos pastores del rebaño.

Acerquémonos, pues, a Dios con corazón sincero y con la plena seguridad que da la fe, interiormente purificados de una conciencia culpable y exteriormente lavados con agua pura. Mantengamos firme la esperanza que profesamos, porque fiel es el que hizo la promesa. Preocupémonos los unos por los otros, a fin de estimularnos al amor y a las buenas obras. (Hebreos 10.22-24 NVI)

Conocemos los tiempos. Sabemos que el fin se acerca. Sabemos que nuestro Señor viene pronto y sin avisar.

Porque ya saben que el día del Señor llegará como ladrón en la noche. Cuando estén diciendo: «Paz y seguridad», vendrá de improviso sobre ellos la destrucción, como le llegan a la mujer encinta los dolores de parto. De ninguna manera podrán escapar. Ustedes, en cambio, hermanos, no están en la oscuridad para que ese día los sorprenda como un ladrón. Todos ustedes son hijos de la luz y del día. No somos de la noche ni de la oscuridad. No debemos, pues, dormirnos como los demás, sino mantenernos alerta y en nuestro sano juicio. (1 Tesalonicenses 5.4-6 NVI)

Los que vigilamos, debemos estar listos y alerta.

Pero en cuanto al día y la hora, nadie lo sabe, ni siquiera los ángeles en el cielo, ni el Hijo, sino sólo el Padre... Pero entiendan esto: Si un dueño de casa supiera a qué hora de la noche va a llegar el ladrón, se mantendría despierto para no dejarlo forzar la entrada. Por eso también ustedes deben estar preparados, porque el Hijo del hombre vendrá cuando menos lo esperen. ¿Quién es el siervo fiel y prudente a quien su señor ha dejado encargado de los sirvientes para darles la comida a su debido tiempo? Dichoso el siervo cuando su señor, al regresar, lo encuentra cumpliendo con su deber. Les aseguro que lo pondrá a cargo de todos sus bienes. Pero ¿qué tal si ese siervo malo se pone a pensar: «Mi señor se está demorando», y luego comienza a golpear a sus compañeros, y a comer y beber con los borrachos? El día en que el siervo menos lo espere y a la hora menos pensada el señor volverá. Lo castigará severamente y le impondrá la condena que reciben los hipócritas. Y habrá llanto y rechinar de dientes. (Mateo 24.36, 42-51 NVI)

Vigilante, su deber es grande y así mismo su recompensa, si se mantiene fiel. No hay término medio. Usted debe obedecer y hacer todo lo posible por cumplir con su deber como vigilante de Dios.

Así que no pierdan la confianza, porque ésta será grandemente recompensada. Ustedes necesitan perseverar para que, después de haber cumplido la voluntad de Dios, reciban lo que él ha prometido. Pues dentro de muy poco tiempo, «el que ha de venir vendrá, y no tardará. Pero mi justo vivirá por la fe. Y si se vuelve atrás, no será de mi agrado». Pero nosotros no somos de los que se vuelven atrás y acaban por perderse, sino de los que tienen fe y preservan su vida. (Hebreos 10.35-39 NVI)

Mi amigo lector, llegó el momento de hacer preguntas desafiantes: ¿Cuánto ama usted a Dios y a sus hijos? ¿Está dispuesto a sentarse bajo el calor sofocante del muelle y examinar el agua en la que sus hijos nadan? ¿Está realmente dispuesto a vigilar con inquebrantable dedicación y diligencia? Y usted querido líder, nuestro llamado es grande. Es un gran honor ser un hombre o una mujer de Dios en el liderazgo. No permitamos que nuestra mirada se desvíe del objetivo que Dios nos ha dado. No olvidemos la gran responsabilidad que viene con tal privilegio. No olvidemos que tendremos que rendir cuentas por la vida de aquellos que velamos. Ciertamente es algo muy serio. Que Dios nos ayude a ser fieles. Que podamos ser guardianes que vigilen fielmente y que nunca nos distraigamos.

10 IDEAS CLAVES

Capítulo 7: APRENDA A LEER LOS TIEMPOS Y LA CULTURA

1. Dios no elige personas perfectas. A los que llama, los equipa. Sin embargo, cada uno de nosotros tendrá que decidir.

2. El primer error grave de muchos líderes es predicar mensajes motivacionales que no condenan ni mencionan específicamente a Jesús ni su sacrificio redentor.

3. Si somos capaces de adoptar una metodología sin perder el enfoque en Cristo, entonces hagámoslo. Sin embargo, si los medios de comunicación se vuelven más importantes que el mensaje de Cristo, fallaremos.

4. Debemos encontrar el equilibrio al usar la tecnología de punta, culturalmente adaptada a la metodología, sin perder nunca el enfoque en la razón de nuestra vida: dar gloria a Dios.

5. Es una falacia creer que el siervo de Dios debe darse un título para ser reconocido.

6. ¿Acaso nos avergüenza andar como lo hizo Jesús? No debería ser así. Más bien, debemos imitarlo... ¡ser como Él! No podemos ayudar a los demás, si nosotros mismos estamos atrapados por nuestros egoístas deseos de poder, gloria y fama.

7. El evangelio no es para cobardes; por lo tanto, el liderazgo cristiano tampoco es para pusilánimes.

8. Dios ha fortalecido a sus líderes en varias ocasiones con palabras fuertes. No hemos sido llamados a ser débiles, codiciosos, egoístas, mentirosos ni impíos. Fuimos llamados a ser diferentes. Fuimos llamados a asumir una posición. ¡A ser vigilantes!

9. Cada uno de nosotros debe decidir cómo le serviremos a Dios. ¿Buscaremos la aceptación del público con una apariencia de

piedad? ¿O estamos dispuestos a servir al Señor de todo corazón?

10. Líderes, Dios los ha colocado en este lugar estratégico de liderazgo para momentos como este. ¿Está cumpliendo el deber que le dio Dios? O, acaso por una falsa sensación de «decencia» y por «no ofender a alguien», ¿dejaría de comunicar la verdad en tiempos de desesperación?

• •

EL MÁS FUERTE ENTRE LOS FUERTES

El misionero orgulloso

Harry había seguido la dirección de Dios para ir como misionero a una tierra distante, lejos de su Norteamérica natal. Aunque nunca he conocido todos los detalles sobre el misionero Harry, sí he escuchado bromas sobre él y su fin trágico.

A todas luces, Harry no era el más guapo de los hombres. Su pelo era lacio, sin lustre, entre marrón y gris. Sus ojos marrones y monótonos se escondían detrás de anteojos que medio ocultaban sus abundantes cejas. Sus labios rectos y apretados daban testimonio de su seria naturaleza. No había huellas de risa alrededor de los ojos de Harry. Todas las arrugas brotaban en una frente intensamente surcada y labios apretados, mientras él canalizaba toda su energía a su trabajo. No, a Harry en realidad no le gustaba reírse y a nadie le gusta ser el blanco de las bromas. Pero Dios tenía otros planes para Harry. Tal vez Harry necesitaba aflojar un poco. Quizás necesitaba encontrar una nueva manera de verse a sí mismo en esa tierra extraña. Tal vez Harry era un ápice demasiado orgulloso y Dios quería arrebatarle ese orgullo. Sea cual fuera el caso, a pesar de sus más sinceros y más serios esfuerzos para ser una fuerza digna de reconocimiento, Harry se convirtió en el hazmerreír de la misión. Mayormente tenía que ver con su español. Harry simplemente no podía captar los matices de la pronunciación. Sin embargo, siendo norteamericano, no sabía en qué se estaba metiendo. ¡En realidad pensaba que conocía el idioma muy bien! Cuando le pidieron que oficiara en una boda, más que alegre aceptó la invitación para dirigir una ocasión tan solemne. ¡Había alcanzado un nuevo nivel de ministerio en esta tierra extraña! La primera prueba de realidad había llegado: la unión de amor de dos almas sonrosadas...

Finalmente llegó el día tan esperado. La boda estaba muy concurrida y todo se veía hermoso. Invitados de todo color llenaron la iglesia por completo. Damas de honor enjoyadas y caballeros de honor en su mejor traje recorrieron el pasillo hasta el frente y tomaron sus lugares. La marcha nupcial resonaba mientras la novia, robusta y fornida avanzaba lentamente, saludando a los invitados que sonreían, antes de detenerse a pocos pasos de subir a la plataforma. Conforme su fornido esposo tomaba su lugar junto a ella, la señal esperada del misionero resonó:

«Que la novilla y el novillo por favor pasen al frente».

La novia y el novio se quedaron paralizados por el aturdimiento. El silencio era ensordecedor hasta que el pequeño de los anillos ya no pudo aguantar la risa. Cayó al suelo desternillándose de risa. ¡Eso rompió el hielo! Los invitados a la boda estallaron en un pandemónium que pareció durar una eternidad. La novia tenía lágrimas en sus ojos y casi salió huyendo antes de calmarse. El momento había quedado seriamente arruinado. Harry había contado su primer chiste.

Estoy seguro de que fue difícil para la pareja olvidar ese momento. ¿Le volvieron a hablar a Harry alguna vez? Nadie está seguro. Dicen que el tiempo cura todas las heridas, o debería hacerlo. Pero con todo, fue difícil para Harry olvidarlo. Fue difícil que los demás lo olvidaran. Justo cuando parecía que ese momento había pasado, el humor de Harry hizo otro debut impensado.

Fue en una reunión de oración para varones en donde a Harry finalmente se le dio otra oportunidad de dirigir. Tendría el privilegio de elevar la oración de apertura. Un momento que los hombres de negocios y profesionales esperaban que estuviera lleno del Espíritu. Harry quería hacer que los hombres se sintieran más cerca el uno del otro, por lo que les pidió que todos se tomaran de las manos para poder orar en unidad. Tal vez a Harry no le habían dado «indicios» culturales. Quizás no entendía por qué aquellos hombres de negocios se sentían tan incómodos al tomarse de las manos. Pero su incomodidad de tomarse de las manos no fue nada comparado a cómo se sintieron cuando Harry les dijo lo próximo que iban a hacer. Ahora bien, estoy seguro que Harry quiso decir: «Hermanos, tomémonos de las manos y oremos». Pero no dijo eso.

Lo que dijo en realidad, en su español macheteado fue: «Hermanoz, agarrémonos las manos y —con toda la seriedad de la ocasión— orinemos».

Todos los presentes en aquella reunión de oración se soltaron de las manos al instante. Todos los ojos se abrieron excepto los de Harry, que todavía estaba disfrutando del escenario. Harry finalmente dejó de orar cuando no pudo oír ni siquiera su propia voz por encima de la risa de los hombres. ¡Qué grosería! ¿Qué pasaba?

Los hombres que estaban histéricos ni siquiera podían ver bien. Estaban teniendo un divertidísimo desayuno de oración para varones. Varios de ellos le dieron palmadas a Harry en la espalda. Pero Harry no se sintió mejor. Harry no se rió, y ni siquiera sonrió. Se sentía desdichado. ¡Se sentía humillado!

En lo referente a los hombres en aquel desayuno, ¡Harry tuvo razón después de todo! Los comediantes con cara inexpresiva siempre son los mejores, ¿verdad? ¡Harry era todo un éxito! ¡Harry sí podía provocar risa en la gente! ¡Harry tenía un don singular! Desdichadamente, Harry no apreciaba el humor de Dios ni el propio. Más bien, dejó el campo misionero.

Ideas preconcebidas

Todos tenemos nuestros puntos fuertes. Harry probablemente era un talentoso traductor de la Biblia, o tal vez podía llevar con habilidad la contabilidad de la misión. En realidad, nadie con quien he hablado recuerda para qué era bueno. Lo que todos recordamos es que su fortaleza no era hablar español. ¿Por qué Harry dejó el campo misionero? ¿Tal vez tenía expectativas preconcebidas en cuanto a su papel en ese país extranjero? ¿Quizás se imaginaba que era superior, y que podía ser el mejor en todo en esta tierra a la cual se había «rebajado» para ministrar? Tal vez Harry esperaba más de sí mismo. O, tal vez, en realidad tenía una muy pobre imagen propia. Quizás todo se resumía con el orgullo de Harry. Tal vez se sentía avergonzado e inferior. Se sentía tan avergonzado por aquellos dos intentos fallidos de liderazgo que ni siquiera podía mirar su imagen seria en el espejo. No hay duda de que su orgullo había sufrido un golpe severo. Tal vez Harry había esperado ser el hombre más alto en el poste de tótem, el palo grueso, el gran banana. Más bien, se halló a sí mismo por los suelos, blanco de la risa y atado al poste de azotes. Harry podía haber usado algún consejo, una perspectiva bondadosa entonces. Pero Harry no lo admitiría. Ni siquiera lo oiría. No podía aguantarlo. Así que dejó el campo misionero.

Expectativas

¿Por qué esperamos ciertas cosas de nosotros mismos como líderes? ¿Por qué algunos de nosotros no podemos reírnos de nosotros mismos? ¿Por qué nos tomamos tan en serio? ¿Pensamos que somos menos humanos y más santos que otros? ¿Pensamos que somos superiores a otros? ¿Pensamos que sólo nosotros hemos recibido la palabra del Señor? ¿Pensamos que debido a que Dios nos ha llamado a ser líderes y pastores ahora no hay nadie que nos iguale, y como tales, somos árboles solitarios en el monte de Dios? O, ¿es que tenemos una autoestima muy baja y, en realidad, fácilmente sentimos celos y nos sentimos amenazados? ¿Pudiera ser que nos sentimos avergonzados y humillados cuando otros nos ofrecen consejos? ¿Tomamos el consejo de otros como ataques o referencias a nuestros fracasos?

Hermanos líderes, estas ideas no son de Dios. Él nos hizo para que seamos un cuerpo, porque todos necesitamos trabajar juntos. Ni siquiera la cabeza humana trabaja sin recibir información de los ojos, la nariz, las orejas, las manos, la lengua y más. Dios nos dio amplios ejemplos terrenales de cómo Él opera. ¿Por qué entonces nosotros pensamos que podemos operar, o que debemos funcionar como un líder que no necesita consejo u opinión? No tiene sentido que el cuerpo humano opere sin el aporte de sus cinco sentidos. Tampoco tiene sentido que el líder opere sin sus iguales o el consejo de otros.

Este capítulo trata de las necesidades y los modelos de liderazgo sólido que usan la fortaleza de otros para fortalecerse aún más. Y lleva este título, «El más fuerte entre los fuertes», porque la Biblia nos muestra que los sabios que se rodean de sabios —especialmente de los más sabios que ellos— se vuelven más sabios debido a eso. Lo mismo es cierto para los líderes. Los grandes líderes que se rodean de líderes más grandes, en consecuencia, se vuelven más grandes.

No se trata de nosotros

«El liderazgo es un largo recorrido de estrés constante».[1] Tal vez el recorrido es estresante porque hay demasiados factores que controlar, ¡y a nosotros nos gusta sentirnos que tenemos el control! Lidiar con gente a menudo es la parte más estresante del liderazgo. Quizás por eso tantos líderes se aíslan de su rebaño. Para decir las cosas tal como son, la gente tiene problemas. ¡Necesitan ayuda! La gente tiene opiniones y no siempre son agradables. La gente tiene sentimientos. Es imposible saber cómo las personas tomarán nuestras palabras o lo que harán con ellas. La gente es impredecible. Tal vez es por eso.

Pero Jesús, por su parte, no se confiaba a ellos, porque conocía a todos, y no tenía necesidad de que nadie le diera testimonio del hombre, pues El sabía lo que había en el hombre. (Juan 2.24-25)

¿Qué es lo que Jesús sabía que había en el hombre? ¿Que los hombres pueden ser orgullosos, inmaduros, superficiales, volubles, necios, infieles e ingratos? Pienso que las noticias serían suficientes para que todos nosotros mantengamos la distancia unos de otros. Sin embargo, a pesar de saber la verdad sobre el hombre, Jesús escogió pasar su tiempo con ellos. Tenía amigos especiales con quienes pasaba todo el tiempo. Invirtió en la gente todo su amor, tiempo y energía. Pero no se fiaba de nadie excepto de Dios. Tal vez usted es un líder que dice: «No confío en nadie, ni Dios tampoco». No hay duda de que confiar en Dios es bíblico. El libro de Salmos y Proverbios repetidas veces nos dicen que confiemos en el Señor. ¡Así que debemos hacerlo!

Confía en el SEÑOR con todo tu corazón, y no te apoyes en tu propio entendimiento. Reconócele en todos tus caminos, y El enderezará tus sendas. (Proverbios 3.5-6)

Pero, ¿cómo dirige él nuestras sendas?

A menudo, Dios usa a hombres y a mujeres. Tal como lo oye, imperfectos como somos, Dios nos usa y quiere que nos ayudemos unos a otros en esta vida. Dios valora las relaciones personales. Él quiere que cultivemos relaciones unos con otros, incluso en los niveles más altos de liderazgo.

¿Es fácil trabajar con el hombre? El rey David no pensaba que lo fuera y se lamentaba:

Demasiado tiempo ha morado mi alma con los que odian la paz. Yo amo la paz, mas cuando hablo, ellos están por la guerra. (Salmo 120.6-7)

«El liderazgo puede ser peligroso. Para entender esto, estudie la historia del mundo y las vidas de los líderes grandes y terribles, y lo que han conseguido por medio de otros. Los que estamos en el liderazgo podemos, por un lado, mover a hombres, mujeres y montañas para tremendo bien. Por otro lado, tenemos el poder de hacer daño irreparable a nuestros seguidores por los errores que cometemos. Mientras mayor nuestra esfera de influencia de liderazgo, mayor nuestro impacto en el mundo que nos rodea. Y mientras más personas dirijamos, mayor es el daño potencial causado por nuestras decisiones y

acciones pobres. Esta es una de las realidades aleccionadoras que debemos
enfrentar cuando aceptamos el manto de liderazgo».[2]

Nuestro liderazgo afecta a otros. ¡No es simplemente asunto nuestro! Uno es
apenas la punta del témpano, de aquel a veces frígido cuerpo de Cristo. Y a pesar
de las tensiones que las personas causan, las necesitamos. El liderazgo es peligroso
tanto para los líderes como para las ovejas. Nosotros somos tan imperfectos como
nuestras ovejas. A fin de no hacer un caos de las cosas, ¡necesitamos desesperadamente a Dios y necesitamos la ayuda humana! ¡Necesitamos su sabiduría!

Sabiduría

Dios valora a la sabiduría, y quiere que usted la quiera. Proverbios 4.7-9 dice:

> Lo principal es la sabiduría; adquiere sabiduría, y con todo lo que
> obtengas adquiere inteligencia. Estímala, y ella te ensalzará; ella te
> honrará si tú la abrazas; guirnalda de gracia pondrá en tu cabeza,
> corona de hermosura te entregará.

¿Qué pudiera ser más maravilloso que eso? Ahora bien, ¿cómo la consigue
uno? La Biblia también dice en Proverbios 1.7: «El temor del SEÑOR es el
principio de la sabiduría; los necios desprecian la sabiduría y la instrucción».

Si conocemos a Dios y aprendemos a respetarle, hemos empezado bien.
Pero, ¿cómo podemos conocer a Dios? Leer la palabra de Dios es un buen
lugar para empezar. Los libros de Salmos y el evangelio de Juan proveen asom-
brosas nociones de la persona de Dios. Sin embargo, exige esfuerzo conseguir
sabiduría. Exige humildad. En realidad uno tiene que admitir que necesita
sabiduría y luego tiene que *pedírsela a Dios*. Para algunos líderes, tal confesión
significaría, a sus ojos, ¡que no sirven para el trabajo! Y para nada es eso lo que
tales palabras dicen. En realidad, confesar la necesidad que uno tiene de Dios
quiere decir que uno es sabio, y que está dispuesto a escuchar y aprender.
También significa que anhelamos la ayuda poderosa y sabia de Dios. Tal vez
por eso Dios le dijo al apóstol Pablo:

> Te basta mi gracia, pues mi poder se perfecciona en la debilidad. Por
> tanto, muy gustosamente me gloriaré más bien en mis debilidades,
> para que el poder de Cristo more en mí. Por eso me complazco en las
> debilidades, en insultos, en privaciones, en persecuciones y en

angustias por amor a Cristo; porque cuando soy débil, entonces soy fuerte. (2 Corintios 12.9-10)

Sólo Dios puede convertir nuestra debilidad en fortaleza. Cuando reconocemos nuestra debilidad y le pedimos a Dios sabiduría, el poder de Cristo descansa en nosotros. Él hace esto de una manera sencilla. Nos transforma y nos fortalece por su Espíritu Santo. ¡Necesitamos la sabiduría de Dios! Y esto se hace a través de su palabra. Jesús dijo en Juan 15.7:

Si permanecéis en mí, y mis palabras permanecen en vosotros, pedid lo que queráis y os será hecho.

Muchos líderes consagrados piensan que llegarán a ser buenos líderes sólo estudiando libros de liderazgo publicados por hombres. Es cierto que hay muchas cosas que se pueden aprender de las experiencias de otros. También hay muchos principios que se encuentran en la palabra de Dios y que el mundo reclama como suyos. Y por supuesto que uno puede aprender de los libros del mundo. Pero necesitamos hacer énfasis y conocer la palabra de Dios para que podamos discernir el camino de Dios. El apóstol Pablo les escribe a los corintios:

Sin embargo, hablamos sabiduría entre los que han alcanzado madurez; pero una sabiduría no de este siglo, ni de los gobernantes de este siglo, que van desapareciendo, sino que hablamos sabiduría de Dios en misterio, la sabiduría oculta que, desde antes de los siglos, Dios predestinó para nuestra gloria; la sabiduría que ninguno de los gobernantes de este siglo ha entendido, porque si la hubieran entendido no habrían crucificado al Señor de gloria. (1 Corintios 2.6-8)

También necesitamos la sabiduría que él promete darnos cuando llegamos al punto de *pedírsela*. Sin embargo, tenemos que humillarnos nosotros mismos y *pedir*. Dios dice:

Pero si alguno de vosotros se ve falto de sabiduría, que la pida a Dios, el cual da a todos abundantemente y sin reproche, y le será dada. Pero que pida con fe, sin dudar; porque el que duda es semejante a la ola del mar, impulsada por el viento y echada de una parte a otra. No piense, pues, ese hombre, que recibirá cosa alguna del Señor, siendo hombre de doble ánimo, inestable en todos sus caminos. (Santiago 1.5-8)

Dios quiere que su pueblo sea sabio. Él quiere que confiemos en que él nos dará sabiduría cuando se la pedimos. Como un buen padre, él quiere dotar a sus preciosos hijos. Sólo nos pide que permanezcamos en él y no dudemos de él. En realidad es un asunto de decisión.

Así que la fe viene como resultado de oír el mensaje, y el mensaje que se oye es la palabra de Cristo. (Romanos 10.17 NVI)

Si escogemos estar en la palabra de Dios, tendremos fe. Si tenemos fe y le pedimos a Dios sabiduría, ¡podemos saber que la tenemos! ¡Es verdad! El hombre más sabio de toda la historia recibió su sabiduría pidiéndosela a Dios. Asombrosamente, Dios se agradó mucho al concederle su petición. El joven rey Salomón humildemente buscó el favor de Dios y él respondió a su petición.

Salomón amaba al Señor, andando en los estatutos de su padre David, aunque sacrificaba y quemaba incienso en los lugares altos. El rey fue a Gabaón a sacrificar allí, porque ese era el lugar alto principal. Salomón ofreció mil holocaustos sobre ese altar. Y en Gabaón el Señor se apareció a Salomón de noche en sueños, y Dios le dijo: Pide lo que quieras que yo te dé. Entonces Salomón dijo: Tú has usado de gran misericordia con tu siervo David mi padre, según él anduvo delante de ti con fidelidad, justicia y rectitud de corazón hacia ti; y has guardado para él esta gran misericordia, en que le has dado un hijo que se siente en su trono, como sucede hoy.

Y ahora, SEÑOR Dios mío, has hecho a tu siervo rey en lugar de mi padre David, aunque soy un muchacho y no sé cómo salir ni entrar. Tu siervo está en medio de tu pueblo al cual escogiste, un pueblo inmenso que no se puede numerar ni contar por su multitud. Da, pues, a tu siervo un corazón con entendimiento para juzgar a tu pueblo y para discernir entre el bien y el mal. Pues ¿quién será capaz de juzgar a este pueblo tuyo tan grande? Y fue del agrado a los ojos del Señor que Salomón pidiera esto. Y Dios le dijo: Porque has pedido esto y no has pedido para ti larga vida, ni has pedido para ti riquezas, ni has pedido la vida de tus enemigos, sino que has pedido para ti inteligencia para administrar justicia, he aquí, he hecho conforme a tus palabras. He aquí, te he dado un corazón sabio y entendido, de modo que no ha habido ninguno como tú antes de ti, ni se levantará ninguno como tú después de ti. También te he dado lo que no has pedido, tanto riquezas como gloria, de modo que no habrá entre los reyes ninguno como tú en todos tus días. Y si andas en mis caminos, guardando mis estatutos y mis mandamientos como tu padre David anduvo, entonces prolongaré tus días. Salomón se despertó y vio que había sido un sueño. Entró en Jerusalén y se puso delante del arca del pacto del SEÑOR; ofreció holocaustos e hizo ofrendas de paz, y también dio un banquete para todos sus siervos. (1 Reyes 3.3-15)

Dios quiere que seamos sabios. Él quiere que acudamos a él. Quiere que le escojamos a él y su sabiduría por sobre todo lo demás. Cuando lo hacemos, él nos bendice de maneras más maravillosas de las que jamás podríamos imaginar. Sí, ¡usted puede ser sabio! ¡Usted puede tener sabiduría! Proverbios 2.4-5 dice: «Si la buscas como a plata, y la procuras como a tesoros escondidos, entonces entenderás el temor del SEÑOR, y descubrirás el conocimiento de Dios». ¿Por qué esperar más? ¡Pídale hoy sabiduría!

La actitud cuenta

La Biblia nos muestra que Salomón, David, Daniel, José, Moisés y otros grandes hombres de la historia fueron excepcionales porque *le pidieron* a Dios sabiduría. Pero, ¿qué más determinó la diferencia? ¿Por qué ellos recibieron una cantidad tan asombrosa de sabiduría, mientras que el resto del mundo parece andar escaso de ella? ¿No hubo nadie más que pidiera sabiduría? El rey Salomón escribió sobre la actitud necesaria para que el hombre reciba lo que ha pedido. El mejor lugar para hallarlo resumido, aunque brevemente, es Proverbios 2.1-6 que dice:

Hijo mío, si recibes mis palabras, y atesoras mis mandamientos dentro de ti, da oído a la sabiduría, inclina tu corazón al entendimiento; porque si clamas a la inteligencia, y alzas tu voz al entendimiento, si la buscas como a plata, y la procuras como a tesoros escondidos, entonces entenderás el temor del SEÑOR, y descubrirás el conocimiento de Dios. Porque el SEÑOR da sabiduría, de su boca vienen el conocimiento y la inteligencia.

Si usted es como yo, tal vez haya leído este proverbio cientos de veces y tal vez nunca haya visto la actitud importante que agrada al Señor: la actitud del sabio. Pero inherente en estas palabras sencillas hay cuatro actitudes de líderes grandes y sabios. Dividámoslas y veamos lo que Salomón estaba tratando de decirnos en cuanto a los sabios.

Actitud #1

Lo primero que necesitamos para ser sabios es una actitud que dejarse enseñar. Salomón lo dice de esta manera: «Hijo mío, *si recibes mis palabras*, y *atesoras mis mandamientos* dentro de ti». El líder que está dispuesto a aceptar la instrucción y recordar lo que aprende de otros es educable, fácil de enseñar. Tiene lo que se necesita para llegar a ser sabio. No está absorbido en sí mismo. Ningún megalómano puede beneficiarse de la sabiduría de otros. Tal hombre está lleno de sí mismo. Sin embargo, el educable puede aprender y llegará a ser sabio porque está dispuesto a adquirir conocimiento.

Actitud #2

La segunda actitud tiene dos partes. El sabio debe ser buscador y hacedor de la sabiduría. Salomón dice: «Da oído a la sabiduría, inclina tu corazón al entendimiento» (2.2). El líder que pasa tiempo buscando sabiduría de Dios y del hombre, y luego hace todo lo que puede para aplicarla, es el hombre que es sabio. ¡Qué práctico! ¿Por qué aprender? ¿Por qué buscar? ¿No es para mejorar nuestra conducta y nuestro liderazgo? Esto está a tono con lo que el apóstol Santiago dice en Santiago 1.22-25:

> Sed hacedores de la palabra y no solamente oidores que se engañan a sí mismos. Porque si alguno es oidor de la palabra, y no hacedor, es seme-jante a un hombre que mira su rostro natural en un espejo; pues después de mirarse a sí mismo e irse, inmediatamente se olvida de qué clase de persona es. Pero el que mira atentamente a la ley perfecta, la ley de la libertad, y permanece en ella, no habiéndose vuelto un oidor olvidadizo sino un hacedor eficaz, éste será bienaventurado en lo que hace.

¡Somos bienaventurados cuando aplicamos la sabiduría! Somos bienaven-turados cuando aplicamos la palabra que Dios nos ha revelado mediante las nociones santas de nuestros asesores, mentores o junta. Somos bendecidos cuando guardamos la sabiduría y las palabras de la profecía de Dios según se revela en las Santas Escrituras.

He aquí, yo vengo pronto. Bienaventurado el que guarda las palabras de la profecía de este libro. He aquí, yo vengo pronto, y mi recompensa está conmigo para recompensar a cada uno según sea su obra. (Apocalipsis 22.7, 12)

¡Sea un buscador y un hacedor! ¡Sea sabio!

Actitud #3

La tercera actitud del sabio que Salomón destaca es la verdadera humildad. ¿Hay algo más importante que conocer a Dios? ¿Hay algo más importante que la sabiduría? ¿Qué está usted dispuesto a hacer para conocer a Dios? ¿Qué está dispuesto a hacer para ser sabio?

El principio de la sabiduría es el temor de Jehová; los insensatos desprecian la sabiduría y la enseñanza. (Proverbios 1.7, RVR1960)

Si el temor del Señor es el principio del conocimiento y la sabiduría, entonces, ¿qué debe hacer uno para obtener esa sabiduría? Salomón lo escribe de esta manera: «Porque si clamas a la inteligencia, y alzas tu voz al entendimiento» (Proverbios 2.3-5). Otra traducción dice: «Si llamas a la inteligencia y pides discernimiento» (NVI). ¿Qué entonces estaría usted dispuesto a hacer para llegar a ser un líder sabio y bueno? ¿Qué haría usted para adquirir nociones santas y sabiduría divina? ¿Estaría usted dispuesto a *pedir* sabiduría? ¿Estaría usted dispuesto a *suplicar*? ¿Estaría usted dispuesto a clamar por ella? En otras palabras, ¿anhela tanto ser un líder sabio que está dispuesto a humillarse para llegar a serlo? Tiene que tener la actitud apropiada a fin de recibir el don que pide.

Pero él nos da mayor ayuda con su gracia. Por eso dice la Escritura: «Dios se opone a los orgullosos, pero da gracia a los humildes.» (Santiago 4.6 NVI)

Ningún padre da regalos buenos a un hijo belicoso y exigente. Tampoco es su alegría dar un buen regalo a alguien que en verdad no lo quiere. Pero es una alegría recompensar al hijo esperanzado, prudente, agradecido, humilde, enseñable. El hijo con una actitud apropiada es el que nos deleita. El Padre celestial se deleita en el líder humilde. ¡Es un placer recompensar a tal persona!

Actitud #4

¿Anhela usted ser sabio? ¿Es el deseo de su corazón? ¿Es valioso como la plata? ¿Estaría usted dispuesto a dedicar su vida a buscarla? Salomón dice:

> Si la buscas como a plata, y la procuras como a tesoros escondidos, entonces entenderás el temor del SEÑOR, y descubrirás el conocimiento de Dios. Porque el SEÑOR da sabiduría, de su boca vienen el conocimiento y la inteligencia. (Proverbios 2.4-6)

La cuarta actitud del sabio es un anhelo profundo. El sabio quiere ser sabio más que cualquier otra cosa, y ha aprendido que la única manera de ser verdaderamente sabio es anhelar a Dios. ¡Han hecho la empresa, pasión y búsqueda diaria de su vida el *conocer* a Dios! Y han llegado a ser sabios debido a eso. ¡No hay nada que valga más la pena buscarlo!

Dios mira el corazón. Sólo él ve la actitud y ve los pensamientos del hombre en lo más íntimo. Él recompensa al recto de corazón. Él bendice a los que lo ponen a él y a su reino en primer lugar, porque desea unidad bajo sí mismo. No quiere un reino dividido. Por esto, el líder sabio busca asesores más sabios que él mismo. El líder sabio debe incluso buscar una junta ante la cual rendir cuentas. Todos necesitamos responder ante alguien. Todos necesitamos trabajar en unidad a fin de realizar los grandes propósitos de Dios. La autoridad bajo autoridad connota sumisión y mansedumbre. Cuando nos sometemos a la voluntad de Dios, el que ve el futuro hará nuestra senda segura, exitosa y asombrosa. Él hace esto por sus gloriosos propósitos y planes que son mucho mejores que los nuestros. Sus planes son eternos. Los nuestros son fugaces.

Éxito garantizado

Yo le he dicho al Señor: «Mi Señor eres tú. Fuera de ti, no poseo bien alguno.» (Salmo 16.2 NIV 1984)

¿Por qué dice el salmista: Fuera de ti, no poseo bien alguno? ¿No hay personas buenas en el mundo haciendo cosas buenas aparte de Dios? Al ojo humano, sí. Pero Dios enfoca las actitudes del corazón. ¿De qué sirve su liderazgo y buenas obras si es para construir SU reino? ¿De qué sirve su donativo si lo hace con propósito de evitar impuestos? ¿De qué sirve su gran mensaje si la gloria es para usted, su ofrenda, su edificio, su propio nombre? ¿De qué sirve su sabiduría si apunta a otros hacia usted mismo y los aleja del Dios que le dio la vida y todo lo que usted es y tiene? ¡Fuera de Dios no hay nada bueno! Tenemos que tener la actitud correcta a fin de recibir este don de Dios: el don de la sabiduría. Nuestra actitud cuenta porque quiere decir que queremos estar en la misma página que Dios. Entendemos que estamos aquí para sus propósitos y le amamos tanto que por ninguna otra cosa vale la pena vivir. Tal hombre es un instrumento poderoso en la mano del Señor. Tal hombre verá los beneficios de agradar a Dios.

¿Cuáles dice la Biblia que son los beneficios de la sabiduría? ¡Los beneficios son verdaderamente asombrosos! Para el hombre o la mujer que agrada a Dios, para los sabios: «la victoria es segura, serás protegido, serás prudente y discreto, tendrás un buen nombre, buena salud y abundancia, tendrás riquezas, honor, paz, vida y bendición. El Señor será tu confianza, no tendrás necesidad de temer, sino que vivirás en seguridad. Entenderás toda buena senda y podrás discernir lo que es bueno, justo y correcto!». Por cierto que estos beneficios superan cualquier sacrificio que pudiéramos imaginarnos perdido. Todo empieza con un anhelo por el Dador de la sabiduría. Incluso los pastores y líderes cristianos de experiencia pueden distraerse sobre qué o quién debe ser el objeto de nuestra verdadera pasión. Que nosotros seamos como el apóstol Pablo que habló con tal anhelo y deseo de Jesús que dijo: «Pues para mí, el vivir es Cristo y el morir es ganancia» (Filipenses 1.21). ¡Que nosotros siempre le busquemos primero!

La sabiduría de Salomón

Si Dios hizo a Salomón sabio para gobernar a su pueblo, si Salomón fue el hombre más sabio que ha gobernado hasta la fecha en este planeta, entonces tal vez debamos investigar cómo él veía el liderazgo y el proceso de tomar decisiones.

> El rey Salomón fue, pues, rey sobre todo Israel. Y estos eran sus oficiales: Azarías, hijo de Sadoc, era el sacerdote; Elihoref y Ahías, hijos de Sisa, eran secretarios; Josafat, hijo de Ahilud, era el cronista; Benaía, hijo de Joiada, estaba sobre el ejército; y Sadoc y Abiatar eran sacerdotes; Azarías, hijo de Natán, estaba sobre los oficiales; y Zabud, hijo de Natán, un sacerdote, era amigo del rey; Ahisar, era el mayordomo; y Adoniram, hijo de Abda, estaba sobre los hombres sujetos a trabajos forzados. (1 Reyes 4.1-6)

Todo presidente necesita un gabinete. La idea de un gabinete bien pudiera haber venido de los modelos antiguos orientales de liderazgo. Incluso Salomón, el más sabio de todos los reyes terrenales, tuvo su consejero personal: Sadoc, el sacerdote. En total, ¡tenía cuatro sacerdotes como consejeros! Salomón se rodeó de hombres santos, expertos en la ley de Dios, conocidos por su sabiduría. El rey más conocedor, rico y supremamente triunfador, el rey Salomón, fue lo suficientemente sabio y humilde como para buscar su consejo. Él escribió: «Donde no hay buen consejo, el pueblo cae, pero en la abundancia de consejeros está la victoria» (Proverbios 11.14).

Salomón se dio cuenta de que necesitaba rodearse de hombres sabios y dignos de su confianza. También declaró: «Sin consulta, los planes se frustran, pero con muchos consejeros, triunfan» (Proverbios 15.22).

Para dirigir como Dios quiere, debemos rodearnos de hombres y mujeres que han sido transformados por el asombroso Espíritu de Dios. No sólo debemos estar dispuestos a pasar tiempo con nuestros consejeros, también debemos estar dispuestos a andar, comer y pasar tiempo juntos con el rebaño. Debemos amar al rebaño. Y debemos valorar a los individuos. Hay algo que podemos aprender de toda persona con quien nos cruzamos. Si valoramos a nuestras ovejas, nuestros oídos estarán sintonizados al conocimiento que ellos imparten. ¡Quién sabe si Dios pudiera estarle hablando a través de esa persona!

El hierro con hierro se afila, y un hombre aguza a otro. (Proverbios 27.17)

¡Dios usa a las personas! Debemos aprender a escuchar y aprender de ellas. Debemos ser lo suficientemente humildes como para evaluar las palabras que otros nos dicen y ver si hay en ellas alguna sabiduría aplicable. Debemos activamente buscar rodearnos de hombres y mujeres sabios, dispuestos y extremadamente capaces. Como Salomón dijo: «El camino del necio es recto a sus propios ojos, mas el que escucha consejos es sabio» (Proverbios 12.15).

El más fuerte entre los fuertes

Nadie puede esperar ser experto en todo. La idea es tener expertos para que sean sus consejeros. Sin embargo, hay muchas instancias en las que pastores, hombres de negocios y otros líderes escogen rodearse de personas menos capaces porque se sienten amenazados por los talentos de quienes les rodean. Aunque la Biblia con claridad dice: «El que confía en su propio corazón es necio; mas el que camina en sabiduría será librado» (Proverbios 28.26, RVR1960), estos líderes se sienten seguros cuando confían en sí mismos. ¡¿Es eso necio, o qué?!

Hace un tiempo asesoramos a una señora muy talentosa que participaba activamente en el ministerio infantil de su iglesia. ¡Le habían partido el corazón! En un momento le habían pedido que fuera la directora del ministerio infantil debido a lo que simplemente puede llamarse, su unción. Los niños la adoraban y hasta los más pequeños se quedaban boquiabiertos cuando ella hablaba. Sin embargo, cuando declinó el cargo como directora, contrataron a otra persona. Al poco tiempo le dijeron que su don «intimidaba a las demás maestras». En realidad, desde ese momento le limitaron la cantidad de tiempo que podía enseñar. En lugar de pensar en los niños y en lo mucho que podrían ser tocados por el ministerio de esta señora, la nueva directora virtualmente la sacó del ministerio. Se sintió intimidada y amenazada por la «unción» de la joven. En lugar de usar al máximo sus talentos, la nueva directora debilitó su propio programa y rehusó usar la «mano» que Dios le había dado al cuerpo precisamente para ese propósito.

El hombre sabio y la mujer sabia se rodean de hombres y mujeres más sabios, más talentosos, e incluso más apasionados, que están dispuestos a servir sacrificadamente. No debemos pensar en términos de edificar nuestro propio cargo seguro de ministerio. Esta mujer talentosa dejó la iglesia porque pronto se dio cuenta de que no se le permitiría ministrar allí. ¡Qué pérdida más innecesaria de buena ayuda! Cuánto mejor hubiera sido si la directora de niños hubiera usado a esta popular e inspirada maestra, todo lo posible, o incluso dejado que las demás maestras fueran a su clase para observar y aprender. Desdichadamente para la iglesia, la nueva directora se olvidó de que se suponía que estuviera buscando lo mejor de lo mejor para edificar el reino del Rey de Reyes. Imagínese la diferencia que veríamos en nuestra iglesia si tan solo recordamos nuestra función. Debemos dedicarnos a «los negocios de nuestro Padre» y no a los nuestros.

Los reyes del mundo antiguo sabían la importancia de rodearse con hombres que eran eruditos y buenos pensadores. El gran rey de Babilonia, Nabucodonosor, tenía un ejército de sabios en quienes dependía. De acuerdo a la Biblia, el rey Nabucodonosor fue la cabeza de oro de todos los reinos de la tierra. En otras palabras, fue el más grande de todos los reyes que la tierra jamás ha conocido o conocerá hasta que Jesús regrese. ¿Cómo pudo gobernar tanto tiempo? ¿Cómo fue tan poderoso? Pienso que el secreto fue su dependencia y cultivo de expertos extremadamente talentosos y educados, como sus consejeros. Al parecer, dentro de cada país que conquistó, intencionalmente cosechó a lo mejor de las mentes más jóvenes. Entonces los trajo a Babilonia para capacitarlos más como sus consejeros. Su método de adquirir grandes mentes se registra en la conquista de Israel:

En el año tercero del reinado de Joacim, rey de Judá, vino Nabucodonosor, rey de Babilonia, a Jerusalén y la sitió. Y el Señor entregó en sus manos a Joacim, rey de Judá, y algunos de los utensilios de la casa de Dios; los llevó a la tierra de Sinar, a la casa de su dios, colocando los utensilios en la casa del tesoro de su dios. Entonces el rey mandó a Aspenaz, jefe de sus oficiales, que trajera de los hijos de Israel a algunos de la familia real y de los nobles, jóvenes en quienes no hubiera defecto alguno, de buen parecer, inteligentes en toda rama del saber, dotados de entendimiento y habilidad para discernir y que tuvieran la capacidad para servir en el palacio del rey; y le mandó que les enseñara la escritura y la lengua de los caldeos. El rey les asignó una ración diaria de los manjares del rey y del vino que él bebía, y mandó que los educaran por tres años, al cabo de los cuales entrarían al servicio del rey. Entre éstos estaban Daniel, Ananías, Misael y Azarías, de los hijos de Judá. Y el jefe de los oficiales les puso nuevos nombres: a Daniel le puso Beltsasar; a Ananías, Sadrac; a Misael, Mesac; y a Azarías, Abed-nego. (Daniel 1.1-7)

Todos sabemos el resto de la historia:

Se propuso Daniel en su corazón no contaminarse con los manjares del rey ni con el vino que él bebía, y pidió al jefe de los oficiales que le permitiera no contaminarse. Dios concedió a Daniel hallar favor y gracia ante el jefe de los oficiales, y el jefe de los oficiales dijo a Daniel: Temo a mi señor el rey, porque él ha asignado vuestra comida y vuestra bebida; ¿por qué ha de ver vuestros rostros más macilentos que los de los demás jóvenes de vuestra edad? Así pondríais en peligro mi cabeza ante el rey. Pero Daniel dijo al mayordomo a quien el jefe de los oficiales había nombrado sobre Daniel, Ananías, Misael y Azarías: Te ruego que pongas a prueba a tus siervos por diez días, y que nos den legumbres para comer y agua para beber. Que se compare después nuestra apariencia en tu presencia con la apariencia de los jóvenes que comen los manjares del rey, y haz con tus siervos según lo que veas. Los escuchó, pues, en esto y los puso a prueba por diez días. Al cabo de los diez días su aspecto parecía mejor y estaban más rollizos que todos los jóvenes que habían estado comiendo los manjares del rey. Así que el mayordomo siguió suprimiendo los manjares y el vino que debían beber, y les daba legumbres. (Daniel 1.8-16)

Debido a que Daniel y sus amigos decidieron seguir al Señor, él los bendijo con gran entendimiento, liderazgo y honor.

A estos cuatro jóvenes Dios les dio conocimiento e inteligencia en toda clase de literatura y sabiduría; además Daniel entendía toda clase de visiones y sueños. Al cabo de los días que el rey había fijado para que fueran presentados, el jefe de los oficiales los trajo ante Nabucodonosor. El rey habló con ellos, y de entre todos ellos no se halló ninguno como Daniel, Ananías, Misael y Azarías; entraron, pues, al servicio del rey. Y en todo asunto de sabiduría y conocimiento que el rey les consultó, los encontró diez veces superiores a todos los magos y encantadores que había en todo su reino. (Daniel 1.17-20)

¿Qué podemos aprender del rey Nabucodonosor? Podemos aprender a rodearnos de personas más inteligentes que nosotros. Podemos aprender a invertir en nuestros consejeros. Podemos aprender que necesitamos buscar con diligencia creyentes santos, dedicados, que sean sabios y capaces para que sean nuestros consejeros. Podemos aprender que Dios bendice a aquellos quienes, como Daniel, lo ponen a él primero. En verdad Dios bendecirá a los líderes, incluso líderes impíos, como Nabucodonosor, que están dispuestos a oír el consejo. El rey Nabucodonosor nunca tuvo igual, ni tampoco su reino conoció derrota durante su vida porque él tuvo la sabiduría de construir un equipo de hombres más sabios que él mismo. Los había cultivado para que fueran expertos en todo aspecto. Dios le dio a Daniel, Sadrac, Mesac y Abed-nego para que le dieran dirección santa, y Babilonia llegó a ser el reino más grande, más extenso que el mundo jamás ha conocido.

De modo similar, el faraón —el gran rey de Egipto— tenía su gabinete de sabios. Dios le dio a José; y el mundo fue salvado de la hambruna. Egipto llegó a ser rico debido a un consejero santo. La historia está repleta de grandes reyes que llegaron a ser más grandes gracias a sus consejeros santos. Tuvieron la idea correcta. ¿Por qué no nosotros? Es tiempo de que recordemos el reino de quién estamos edificando. Es tiempo de rodearnos de personas grandes y talentosas. Permitamos que Dios les utilice para hacer crecer nuestro liderazgo y su reino terrenal.

Liderazgo del mundo

¿A qué podemos comparar los líderes de este mundo? Son como gallos en un gallinero chico. Están en el primer lugar de la fila de comida. Han trepado los escalones del éxito. Han logrado lo máximo del gallinero. Son en el ave más alta, el gallo, el rey de los pollos. ¡Y planean disfrutarlo! A este tipo de liderazgo se le ha llamado liderazgo «de arriba hacia abajo». El gallo que gobierna en el gallinero es más que fastidioso... ¡es intolerable! A las cuatro de la mañana está cantando, diciéndole al mundo —que en realidad no quiere oírlo—, lo maravilloso que es. De modo similar, a estos líderes les encanta hablar y no escuchar mientras se atribuyen el crédito de todo logro en su organización. En cualquier momento el gato está listo para atacar a cualquier gallina o gallo más joven que tenga una opinión. Tal como el gallo picoteará, expulsará y atacará a todo otro gallo en el gallinero, estos líderes a menudo muestran desconfianza y agresión a todo líder capaz en la organización. ¡Y ni hablar de cómo tratan a las gallinas sumisas! Digamos simplemente que no son ni misericordiosos, ni bondadosos ni agradecidos. El gallo piensa sólo en sí mismo: sus desplantes, su canto, su maravilla. «El liderazgo de arriba hacia abajo se muestra como autoridad abusiva, delegación deplorable, pobre capacidad para escuchar, dictadura en la toma de decisiones, falta de soltar y una manera egocéntrica de conducta».[3]

Sin embargo, la manera de Dios es diferente. Él es un Dios que escucha. Él es un Dios que nunca actuó solo, excepto en el momento cuando llevó nuestros pecados en la cruz. Él es un Dios que da poder a otros. Es un Dios que valora a las personas y dio a los individuos dones singulares para que los usen para el bien de todos. Dios podía fácilmente haber hecho un mundo de autómatas, con él mismo como la única alma dotada en la tierra. A su palabra se pudiera haber realizado su voluntad. Para su gloria, todo podía haber alumbrado en su perfección medida. Sin embargo, escogió no hacernos autómatas. Tampoco escogió mantener para sí sólo todos sus dones. Dios les dio dones a los hombres.

Pero a cada uno de nosotros se nos ha concedido la gracia conforme a la medida del don de Cristo. Por tanto, dice: CUANDO ASCENDIO A LO ALTO, LLEVO CAUTIVA UNA HUESTE DE CAUTIVOS, Y DIO DONES A LOS HOMBRES. (Esta expresión: Ascendió, ¿qué significa, sino que El también había descendido a las profundidades de la tierra? El que descendió es también el mismo que ascendió mucho más arriba de todos los cielos, para poder llenarlo todo.) Y El dio a algunos el ser apóstoles, a otros profetas, a otros evangelistas, a otros pastores y maestros, a fin de capacitar a los santos para la obra del ministerio, para la edificación del cuerpo de Cristo; hasta que todos lleguemos a la unidad de la fe y del conocimiento pleno del Hijo de Dios, a la condición de un hombre maduro, a la medida de la estatura de la plenitud de Cristo. (Efesios 4.7-13)

Dios nos dio dones para que podamos edificar su reino en comunidad y en sinergia. Esto fue tan importante para Dios, que lo último que Jesús hizo fue orar sobre esto con sus discípulos. Antes de que fuera arrestado, Jesús oró:

Mas no ruego sólo por éstos, sino también por los que han de creer en mí por la palabra de ellos, para que todos sean uno. Como tú, oh Padre, estás en mí y yo en ti, que también ellos estén en nosotros, para que el mundo crea que tú me enviaste. La gloria que me diste les he dado, para que sean uno, así como nosotros somos uno: yo en ellos, y tú en mí, para que sean perfeccionados en unidad, para que el mundo sepa que tú me enviaste, y que los amaste tal como me has amado a mí. (Juan 17.20-23)

El énfasis de Dios en nuestra unidad va ligada a nuestro testimonio de él. Nuestro liderazgo no puede estar en un vacío. Cuando actuamos solos, ¿cómo puede haber unidad en el cuerpo? Está desunido. La cabeza está flotando en el auditorio, totalmente desconectada del resto del cuerpo. Mostramos que estamos en Cristo, y que él está en nosotros cuando aprendemos a trabajar como equipo unificado. Cuando nos sometemos unos a otros por reverencia a Cristo, edificamos unidad. Un equipo unificado sí puede marcar una asombrosa diferencia en este mundo. ¡Puede producir cambios! En lugar de eso escogemos hacer las cosas a nuestra manera. Para empeorar las cosas, a menudo somos «maniáticos del control». Líderes, permítanme decirles un secretito: ¡un hombre no puede hacerlo todo! Pero nosotros pensamos que podemos. Parece que pensamos que los buenos líderes *tienen* que controlarlo todo. Luego nos preguntamos qué hicimos mal cuando nuestro mundo se desbarata. Ser líder no es fácil. Es difícil dirigir porque hay muchísimos factores que controlar. Hay muchos individuos con muchos dones diferentes. No podemos leer su mente. No podemos controlar sus reacciones, comentarios o nivel de interés en la iglesia, ni tampoco su lealtad. No podemos controlar la economía ni el gobierno. Sin embargo, ¡la mayoría de líderes lo trata! Tratamos de controlarlo todo; y puesto que no podemos, tratamos de controlar nuestra iglesia, organización o aspecto de ministerio. ¿Qué podemos controlar? ¡Desdichadamente tratamos de controlar demasiado! Queremos controlar a todas las personas a quienes se les da poder. Queremos hacer todo nosotros mismos para así limitar el poder de los demás y así estar en control. Pero, ¿está bien eso? ¿No desalienta esto justo a las mismas personas que Dios nos ha enviado para que sean nuestra ayuda, nuestra mano derecha? Sin embargo, así es como a menudo dirigimos nuestros negocios y ministerios. No es NUESTRO reino... ¡es el reino de Dios! Y él no quiere que gobernemos en el gallinero. Él quiere hacerlo. Él no quiere que lo hagamos por nosotros mismos. Él quiere que usemos los dones de otras personas. Quiere que deleguemos y verdaderamente fortalezcamos al equipo que él nos ha dado. Quiere que cultivemos un equipo de ayudantes fuertes a nuestro alrededor. Nos ha dado a cada uno una función que desempeñar en esta vida. Si limitamos a otros, y tratamos de dirigir solos, nunca lograremos todo lo que Dios ha planeado, ¡y tendremos que rendir cuentas a Aquel que los equipó de para edificar Su reino!

¿Solo Dios?

¿Cómo dirige Dios Padre en el cielo? ¿Tiene Dios un consejero? ¿Está Dios solo? En el primer capítulo del primer libro de la Biblia Dios demuestra que no lo está.

Y dijo Dios: Hagamos al hombre a *nuestra* imagen, conforme a *nuestra* semejanza (Génesis 1.26a, énfasis añadido).

¿Imagen de quién? La Biblia dice a «*nuestra* imagen», evidencia de que no está solo. Dios es triuno: es Padre, Hijo y Espíritu Santo. Dios nunca actuó, ni actúa solo. Cuando Dios llamó a Moisés desde la zarza que ardía, Moisés se preguntó qué les diría a los egipcios politeístas y a los israelitas confundidos. Así que Moisés le preguntó a Dios qué decir.

Entonces dijo Moisés a Dios: He aquí, si voy a los hijos de Israel, y les digo: «El Dios de vuestros padres me ha enviado a vosotros,» tal vez me digan: «¿Cuál es su nombre?», ¿qué les responderé? Y dijo Dios a Moisés: YO SOY EL QUE SOY. Y añadió: Así dirás a los hijos de Israel: «YO SOY me ha enviado a vosotros.» Dijo además Dios a Moisés: Así dirás a los hijos de Israel: «El SEÑOR, el Dios de vuestros padres, el Dios de Abraham, el Dios de Isaac y el Dios de Jacob, me ha enviado a vosotros.» Este es mi nombre para siempre, y con él se hará memoria de mí de generación en generación. (Éxodo 3.13-15)

La palabra en hebreo para «YO SOY EL QUE SOY» es: היהא רשא היהא, pronunciado *Ehyeh asher ehyeh*. Y es la respuesta que Dios usó en la Biblia cuando Moisés le preguntó su nombre (Éxodo 3.14). Es uno de los más famosos versículos en la Torah. «*Jayáh* significa "existió" o "era" en hebreo; "ehyeh" es la forma imperfecta de primera persona singular. *Ehyeh asher ehyeh* por lo general se interpreta como queriendo decir YO SOY EL QUE SOY. La palabra *Ehyeh* aparece en cuarenta y tres lugares en el Antiguo Testamento».[4]

Dios es uno. Es una unidad personificada. Dios no quiere ser conocido como uno de muchos dioses. Es más, recalcó este punto cuarenta y tres veces sólo en el Antiguo Testamento. Él no es politeísta, como muchas religiones proponen. La Biblia enseña que Dios es un Dios completo en la Trinidad. Es unificado. Es uno. Bajo revelación directa de Dios, Moisés proclamó: «Oye, Israel: Jehová nuestro Dios, Jehová uno es» (Deuteronomio 6.4, RVR1960).

Cuando los dirigentes religiosos le preguntaron cuál de los mandamientos era el más importante, Jesús respondió citando por entero el versículo que antecede.

Oye, Israel; el Señor nuestro Dios, el Señor uno es. Y amarás al Señor tu Dios con todo tu corazón, y con toda tu alma, y con toda tu mente y con todas tus fuerzas. (Marcos 12.29-30 RVR1960)

Jesús dice: «Yo y el Padre somos uno» (Juan 10.30). Dios es tres Personas en uno. La unidad es muy importante para él, y debería serlo para nosotros. Numerosos eruditos describen la unidad de la Deidad como la premisa básica del cristianismo.

«La doctrina cristiana de la Trinidad enseña la unidad de Padre, Hijo y Espíritu Santo como tres personas en una Deidad. La doctrina dice que Dios es el Dios triuno, existiendo en tres personas pero un ser. Se entiende que cada una de las personas tiene la esencia o naturaleza idéntica, y no meramente naturaleza similares. Se ha enunciado la Trinidad como «el único Dios existe en tres personas y una sustancia, Padre, Hijo y Espíritu Santo».[5]

Creemos en un Dios. Bautizamos en una fe. Se nos ordena hacerlo en el nombre de las tres personas distintas del único Dios verdadero. El evangelista Mateo señala:

> Pero los once discípulos se fueron a Galilea, al monte que Jesús les había señalado. Cuando le vieron, le adoraron; mas algunos dudaron. Y acercándose Jesús, les habló, diciendo: Toda autoridad me ha sido dada en el cielo y en la tierra. Id, pues, y haced discípulos de todas las naciones, bautizándolos en el nombre del Padre y del Hijo y del Espíritu Santo. (Mateo 28.16-19)

El apóstol Pablo termina su segunda carta a la iglesia de Corinto dando bendiciones a la iglesia en nombre de la Deidad: «La gracia del Señor Jesucristo, el amor de Dios y la comunión del Espíritu Santo sean con todos vosotros» (2 Corintios 13.14).

El apóstol Pablo usa el ejemplo de Dios para animar a la iglesia de Éfeso a permanecer unida como cuerpo de Cristo y dice:

> Esforzándoos por preservar la unidad del Espíritu en el vínculo de la paz. Hay un solo cuerpo y un solo Espíritu, así como también vosotros fuisteis llamados en una misma esperanza de vuestra vocación; un solo Señor, una sola fe, un solo bautismo, un solo Dios y Padre de todos, que está sobre todos, por todos y en todos. (Efesios 4.3-6)

En imágenes difíciles para que nuestra mente humana capte, vemos que Dios Padre está sentado en el trono, pero que su Palabra hablada es Jesús. Los siete Espíritus ante el trono, en el libro de Apocalipsis, se nos dice que representan los siete Espíritus de Dios (4.5), que llamamos el Espíritu Santo. Dios es tres en uno: Dios Padre, Dios Hijo y Dios Espíritu Santo. La Trinidad está completamente de acuerdo. Opera en completa sincronía, unidad y perfección. Dios es uno; ¡pero es mucho más que eso! Es omnipotente, omnipresente, y literalmente más allá del alcance del vocabulario o comprensión del ser humano. Él es Dios. Y ni siquiera él opera solo. Él obra en unidad. Dios es la entidad más sabia, más completa del universo y, sin embargo, nunca está solo. Está rodeado de sí mismo en una manera que los humanos no podemos comprender o emular porque nosotros no somos Dios. Si Dios, entonces, nunca opera solo, ¿por qué los seres humanos, que él formó del polvo de la tierra, pensamos que podemos hacerlo? Si él obra en tal unidad o pensamiento, palabra y acción, ¿por qué no podemos nosotros? El rey David escribió:

> Cuando veo tus cielos, obra de tus dedos,
> la luna y las estrellas que tú has establecido,
> digo: ¿Qué es el hombre para que de él te acuerdes,
> y el hijo del hombre para que lo cuides?
> ¡Sin embargo, lo has hecho un poco menor que los ángeles,
> y lo coronas de gloria y majestad!
> —Salmo 8.3-5

Nosotros no somos Dios. Ni siquiera somos tan poderosos como los ángeles. Y, sin embargo, pensamos que somos tan sabios que no necesitamos de nadie; que somos tan fuertes, que no necesitamos de nadie; que somos tan ungidos, que no necesitamos de nadie. Líderes: ¡esta es una mentira del infierno! Este es el orgullo que hizo caer a Satanás. Satanás pensaba que no necesitaba a Dios. ¿Acaso no era él el más poderoso ángel del cielo? ¿No era el más hermoso? ¿Para que necesitaba de Dios? ¿Por qué necesitaba obedecer a alguien? ¿Quién podía ser su consejero? Él lo sabía todo. Era el mejor, pensaba. ¿Por qué no sentarse en el trono de Dios y gobernar cielos y tierra? ¡Dios no estuvo de acuerdo! Isaías recuerda la gran confrontación en el cielo que siguió a la orgullosa declaración de suficiencia de Lucifer.

> ¡Cómo has caído del cielo, oh lucero de la mañana, hijo de la aurora! Has sido derribado por tierra, tú que debilitabas a las naciones. Pero tú dijiste en tu corazón: «Subiré al cielo, por encima de las estrellas de Dios levantaré mi trono, y me sentaré en el monte de la asamblea, en el extremo norte. Subiré sobre las alturas de las nubes, me haré semejante al Altísimo.» Sin embargo, has sido derribado al Seol, a lo más remoto del abismo. (Isaías 14.12-15)

Aunque Dios pudo haber destruido con una palabra a los ángeles que había creado, no se defiende. Sin embargo Satanás es castigado por su orgullo, necedad y rebelión contra la autoridad de Dios. El apóstol Juan escribe más:

Entonces hubo guerra en el cielo: Miguel y sus ángeles combatieron contra el dragón. Y el dragón y sus ángeles lucharon, pero no pudieron vencer, ni se halló ya lugar para ellos en el cielo. Y fue arrojado el gran dragón, la serpiente antigua que se llama el Diablo y Satanás, el cual engaña al mundo entero; fue arrojado a la tierra y sus ángeles fueron arrojados con él. (Apocalipsis 12.7-9)

¡Satanás pensaba que era tan grande que no necesitaba a Dios! Según él, no necesitaba de nadie. ¡Su caída fue trágica! ¡Las ramificaciones de su rebelión se sienten hasta hoy! Él hizo que uno de cada tres ángeles perdiera su maravilloso lugar en el cielo. Fueron arrojados del cielo, junto con Lucifer. Cuando un líder empieza a creer que no necesita a nadie se acerca a una caída trágica. No caerá solo. ¡Su caída hará daño a muchos, muchos otros! Es trágico que un líder necio, orgulloso, pueda hacer daño a tantas buenas personas. ¡Pero es verdad! Llevamos una responsabilidad grande y debemos ser humildes. Sólo por la gracia de Dios y decisiones intencionales podemos evitar los escollos del orgullo y la autosuficiencia que han hecho caer a hombres y ángeles mejores que nosotros mismos.

El orgullo de Satanás hizo que su reino se dividiera amargamente. Los caminos de Dios son diferentes. Dios está unido en la Trinidad. Su reino celestial está unido bajo él, y también debemos estarlo nosotros. ¿Trabaja Satanás en unidad? ¿Tienen las fuerzas del mal una posibilidad contra las fuerzas unidas de Dios y su bondad? La respuesta es no para ambas preguntas. De igual manera, cuando el pueblo de Dios aprende a trabajar en unidad con Cristo, no será derrotado. Triunfaremos. Cuando aprendamos a usar a toda persona y cada don para la gloria de Dios, nuestras iglesias brillarán como la esposa hermosa de Cristo que somos llamados a ser. Trabajando en unidad de propósito y amor nuestras vidas y trabajo contarán y llevarán a muchos al cielo. ¿Por qué hacer que la gente caiga? Sólo el arrogante y orgulloso se atreve a trabajar solo. Los modelos terrenales son reinos divididos entre sí mismos. ¡Es su necedad y su vergüenza!

¿Qué nos hace temer o resistir a otra figura de liderazgo? ¿Orgullo? ¿Temor de perder nuestro poder? ¿Celos? ¿Desconfianza? ¿Somos tan arrogantes que no podemos humillarnos para recibir consejo de seres humanos? ¿No puede nadie tener una opinión, noción o buena idea aparte de nuestra inspiración personal? Si no estamos dispuestos a ser humildes ante el hombre, entonces, ¿cómo seremos humildes ante Dios? ¿Qué nos hace pensar que Dios nos hablará y nos guiará si no escuchamos a sus portavoces alrededor nuestro? ¡No nos equivoquemos! Dios utiliza a las personas como sus mensajeros. ¿Por qué no escuchar? ¿Cómo podemos dirigir solos a otros? ¿Cómo podemos dirigir con éxito si nunca hemos aprendido a seguir con éxito el ejemplo de Dios?

Si el SEÑOR no edifica la casa,
en vano trabajan los que la edifican;
si el SEÑOR no guarda la ciudad,
en vano vela la guardia.
Es en vano que os levantéis de madrugada,
que os acostéis tarde,
que comáis el pan de afanosa labor,
pues El da a su amado aun mientras duerme.
—Salmo 127.1-2

Líderes, dirijamos como Dios propuso: en unidad y en el consejo de hombres santos fuertes. ¡No hay sustituto para la bendición de Dios! Él quiere bendecirlo con sabiduría. ¡Pídala! ¡Él quiere usarlo! No se aísle ni deje el campo. Búsquele primero a él y a su pueblo. Que el fuerte se rodee de hombres más fuertes que él mismo y llegará a ser más fuerte.

Que el sabio busque a los más sabios como amigos, como asesores, ¡y sea más sabio por eso!

El ungüento y el perfume alegran el corazón, y dulce para su amigo es el consejo del hombre. (Proverbios 27.9)

• •

10 IDEAS CLAVES

Capítulo 8: EL MÁS FUERTE ENTRE LOS FUERTES

1. Dios usa a hombres y a mujeres. Tal como lo oye, imperfectos como somos, Dios nos usa y quiere que nos ayudemos unos a otros en esta vida. Dios valora las relaciones personales. Él quiere que cultivemos relaciones unos con otros, incluso en los niveles más altos de liderazgo.

2. Solo Dios puede convertir nuestra debilidad en fortaleza. Cuando reconocemos nuestra debilidad y le pedimos a Dios sabiduría, el poder de Cristo descansa en nosotros.

3. Él nos hizo para que seamos un cuerpo porque todos necesitamos trabajar juntos.

4. Los que estamos en el liderazgo podemos, por un lado, mover a hombres, a mujeres y a montañas para tremendo bien. Por otro lado, tenemos el poder de hacer daño irreparable a nuestros seguidores por los errores que cometemos.

5. Mientras mayor nuestra esfera de influencia de liderazgo, mayor nuestro impacto en el mundo que nos rodea. Y mientras más personas dirijamos, mayor es el daño potencial causado por nuestras pobres decisiones y acciones. Esta es una de las realidades aleccionadoras que debemos enfrentar cuando aceptamos el manto de liderazgo.

6. Nuestro liderazgo afecta a otros. ¡No es simplemente asunto nuestro! Somos apenas la punta del témpano. Y a pesar de las tensiones que las personas causan, las necesitamos.

7. El liderazgo es peligroso tanto para los líderes como para las ovejas. Nosotros somos tan imperfectos como nuestras ovejas. A fin de no hacer un caos de las cosas, ¡necesitamos desesperadamente a Dios y necesitamos la ayuda humana! ¡Necesitamos la sabiduría divina!

8. Si conocemos a Dios y aprendemos a respetarle, hemos empezado bien. Pero, ¿cómo podemos conocer a Dios? Leer Su palabra es un buen lugar para empezar.

9. Necesitamos hacer énfasis y conocer la palabra de Dios para que podamos discernir el camino divino que debemos seguir.

10. Dirijamos como Dios propuso: en unidad y en el consejo de hombres santos fuertes. ¡No hay sustituto para la bendición de Dios! Él quiere bendecirlo con sabiduría. ¡Pídala! ¡Él quiere usarlo! Búsquele primero a él. Que el fuerte se rodee de hombres más fuertes que él mismo.

Ca • pí • tu • lo **/ 9 /**

MOVIMIENTOS QUE AMENAZAN LA FE

La fe cristiana, sin lugar a dudas, se ha visto amenazada desde sus inicios y estas amenazas han venido tanto desde fuera como desde dentro de sus filas. En los primeros años, los seguidores de Cristo se vieron perseguidos y muchos de ellos llegaron a perder sus vidas por no negar la fe que habían adquirido. Las presiones disminuyeron después del año 312 A.D., al convertirse el emperador Constantino a la fe cristiana y aún más después que el emperador Justiniano le concediera status legal a los cristianos dentro del imperio romano.

A partir de esta época, la fe cristiana se amalgamó con el poder político. Esta unión resultó en la corrupción de sus doctrinas cardinales, hasta que Martín Lutero se levantó en contra de todo ese imperio político y religioso en el siglo XVI. La intervención de Lutero desencadenó aún más persecución, y muchos terminaron yendo a la hoguera. De hecho, las persecuciones habían ya comenzado antes de Martín Lutero. Un ejemplo es el caso de John Hus (1370-1415), que precedió a Lutero por aproximadamente cien años. Esas presiones y persecuciones continuaron por un tiempo hasta que el movimiento protestante pudo desarrollarse con libertad, afirmándose en todo el continente europeo y eventualmente, importado a Norteamérica.

Al final del primer siglo, la fe cristiana se vio amenazada por el movimiento gnóstico («gnosis» significa conocimiento), promulgado por un grupo de individuos que creían que la salvación se obtenía a través de la adquisición de conocimientos secretos que sólo una élite podía alcanzar. Dentro de los gnósticos, existía un grupo que promovía el docetismo. Estos creían que Jesús no vino en la carne, sino que aquellas personas que le seguían habían visto una especie de «fantasma», una especie de imagen similar a aquellas apariciones que la gente del Antiguo Testamento tuvo cuando vio el ángel del Señor. Según ellos, Jesús no era realmente un ser humano como nosotros; es decir, niegan su humanidad. El nombre «docetismo» viene del verbo *dokeo* que significa «parecer», de manera que esa gente decía que lo que ellos vieron era una imagen que se parecía a Cristo. Había otro grupo que entendía que Jesús tuvo cuerpo humano, pero que también existió de manera separada el espíritu de Cristo. Estos creían que el espíritu de Cristo vino sobre Jesús en su bautismo, pero que ese espíritu abandonó el cuerpo antes de llegar a la cruz.

Así por el estilo vemos qué tan distorsionadas y variadas han sido las herejías que han representado amenazas para la fe cristiana. Ahora no tenemos el espacio para discutir todos los movimientos que han amenazado la fe en dos mil años de historia. Por eso en este capítulo nos limitaremos a hablar un poco acerca de los movimientos religiosos que al día de hoy constituyen una amenaza para nuestra fe.

En nuestros días hemos podido presenciar el surgimiento de una nueva espiritualidad que muchos han tratado de llenar a través de experiencias relacionadas a religiones orientales que han venido a llenar un espacio en el mundo occidental. Los últimos años han dejado a nuestra sociedad completamente vacía porque ni el materialismo, ni el hedonismo de los últimos años han podido saciar el hambre del ser humano. Y eso ha creado entonces una especie de «paraíso» para el surgimiento de una nueva espiritualidad. Lamentablemente, muchos que no conocen la fe cristiana o que ni siquiera se han iniciado en ella, han llegado a la conclusión de que el cristianismo tampoco tiene las respuestas a las interrogantes del hombre. En consecuencia, se han lanzado detrás de estos movimientos, que prometen mucha realización personal y poder de la mente y que no requiere rendición de cuentas a un Dios santo, justo y todopoderoso. Desafortunadamente, esos movimientos se han infiltrado la fe cristiana, y ahora lo que vemos muchas veces en las filas del cristianismo es una mezcla de creencias bíblicas con algunas supersticiones e ideas que corresponden más a la Nueva Era y religiones orientales que al cristianismo histórico.

En el 1990, George Barna escribió lo siguiente en su libro *The Frog in the Kettle* [El sapo en la olla]: «La fe religiosa del norteamericano en el año 2000 será una combinación de creencias existentes, que es lo que se conoce como sincretismo. Los norteamericanos nunca satisfechos con sus opciones y raramente complacidos con las tradiciones y reglas anteriores crearán sus propias religiones... Con toda probabilidad, ellos buscarán una mezcla de elementos que les provea un sentido de control sobre la vida; comodidad personal y un estilo de vida relajado. Es probable que del cristianismo tomen prestado la filosofía del amor y la aceptación de Cristo, de las religiones orientales tomarán prestado ideas relacionadas a que cada persona es su propio Dios, el centro del universo y que es capaz de crear y resolver problemas a través de su propio poder e inteligencia; del mormonismo extraerán el énfasis sobre las relaciones y familias para establecer un sentido de comunidad mayor».[1] Desde entonces, casi veinte años han pasado y nosotros hemos visto el cumplimiento de estas palabras escritas un par de décadas atrás.

Toda esta gente que se ha ido detrás de movimientos nuevos tiene una búsqueda y una necesidad de ser feliz, pero no es una búsqueda genuina de Dios, sino de sus bendiciones. Estas personas más bien tienen una gran necesidad de compañía en medio de su soledad, de perdón en medio de sus sentimientos de culpa y una necesidad de paz en medio de la ansiedad. En vez de encontrar estas cosas a través del Dios creador y de Su Hijo Jesucristo que vino a redimirnos de la caída, una gran cantidad de personas ha decidido crear su propia religión y seguir sus propias creencias. Realmente lo que muchos buscan es la posibilidad de conectarse con un «ser superior» que ellos puedan definir en su mente, a su manera, a quien no tengan que rendirle cuenta alguna y que pueda bendecir a cada quien según sus exigencias individuales.

A principios del siglo XX, el general William Booth —fundador del Ejército de Salvación— mencionaba que: «El mayor peligro del siglo XX sería religión sin el Espíritu Santo, cristianismo sin Cristo, perdón sin arrepentimiento, salvación sin regeneración, política sin Dios y el cielo sin el infierno».[2] Y eso es exactamente lo que estamos viviendo: individuos que dicen ser cristianos pero que no muestran evidencia de su conversión en sus vidas, y por tanto no tienen la presencia del Espíritu Santo con ellos; individuos que quieren llamarse cristianos sin nunca haber sometido su voluntad a la persona de Cristo; personas que quieren recibir el perdón de Dios sin haber experimentado un verdadero arrepentimiento; y que creen haber recibido una salvación simplemente por pertenecer o ser miembro de la raza humana sin que necesariamente ellos hayan llenado los requisitos bíblicos para recibir tal salvación.

La causa de esto es mayormente un descuido del ministerio del púlpito de la iglesia. Algo que no ha ocurrido sólo en los años recientes, sino que ya tiene varias décadas caminando. En el 1955, Merrill F. Hunger decía que: «La gloria del púlpito cristiano es un brillo prestado ... la gloria se está marchando del púlpito del siglo XX de forma alarmante ... la Palabra de Dios se le ha negado el trono y se le ha dado un lugar desmerecido».[3] Cuando la Biblia ocupa un plano secundario en la vida de los ministros del pueblo de Dios, el próximo paso es una enorme desviación de lo que es la enseñanza bíblica. Así, hoy día, vemos un sobre énfasis en lo que es el ejercicio de profecías y la interpretación de sueños y visiones en lugar de la predicación expositiva de la Palabra. Vemos también el uso desmedido de testimonios personales en el púlpito reemplazando lo que es la predicación de la Palabra. En consecuencia, tenemos una iglesia hoy que le gusta más sentir que ser cambiada, y le gusta más gozar de entretenimiento que gozar de una relación sana e íntima con Dios.

Otros han abandonado la enseñanza de la Palabra y han abrazado la sabiduría del hombre, la psicología, la sociología, filosofías y corrientes místicas, como sustitutos de lo que Dios ha revelado. En cierto sentido, esto no debiera sorprendernos porque ya el apóstol Pablo le había escrito a su discípulo Timoteo lo siguiente: «Porque vendrá tiempo cuando no soportarán la sana doctrina, sino que teniendo comezón de oídos, acumularán para sí maestros conforme a sus propios deseos; y apartarán sus oídos de la verdad, y se volverán a mitos» (2 Timoteo 4.3-4). Y aquí exactamente es donde está el pueblo de Dios hoy día. Continuamente oímos acerca de personas que fueron llevadas al cielo, que fueron llevados al infierno, fueron llevados en un estado de éxtasis a otro lugar y que están trayendo revelaciones nuevas que supuestamente han sido dadas por Dios para la iglesia de hoy. Si le fuéramos a dar cabida a todas estas nuevas historias, entonces tendríamos que actualizar la Biblia continuamente con las nuevas revelaciones que estos nuevos apóstoles y profetas están trayendo.

A continuación queremos mencionar de forma particular algunos movimientos que hoy por hoy constituyen una nueva amenaza para la ortodoxia cristiana.

El movimiento de la súper fe

Esta corriente también ha sido llamada el «movimiento de señales y prodigios». Esto es un movimiento nuevo en la historia de la iglesia que ha aparecido en las últimas décadas, aunque tiene raíces en tiempos anteriores. La característica principal de este movimiento está relacionada al poder que el hombre tiene cuando pone en acción su fe o cuando es capaz de pronunciar las palabras con cierta autoridad. Estas palabras o frases tienen entonces la capacidad de convertir su deseo en realidad. Los maestros de este movimiento hablan de algo que han denominado la «ley de la atracción» que postula que «tal como lo semejante atrae a lo semejante, así nuestro pensamiento puede atraer las cosas que deseas o esperas. Los pensamientos negativos atraen lamentables circunstancias y los pensamientos positivos atraen circunstancias agradables».[4] Los seguidores de esta enseñanza entienden que en la confesión audible de las palabras hay poder y que cuando nosotros pronunciamos cosas positivas, estamos pronunciando bendiciones sobre nosotros y cuando pronunciamos cosas negativas estamos pronunciando maldiciones sobre nosotros mismos. Estas influencias vienen de corrientes ajenas al cristianismo donde se habla de la confesión positiva, y del poder de la mente y de las palabras. Eso es misticismo, Nueva Era, positivismo y cosas similares, pero de no cristianismo.

Estas enseñanzas son justificadas haciendo uso de versículos sacados de su contexto y así se habla del poder en nuestras palabras y se usa a Dios como ejemplo, quien al hablar, creó el universo. Sin embargo, no es lo mismo que Dios hable a que el hombre hable. Cuando se hacen estas comparaciones estamos pecando de dos maneras diferentes: estamos humanizando a Dios y divinizando al hombre, convirtiéndonos en idólatras.

Algunos usan citas como Proverbios 18.21: «Muerte y vida están en poder de la lengua, y los que la aman comerán su fruto». Obviamente sacar este proverbio de su contexto nos lleva a creer que nuestra lengua tiene el poder de crear realidades. En primer lugar, debemos entender que el libro de Proverbios es un libro de sabiduría que nos ofrece consejos, no es un libro de promesas ni doctrina. En segundo lugar, no podemos interpretar ese versículo separado del resto del contenido del libro de Proverbios y de toda la revelación de Dios. El libro de Proverbios tiene múltiples consejos acerca de cómo debemos hablar y de cómo no debemos hablar a otros o acerca de los demás para evitar dañar nuestras relaciones o el carácter o la reputación de otros. Santiago 3.3-10 nos habla de cómo con la misma lengua podemos bendecir a Dios y maldecir a los hombres, y en ese sentido causar mucho mal o mucho bien. Pero eso no es lo mismo a decir que si confieso cosas positivas como tener salud o si hablo de cosas negativas como estar enfermo que esas cosas serán (o no) una realidad en nuestra vida. De ahí que muchos hoy al oír a personas hablar de cosas como enfermedades responden con un «no lo recibo», como si esa fórmula actuara como una especie de protección contra el maleficio que se echó sobre ellos. Casi como una superstición.

Otro ejemplo que este movimiento cita para avalar esta enseñanza es el de Proverbios 6.2-3 que dice: «Si te has enredado con las palabras de tu boca, si con las palabras de tu boca has sido atrapado, haz esto ahora, hijo mío, y líbrate, ya que has caído en la mano de tu prójimo». De nuevo, no podemos tomar ningún versículo de la Biblia aislado ni fuera de su contexto, de manera que si aplicamos este versículo por sí solo ciertamente daría la impresión de que nuestras palabras tienen el poder de crear realidades positivas o negativas. Pero en verdad, nosotros sabemos que este proverbio no está hablando de esto en lo más mínimo, porque el versículo anterior, Proverbios 6.1 dice: «Hijo mío, si has salido fiador por tu prójimo, si has dado promesa a un extraño...». Y entonces continúa con los versículos 2 y 3 que expusimos más arriba. Cuando nosotros colocamos estos tres versículos uno detrás del otro nos damos cuenta de lo que el autor de Proverbios nos está diciendo, y es que si en alguna ocasión alguno sirve de fiador a alguien, habrá quedado comprometido al haber dado su palabra. Si el deudor deja de pagar, deberá ser responsable de la deuda y quedará atrapado en este nuevo compromiso. Pero esto no tiene nada que ver con el poder de las palabras como sus maestros proclaman. Este es un movimiento que ha utilizado la Palabra y por tanto ha llegado a parecer que pertenece a un movimiento, como muchos, que hacen que la Biblia diga lo que ellos quieren que diga.

De acuerdo a estas enseñanzas distorsionadas, podemos determinar nuestros milagros al proclamarlos en palabras y así se habla de «proclámalo y recíbelo». En un intento por aclarar estas corrientes, queremos comenzar definiendo lo que es un milagro y luego hablar un poco de la perspectiva bíblica de los milagros. Un milagro es la realización de una obra que Dios lleva a cabo de una manera sobrenatural, que no pudiera ocurrir de ninguna otra manera, y donde el hombre no ha intervenido, ya sea con su tecnología, sus avances o su conocimiento. Es importante mencionar que Dios trabaja a través de señales y prodigios, pero estos no ocurrieron continuamente, sino que Dios los usó en momentos particulares de acuerdo a la necesidad. Los milagros no son más que señales —como Juan les llama en su Evangelio— que tienen la característica principal de confirmar el mensaje o al mensajero. Cuando Dios trató de enviar a Moisés del desierto hacia Egipto a liberar a su pueblo, éste último expresó sus dudas y ante ellas esto es lo que el texto de Éxodo 4 dice:

> Moisés respondió, y dijo: ¿Y si no me creen, ni escuchan mi voz? Porque quizá digan: «No se te ha aparecido el SEÑOR.» Y el SEÑOR le dijo: ¿Qué es eso que tienes en la mano? Y él respondió: Una vara. Entonces El dijo: Échala en tierra. Y él la echó en tierra y se convirtió en una serpiente; y Moisés huyó de ella. Pero el SEÑOR dijo a Moisés: Extiende tu mano y agárrala por la cola. Y él extendió la mano, la agarró, y se volvió vara en su mano. Por esto creerán que se te ha aparecido el SEÑOR, el Dios de sus padres, el Dios de Abraham, el Dios de Isaac y el Dios de Jacob. Y añadió el SEÑOR: Ahora mete la mano en tu seno. Y él metió la mano en su seno, y cuando la sacó, he aquí, su mano estaba leprosa, blanca como la nieve. Entonces El dijo: Vuelve a meter la mano en tu seno. Y él volvió a meter la mano en su seno, y cuando la sacó de su seno, he aquí, se había vuelto como el resto de su carne. Y acontecerá que si no te creen, ni obedecen el testimonio de la primera señal, quizá crean el testimonio de la segunda señal. **Y sucederá que si todavía no creen estas dos señales**, ni escuchan tu voz, entonces sacarás agua del Nilo y la derramarás sobre la tierra seca; y el agua que saques del Nilo se convertirá en sangre sobre la tierra seca. (Éxodo 4.1-9, énfasis añadido)

Dios le afirmó a Moisés que cuando el pueblo judío viera las señales que Él haría, ellos terminarían creyendo en el Señor que les había enviado. Esto muestra como ciertamente el propósito del milagro es confirmar al mensajero o el mensaje de Dios. Cristo mismo entendía que sus milagros debieron de confirmar la persona que Él era, y que si ellos conocían las Escrituras del Antiguo Testamento, al ver los milagros que Él realizaba, el pueblo podía llegar a la conclusión de que Él era el enviado de Dios. Por esto leemos en Juan 10.37-38: «Si no hago las obras de mi Padre, no me creáis; pero si las hago, aunque a mí no me creáis, creed las obras; para que sepáis y entendáis que el Padre está en mí y yo en el Padre».

Notemos la frase: «aunque a mí no me creáis, creed las obras». Y decía esto porque las obras le autentificaban en medio de la incredulidad del pueblo. Mucha gente considera que la realización de milagros ocurre de parte de aquellas personas que son mucho más santificadas que otras. Sin embargo, nosotros vemos a un hombre como Juan el Bautista, considerado por Cristo como el más grande de aquellos nacidos de mujer, que no realizó ninguna señal (Juan 10.41). En cierta medida Juan no necesitaba ser autentificado porque como bien establece Mateo 14.5 el pueblo ya consideraba a Juan el Bautista como un profeta.

La generación de hoy en día parece estar cautiva del asombro que producen estas obras sobrenaturales, y al igual que la generación del primer siglo se ha ido detrás del milagro teniendo poco interés en el Señor de los milagros. El apóstol Pablo, consciente de eso, hacía referencia al hecho de que su función principal no era la de hacer milagros —aunque hizo mucho de ellos— sino la predicación de la Palabra, y eso es lo que leemos en 1 Corintios 1.22-23: «Porque en verdad *los judíos piden señales* y los griegos buscan sabiduría; pero nosotros predicamos a Cristo crucificado, piedra de tropiezo para los judíos, y necedad para los gentiles» [Énfasis añadido].

Hoy muchos son los que están detrás de esa nueva señal y cuando no la ven, o no están conformes con su fe, o no creen que el predicador tenga suficiente unción, aún así prefieren mil veces ver un milagro que escuchar la Palabra de Dios no adulterada. Debemos recordar que el milagro nunca ha transformado vidas. El mejor ejemplo de esto son los milagros diarios que Dios supo hacer para el pueblo judío en el desierto por cuarenta años. A pesar de esto muy pocos fueron transformados durante ese período, a tal punto que aquellos que salieron de Egipto con veinte años o más, ninguno entró a la Tierra Prometida porque los milagros del desierto nunca le convirtieron. El milagro no se nos da para la transformación de vida, sino Su Palabra y eso queda claramente evidenciado en Juan 17.17 que dice: «Padre, santifícalos en tu verdad, tu Palabra es verdad». Ese es el instrumento de santificación por excelencia de parte de Dios para nosotros.

Este movimiento de señales y prodigios ve la fe como una fuerza que necesita ser activada, algo que no cuenta en lo más mínimo con el respaldo bíblico. Uno de estos tele-evangelistas famosos en un programa televisado el 6 de noviembre de 1990, dijo lo siguiente: «De la misma manera que usted activa su fe para un milagro físico, usted activa su fe para un milagro financiero. Cuando quiere un milagro físico, tiene que mover sus brazos, sus piernas. Jesús vio un día un hombre con una mano lisiada y le dijo: ¡Estírala! ¿Ok? ¿Cómo obtenemos milagros financieros? ¡Dando! Eso activa nuestra fe. Eso suelta nuestra fe ... Cada vez que pongo mi diezmo o una ofrenda, yo digo, gracias por mi cosecha, audiblemente lo digo, gracias por mi cosecha».[5] El movimiento de la fe cree que la FE es una fuerza. De acuerdo a la fórmula de la fe, la riqueza de este mundo está estrechamente ligada con la palabra en su lengua. Hank Hanegraaff en su libro *Cristianismo en Crisis* comenta cómo Kenneth Hagin habla acerca de hacer realidad sus milagros o lo que su boca proclame. En su libro *How to Write Your Own Ticket with God* la fórmula que Hagin propone consiste en cuatro pasos: [6]

- **Dilo:** Positivo o negativo. De acuerdo a lo que quiera, eso recibirá.

- **Hazlo:** De acuerdo a su oración o lo que habla, usted recibe o se queda sin recibir.

- **Recíbelo:** Tenemos que hacer contacto con fuentes de poder en el cielo y declarar que lo recibes o no.

- **Cuéntale** a otros para que puedan creer.

Pensar que nosotros podemos preparar nuestra propia suerte con Dios como menciona este libro que acabamos de citar, ¿acaso no representa una irreverencia hacia Dios y un desconocimiento de lo que la Biblia dice acerca de Él y de su forma soberana de actuar? Todas estas nuevas enseñanzas ¿no desplazan a Dios de su primer lugar y algo o alguien pasa a ocupar el lugar que solo le corresponde a Él? Usualmente eso que ocupa el trono de Dios es el hombre y su visión egocéntrica de la vida. Idolatría no es simplemente adorar una imagen; la idolatría es darle el primer lugar a cualquier cosa que no sea Dios. Cuando los milagros pasan a ser el foco y no Dios, quien es el hacedor de los milagros, eso es idolatría. Cuando los milagros pasan a ser el foco y no el evangelio por el cual Cristo murió, eso es una especie de idolatría. Cuando nuestra felicidad y comodidad pasan a ser el centro de atención, eso es también idolatría. Es increíble ver como hoy se escuchan anuncios en la radio acerca de campañas de milagros donde se habla de que habrá un día de milagros o días de avivamiento, como si los avivamientos y los milagros fueran determinados por el hombre. Dios es quien determina cuándo va a obrar sobrenaturalmente y cuándo no. Hacer anuncios de ese tipo representa una presunción de marca mayor. ¿Desde cuándo Dios sirve a nuestros planes? ¿No somos nosotros los que hemos sido llamados a servirle a él? Y este servicio no implica decirle qué hacer cuando queramos y como queramos.

El Evangelio de la prosperidad

Por otro lado, estas nuevas corrientes han propulsado lo que es el llamado «Evangelio de la prosperidad», que es un nuevo mensaje distorsionado, basado en versículos de la Palabra sacados de su contexto. En esencia, este Evangelio, que ha cobrado fuerza a partir de la década de los setenta, enseña que todo cristiano que siga los principios abrazados por los líderes del movimiento será próspero y tendrá éxito en todo lo que se propone, especialmente en lo material. Sus maestros distorsionan la Palabra al afirmar que la manera de adquirir riquezas es mediante la activación de la fe, que es vista por alguno de ellos como una fuerza, y otros hablan de visualizar en la mente las cosas deseadas.

En años más recientes, los maestros del evangelio de la prosperidad han hablado de desatar las bendiciones que supuestamente Dios tiene para nosotros. Según ellos, estas bendiciones están atadas en los cielos, y muchos incluso hablan de la necesidad de arrebatar esas bendiciones basándose en una pobre interpretación de Mateo 11.12, que dice: «Desde los días de Juan el Bautista hasta ahora, el reino de los cielos sufre violencia, y los violentos lo arrebatan.» La Biblia English Standard Version (ESV) que es una de las mejores traducciones hechas al inglés, tiene el siguiente comentario: «que el reino sufra violencia», probablemente signifca la oposición por parte del sistema religioso y la frase *los violentos lo arrebatan* hace referencia a las acciones malvadas de personas específicas como Herodes Antipas, quien apresó a Juan el Bautista. La Biblia de Estudio de John MacArthur hace el mismo comentario acerca de Herodes y Juan el Bautista y luego agrega: «Pero el reino de los cielos no puede ser dominado o sometido por la violencia humana». Notemos que mientras Mateo dice que «los violentos lo arrebatan», Lucas dice, «todos se esfuerzan por entrar en él» (Lucas 16.16). El significado de este versículo debe entenderse de la siguiente forma: «El reino avanza implacablemente y solamente los implacables encuentran su camino a él». Una vez más Cristo está magnificando la dificultad de entrar en el reino. Como podemos ver, esto no tiene nada que ver con arrebatar o desatar bendiciones para nosotros. Nuestra generación egocéntrica se ha encargado de distorsionar múltiples enseñanzas de la Palabra con el propósito de beneficiar al «yo». Por eso queremos poder, riquezas, milagros. Todos al comando de una sola palabra o de una sola frase, mientras erguimos en nuestros patrones de pecados.

De igual modo, los seguidores de este movimiento han hecho una muy mala interpretación y aplicación del pasaje de Deuteronomio 28 y al hacerlo hablan de que si usted dona grandes cantidades de dinero al Señor, Él está hasta cierto punto obligado a devolverle más dinero como parte de sus bendiciones. Las promesas que aparecen en Deuteronomio son promesas materiales porque fueron hechas para un «reino temporal», días antes del pueblo de Israel entrar a la Tierra Prometida. La Tierra Prometida a Israel —el área de Palestina hoy día— representó un reino temporal y usted no puede hacer nada en un reino pasajero con promesas correspondientes al reino venidero. En cambio, el Sermón del Monte, el sermón más famoso que predicara nuestro Señor y registrado en los Evangelios, no contiene una sola promesa material porque Jesús no vino a hablarnos «del aquí y del ahora», sino del reino venidero. Las promesas en este sermón fueron todas de índole espiritual, mientras que las promesas que aparecen en Deuteronomio 28 son todas de índole material. No podemos olvidar que el Señor Jesús de una forma muy clara, nos dijo que nadie puede servir a dos señores. No sé cómo podemos justificar un evangelio de la prosperidad en vista de versos como estos:

> Nadie puede servir a dos señores; porque o aborrecerá a uno y amará al otro, o se apegará a uno y despreciará al otro. No podéis servir a Dios y a las riquezas. (Mateo 6.24)
>
> Pero la piedad, en efecto, es un medio de gran ganancia cuando va *acompañada de contentamiento*. Porque nada hemos traído al mundo, así que nada podemos sacar de él. *Y si tenemos qué comer y con qué cubrirnos, con eso estaremos contentos.* Pero los que quieren enriquecerse caen en tentación y lazo y en muchos deseos necios y dañosos que hunden a los hombres en la ruina y en la perdición. Porque *la raíz de todos los males es el amor al dinero*, por el cual, codiciándolo algunos, se extraviaron de la fe y se torturaron con muchos dolores. (1 Timoteo 6.6-10, énfasis añadido)

El llamado del cristiano no es a ser rico, sino a estar contento con cualquiera que sea su condición. El llamado del cristiano no es a acumular sino a estar satisfecho, aun con sólo tener algo de comer y con qué vestirse. A algunos, Dios les ha dado el privilegio de tener mucho más que eso y ese grupo debe estar agradecido de esa bendición y compartir aún más con aquellos que no tienen. No obstante, nunca ha sido el llamado de la iglesia el de predicar prosperidad porque el mayor problema del hombre no es la pobreza material, sino la espiritual. Continuamente Cristo nos advirtió en contra de la avaricia y del poder negativo del dinero sobre la vida del hombre. Lamentablemente ha habido muy pocas personas que han sabido manejar la prosperidad y Dios sabe eso. Ni Salomón, el hombre más sabio que haya existido sobre la tierra, supo manejar su prosperidad.

Es lamentable que muchos de estos líderes se han hecho millonarios aprovechándose de las finanzas de sus ovejas, que a su vez hoy padecen grandes necesidades, mientras ellos viven en abundancia. Es penoso que líderes que hoy dominan la radio y la televisión se presten a no predicar el verdadero Evangelio para hacer grandes campañas de petición de dinero que luego terminan siendo invertidas en sus vidas personales, mientras que sus seguidores padecen necesidades. Esto ha creado confusión, no solamente entre las ovejas sino también entre aquellos que observan desde afuera y que ahora han juzgado a todos los evangélicos de la misma manera y ¿no le han restado credibilidad al mensaje de Cristo? Nos parece apropiado mencionar los tiempos para recordar Proverbios 14.12 que dice: «Hay camino que al hombre le parece derecho, pero al final, es camino de muerte». Si pensamos bien en este proverbio nos daremos cuenta que en el día final muchos podrían ser sorprendidos esperando recibir salvación cuando en realidad terminarán condenados a que ellos nunca se convirtieron al Cristo de la Biblia, sino a un Dios que ellos confeccionaron en su mente de acuerdo a sus propias pasiones, concupiscencia y deseos materialistas. No olvidemos las palabras de Jesús:

> Muchos me dirán en aquel día: «Señor, Señor, ¿no profetizamos en tu nombre, y en tu nombre echamos fuera demonios, y en tu nombre hicimos muchos milagros?» Y entonces les declararé: «Jamás os conocí; APARTAOS DE MI, LOS QUE PRACTICAIS LA INIQUIDAD.
> (Mateo 7.22-23)

Movimiento de apóstoles y profetas

Quisiéramos aclarar que tenemos amigos que se consideran apóstoles y profetas. Sin embargo, nuestra amistad no justifica que no le demos una mirada a los abusos de la epidemia del «apostolitis» y el «profetitis» en América Latina. Tenemos claro que Dios nos utiliza a pesar de nosotros. Su gracia nos alcanza y nos usa con todo y nuestras idiosincrasias.

En lo que respecta a este nuevo movimiento de autodenominados apóstoles y profetas empecemos por revisar el versículo que muchos afirman ser la base bíblica para esta distorsión:

Y El dio a algunos el ser apóstoles, a otros profetas, a otros evangelistas, a otros pastores y maestros, a fin de capacitar a los santos para la obra del ministerio, para la edificación del cuerpo de Cristo; hasta que todos lleguemos a la unidad de la fe y del conocimiento pleno del Hijo de Dios, a la condición de un hombre maduro, a la medida de la estatura de la plenitud de Cristo; para que ya no seamos niños, sacudidos por las olas y llevados de aquí para allá por todo viento de doctrina, por la astucia de los hombres, por las artimañas engañosas del error; sino que hablando la verdad en amor, crezcamos en todos los aspectos en aquel que es la cabeza, es decir, Cristo. (Efesios 4.11-15)

Este texto habla de diferentes tipos de líderes que la iglesia tendría a lo largo de su historia para su formación. Este texto en ningún momento establece los criterios para ejercer estos diversos tipos de liderazgo, ni tampoco establece si estos serían permanentes o no; sólo los menciona como líderes constituidos en un momento, dados por Cristo para que la edificación de la Iglesia pudiera tener lugar. Si queremos obtener más información acerca de los requisitos para llegar a ser cualquiera de estos líderes, tendríamos que auxiliarnos de otros textos bíblicos.

En el caso particular de los apóstoles, tendríamos que preguntarnos si ¿existe la posibilidad que el ministerio del apostolado como tal ya haya cesado a la luz de lo que revelan ciertos textos bíblicos? Efesios 2.20-21 dice: «Edificados sobre el fundamento de los apóstoles y profetas, siendo Cristo Jesús mismo la piedra angular, en quien todo el edificio, bien ajustado, va creciendo para ser un templo santo en el Señor». La piedra angular era la primera piedra que se colocaba al comenzar a construir un edificio y a partir de esa piedra se colocaba el resto de la zapata y luego el resto del edificio. El texto que acabamos de citar establece a Cristo como esa piedra angular o primera piedra, y a los apóstoles y profetas como el fundamento o zapata sobre el cual se construiría el resto del edificio. Todo el que está familiarizado con la construcción sabe que la zapata o fundamento de un edificio se echa una sola vez y luego se construye encima de lo ya echado. Cuando la construcción ha avanzado hasta el quinto piso, ¡usted no vuelve a colocar una segunda zapata! De esa manera sabemos que Cristo como piedra angular y junto a los apóstoles y profetas del pasado, constituyeron la zapata de la iglesia y hoy construimos sobre lo que ellos edificaron.

Es interesante notar que estos dos textos de Efesios que hemos citado más arriba no están en contradicción. Estos sin lugar a dudas hablan del edificio que es la Iglesia y de cómo esta debía ser construida. Pero notemos que más adelante, cuando Pablo le escribe a Timoteo acerca de quiénes constituirían el liderazgo de la Iglesia en el futuro, los únicos requisitos que se dan son los de diáconos y ancianos. Obviamente, Pablo entendía que no había necesidad de hablar de los requisitos de los apóstoles porque como él bien dice en 1 de Corintios 15.8, él (Pablo) fue el último de ellos, hasta el punto que según fueron estos apóstoles muriendo, ninguno fue reemplazado. El único reemplazo que conocemos es el de Judas, por Matías, especificado en Hechos 1:21-22. Y en este caso Pedro establece los requisitos para el apóstol que iba a reemplazar a Judas: «Por tanto, es necesario que de los hombres que nos han acompañado todo el tiempo que el Señor Jesús vivió entre nosotros, comenzando desde el bautismo de Juan, hasta el día en que de entre nosotros fue recibido arriba, uno sea constituido testigo con nosotros de su resurrección». Partiendo de la base de esos dos requisitos —el haber estado con Jesús desde el principio y el ser testigo de la resurrección— fue que eligieron a Matías como apóstol. ¿Podía alguien ser apóstol sin ser testigo ocular de la resurrección y sin haber sido enseñado por Cristo mismo al haber estado con él? ¿Habrá alguien hoy día que llene esos requisitos?

Si tomamos el caso de Pablo —que fue el último apóstol nombrado por Jesús— vemos que él llenó estos dos requisitos. No solo fue testigo de la resurrección como vemos en Hechos 9, sino que él mismo afirma en Gálatas 1 que no fue enseñado por ningún hombre, sino que lo que aprendió del Evangelio lo recibió por revelación directa de Jesús. Veamos:

> Pues quiero que sepáis, hermanos, que el evangelio que fue anunciado por mí no es según el hombre. Pues ni lo recibí de hombre, ni me fue enseñado, sino que lo recibí por medio de una revelación de Jesucristo. (Gálatas 1.11-12)
> Pero cuando Dios, que me apartó desde el vientre de mi madre y me llamó por su gracia, tuvo a bien revelar a su Hijo en mí para que yo le

anunciara entre los gentiles, *no consulté enseguida con carne y sangre*, ni
subí a Jerusalén a los que eran apóstoles antes que yo, sino que fui a Arabia,
y regresé otra vez a Damasco. (Gálatas 1.15-17, énfasis añadido)

Por otro lado, en 1 Corintios 9, Pablo comienza haciendo las siguientes
preguntas: «No soy libre?, ¿No soy apóstol?», y la próxima pregunta es «¿No he
visto a Jesús nuestro Señor?» Notemos la conexión entres las dos últimas preguntas, entre el ser apóstol y el haber visto a Jesús, nuestro Señor. Pablo se vio
en la necesidad de defender su apostolado como lo hace en Gálatas 1 y en
1 Corintios 9, pero lo hace a base de los dos criterios a los que hizo referencia
Pedro en Hechos 1.21-22.

Cuando Pablo recibe su apostolado, eventualmente tuvo que ir a aquellos
que Jesucristo había constituido como apóstoles primero para que ellos pudieran confirmar su apostolado:

(Porque aquel que obró eficazmente para con Pedro en su apostolado
a los de la circuncisión, también obró eficazmente para conmigo en
mi apostolado a los gentiles), y al reconocer la gracia que se me había
dado, Jacobo, Pedro y Juan, que eran considerados como columnas,
nos dieron a mí y a Bernabé la diestra de compañerismo, para que
nosotros fuéramos a los gentiles y ellos a los de la circuncisión. Sólo
nos pidieron que nos acordáramos de los pobres, lo mismo que yo
estaba también deseoso de hacer. (Gálatas 2.8-10)

Los nuevos autodenominados apóstoles de hoy día ¿han sido enseñados
por Jesucristo directamente, han sido testigos oculares de la resurrección
—como establece Hechos 1.21-22? ¿Tienen la oportunidad de visitar a los primeros apóstoles, como lo hizo Pablo, para recibir la confirmación de su apostolado? ¿Puede un apóstol constituido hoy aspirar a ser confirmado por otro
apóstol, quien a su vez también fue constituido por hombres; a diferencia de
Pedro, Juan y Jacobo, que fueron llamados por Jesucristo? Si el texto de Efesios
4.11-15 nos guiara a hacer nuevos apóstoles, ¿cómo explicamos entonces que la
iglesia primitiva no sustituyó los apóstoles al morir? ¿Cómo explicamos que la
Iglesia estuvo sin apóstoles hasta las últimas dos o tres décadas? Si algo sabemos
es que la iglesia tiene veinte siglos de historia y lo que hacemos hoy debe guardar continuidad con lo anterior. Sin embargo, en el caso de los apóstoles, vemos
una interrupción de más de diecinueve siglos.

Otro punto importante es la infalibilidad con la que escribieron los profetas del Antiguo Testamento. Esta fue la misma infalibilidad con la que escribieron los apóstoles del Nuevo Testamento. Esta infalibilidad obviamente no existe hoy. La iglesia evangélica debatió por años contra la infalibilidad papal y, sin embargo, hoy quiere otorgar esa misma infalibilidad a algunos de estos nuevos apóstoles.

En cuanto a la función de evangelizar, pastorear y enseñar a la iglesia a la que hace referencia Efesios 4.11-15, estas serían ejercidas por los ancianos y pastores de cada iglesia local. De hecho, en 1 de Timoteo 3 una de las características de los ancianos es que sean «aptos para enseñar». Obviamente lo que enseñarían sería la Palabra de Dios, con lo cual algunos estarían evangelizando (aquellos con el don del evangelismo) y otros estarían pastoreando y enseñando a la Iglesia. En realidad, el término griego para pastor, anciano u obispo describe básicamente una misma función. La palabra «evangelista» no define tanto una función dentro de la Iglesia, sino más bien alguien que tienen el don del evangelismo: el don de predicar el evangelio de una manera que otros escuchan y se convierten. En cuanto a los profetas, a diferencia de lo que muchos piensan hoy de que el profeta es alguien que predice el futuro, lo cierto es que la función primaria del profeta ha sido la de exponer la voluntad de Dios. Notemos como 1 de Corintios 14.3 nos dice que el que profetiza lo hace para «exhortación, edificación y consolación». Aquí no aparece la palabra predicción en ningún lugar porque el significado primario de la palabra profetizar no es predecir el futuro, sino exponer el consejo de Dios: su Palabra.

En el contexto del Antiguo Testamento, donde la Palabra no estaba completa en su totalidad (ni siquiera existía el Antiguo Testamento por completo hasta años después de la muerte de muchos profetas), con cierta frecuencia Dios, a través de los profetas, predijo eventos que habrían de ocurrir. La ocurrencia de estas predicciones en el devenir del tiempo brindaba credibilidad al mensajero de Dios. Pero hoy día la credibilidad del mensajero radica en la exposición de la Palabra misma y la obediencia a esta Palabra. El oficio del profeta que habló y escribió infaliblemente de parte del Señor fue reemplazado por el oficio del apóstol en el Nuevo Testamento —quienes también escribieron infaliblemente— y estos últimos ¿no fueron sustituidos por los ancianos y pastores de hoy? Es interesante notar como muchos de los que hoy se llaman profetas han predicho múltiples cosas que nunca han ocurrido. Algunos de ellos incluso admiten sus equivocaciones, pero aún así insisten en llamarse profetas.

De acuerdo a Deuteronomio 18.20-22 si un profeta predecía algo que no se llegaba a cumplir, esto lo calificaría de falso profeta.

«Pero el profeta que hable con presunción en mi nombre una palabra que yo no le haya mandado hablar, o que hable en el nombre de otros dioses, ese profeta morirá.» Y si dices en tu corazón: «¿Cómo conoceremos la palabra que el SEÑOR no ha hablado?» Cuando un profeta hable en el nombre del SEÑOR, si la cosa no acontece ni se cumple, ésa es la palabra que el SEÑOR no ha hablado; con presunción la ha hablado el profeta; no tendrás temor de él.

Hoy día muchos se la pasan profetizando cosas que nunca se cumplen, pero nadie les llama la atención, ni nadie le da seguimiento a sus profecías. Cuando el Nuevo Testamento usa el término de profeta, no lo usa de la misma manera que se usó en el Antiguo Testamento. Veámos los siguientes ejemplos:

1) Lucas 16.16 ¿no establece que la Ley y los profetas fueron hasta Juan (el Bautista)?. Juan el Bautista fue la última figura similar al profeta del Antiguo Testamento y fue más bien una figura transitoria.

2) En Hechos 21.8-14 encontramos lo siguiente: «Al día siguiente partimos y llegamos a Cesarea, y entrando en la casa de Felipe, el evangelista, que era uno de los siete, nos quedamos con él. Este tenía cuatro hijas doncellas que profetizaban. Y deteniéndonos allí varios días, descendió de Judea cierto profeta llamado Agabo, quien vino a vernos, y tomando el cinto de Pablo, se ató las manos y los pies, y dijo: Así dice el Espíritu Santo: "Así atarán los judíos en Jerusalén al dueño de este cinto, y lo entregarán en manos de los gentiles." Al escuchar esto, tanto nosotros como los que vivían allí le rogábamos que no subiera a Jerusalén. Entonces Pablo respondió: ¿Qué hacéis, llorando y quebrantándome el corazón? Porque listo estoy no sólo a ser atado, sino también a morir en Jerusalén por el nombre del Señor Jesús. Como no se dejaba persuadir, nos callamos, diciéndonos: Que se haga la voluntad del Señor».

Aquí aparece el profeta Agabo profetizando que Pablo iría a Jerusalén y que sería atado en cadenas. En respuesta a esto, él, junto con la comunidad, le pide a Pablo que desista de ir Jerusalén. Pablo, en su calidad de Apóstol, pide que dejen de hacerle esta petición porque lo único que estaban haciendo era entristeciendo su espíritu y que él tenía que ir a Jerusalén por designio de Dios. En este caso tenemos a un profeta con una opinión contraria a la del apóstol. Situaciones como esta no hubiesen ocurrido en el Antiguo Testamento, donde el creyente tenía que obedecer la voz *infalible* del profeta. Nótese como al final terminaron diciendo: «que se haga la voluntad de Dios». ¿No es cierto que el profeta del Nuevo Testamento no tenía las mismas características del profeta del Antiguo Testamento porque estos roles estaban ya desapareciendo?

3) En 1 de Corintios 14.29-30 dice: «Y que dos o tres profetas hablen, y los demás juzguen. Pero si a otro que está sentado le es revelado algo, el primero calle». Miremos la primera parte: «Y que dos o tres profetas hablen, y los demás juzguen». La idea aquí es que lo que un profeta dijera fuera comprobado por otros que estén en la congregación o por la misma congregación. En otras palabras, otros debían discernir lo revelado a este profeta y afirmarlo o negarlo. La revelación del profeta del Antiguo Testamento no estaba sujeta al escrutinio de dos o tres profetas o de la congregación o comunidad donde él estaba profetizando. Lo que el profeta decía era incuestionable porque era Palabra de Dios. La infalibilidad profética y la autoridad del profeta del Antiguo Testamento ya estaban desapareciendo. De ahí, una vez más, la expresión «que los demás juzguen». Por lo tanto, el don de profetizar del que habla el Nuevo Testamento no es equivalente al oficio de profeta del Antiguo Testamento.

Lamentablemente, ha habido mucha confusión en el pueblo de Dios en los últimos años. Cuando asumimos la responsabilidad de aclarar los malos entendidos y abusos no lo hacemos con la intención de dividir, sino con la motivación de instruir y movilizarnos... de nuevamente a volver a las Escrituras. Bien dice el apóstol Pablo en Hechos 17.11: «Enseguida los hermanos enviaron de noche a Pablo y a Silas a Berea, los cuales, al llegar, fueron a la sinagoga de los judíos. Estos eran más nobles que los de Tesalónica, pues recibieron la palabra con toda solicitud, escudriñando diariamente las Escrituras, para ver si estas cosas eran así».

El pueblo de Dios necesita escudriñar las Escrituras para ver si lo que alguien le enseña es bíblico o no. Y cuando la enseñanza no corresponde a la revelación de la Palabra, tenemos que conocer más a la persona que habla porque pudiera representar un falso maestro. Y peor aún, cuando múltiples enseñanzas de esta persona son contrarias a doctrinas cardinales de la Palabra que no pueden ser negociados, la PALABRA DE DIOS tiene la última palabra.

Estamos viviendo tiempos difíciles donde la propagación del verdadero evangelio se está dando en medio de la propagación de muchas falsas enseñanzas. Esto nos llama a vivir más apegados a la revelación de Dios que es el ancla de nuestra alma. Las malas enseñanzas proliferan donde existe ignorancia de la Palabra y por eso muchos hijos de Dios han sido engañados, porque no han sido bien instruido en lo que Dios nos dejó como alimento.

Los líderes del pueblo de Dios tenemos un alto estándar que llenar y una de las cosas que se nos llama a hacer es a «dominar« el conocimiento de la Palabra de Dios. Prestemos atención a estas palabras de Pablo a su discípulo Timoteo:

> Procura con diligencia presentarte a Dios aprobado, *como* obrero que no tiene de qué avergonzarse, que maneja con precisión la palabra de verdad. (2 Timoteo 2.15, énfasis añadido)

La palabra traducida como «precisión» es el vocablo *orthotomeo* que significa «cortar derecho». Tiene sentido que si Dios me revela su voluntad, su mente y su corazón, que Dios quiera que yo conozca esa revelación y que esa revelación a la hora de enseñarse esté libre de errores. Esto nos da una idea de cuan seria es la responsabilidad de liderar para enseñar a otros. Un pueblo bien instruido es una fortaleza en contra de las malas enseñanzas. ¡Que Cristo nos encuentre a su regreso devorando su Palabra!

• •

10 IDEAS CLAVES

Capítulo 9: MOVIMIENTOS QUE AMENAZAN LA FE

1. Hoy día, vemos en las filas del cristianismo una mezcla de creencias bíblicas con algunas supersticiones e ideas que corresponden más a la Nueva Era y a religiones orientales que al cristianismo histórico.

2. Realmente lo que muchos buscan es la posibilidad de conectarse con un «ser superior» que ellos puedan definir en su mente,

a su manera, a quien no tengan que rendirle cuenta alguna. Alguien que pueda bendecir a cada quien según sus exigencias individuales.

3. Tenemos una iglesia hoy día que le gusta más sentir que ser cambiada, y le gusta más gozar de entretenimiento que de tener de una relación sana e íntima con Dios.

4. Un milagro es la realización de una obra que Dios lleva a cabo de una manera sobrenatural, algo que no puede ocurrir de ninguna otra manera, y donde el hombre no ha intervenido, ya sea con su tecnología, sus avances o su conocimiento.

5. La generación de hoy día parece estar cautiva del asombro que producen estas obras sobrenaturales, y al igual que la generación del primer siglo, se ha ido detrás del milagro teniendo poco interés en el Señor de los milagros.

6. Debemos recordar que el milagro nunca ha transformado vidas. El mejor ejemplo de esto son los milagros diarios que Dios supo hacer para el pueblo judío en el desierto por cuarenta años. A pesar de esto, muy pocos fueron transformados durante ese período, a tal punto que aquellos que salieron de Egipto con veinte años o más, ninguno entró a la Tierra Prometida porque los milagros del desierto nunca le convirtieron.

7. Nuestra generación egocéntrica se ha encargado de distorsionar múltiples enseñanzas de la Palabra con el propósito de beneficiar al «yo».

8. El llamado del cristiano no es a ser rico, sino a estar contento con cualquiera que sea su condición.

9. Cuando asumimos la responsabilidad de aclarar los malos entendidos y abusos no lo hacemos con la intención de dividir, sino con la motivación de instruir y movilizarnos... de volver nuevamente a las Escrituras.

10. Los líderes del pueblo de Dios tenemos un alto estándar que llenar y una de las cosas que se nos llama a hacer es a «dominar» el conocimiento de la Palabra de Dios.

Ca • pí • tu • lo **/ 10 /**

LA AUTORIDAD

En la comunión de la Trinidad no hay ansias de poder ni posición.
Ninguna de las personas de la Trinidad se considera a sí misma mejor
que las otras dos; sin embargo, en amorosa deferencia tiene a las otras
dos en la más alta estima.

—Roderick T. Leupp

Hoy día en Latinoamérica circulan muchas corrientes de
manipulación y control que utilizan como fundamento el tema de la autoridad
y la sujeción. Damos por sentado el hecho de que la Biblia tiene algo que decir
en cuanto a la sujeción, a la autoridad y a los líderes. Sin embargo, se ha vertido
mucha más tinta para enseñarnos en cuanto al amor y al servicio que acerca de
la autoridad y la sujeción.

La experiencia me ha demostrado que cuando los aspectos fundamentales
—como el amor y el servicio—, se llegan a dominar en una iglesia, los asuntos
de autoridad y sujeción sorprendentemente se encargan de sí mismos. (En relación con esto, aquellos que ponen un énfasis indebido en estos temas están,
típicamente, más interesados en hacer de *sí mismos* una figura de autoridad que
en servir a sus hermanos.) El seguirazgo hace hincapié en el amor y el servicio;
no en el cargo, ni en la autoridad ni en la sujeción.

Por tanto, aunque la Biblia no hace mucho ruido acerca de la autoridad y
la sujeción, estos temas sí están presentes. Además, son clave para recibir el
ministerio, desarrollarlo y agradar a Cristo, la cabeza de toda autoridad. ¿Es
correcto, entonces, usar jerga no bíblica como «cobertura»? ¿Acaso los términos

como este no hacen sino oscurecer el asunto de la autoridad y la sujeción? ¿No hacen que nuestras conversaciones sean recargadas y nuestros pensamientos turbios? Si nos quedamos con el vocabulario del Nuevo Testamento seremos más capaces de abrirnos camino a través de las capas de tradición humana que han oscurecido el tema.

Permítame ser claro y evitar andar con rodeos. Mucho de lo que hoy pasa por «autoridad espiritual» es un estudio sobre el absurdo. En Latinoamérica, el movimiento que llamo «apostolitis», es un ejemplo clásico de las tragedias indescriptibles que ocurren cuando se hacen aplicaciones falaces y ridículas de la autoridad. Tal movimiento ha sido plagado con una mezcla espiritual y se ha degradado tomando formas extremas de control y manipulación.

He aquí un resumen de la enseñanza sobre «apostolitis». Todo cristiano debe estar bajo su liderazgo y guía, lo cual debe «cubrirlo» a él o ella. El líder es la «autoridad delegada por Dios». Por lo tanto, se debe seguir siempre su consejo. Desobedecer al líder significa desobedecer a Dios mismo. De este modo, todos los cristianos deben confiar en el criterio de sus líderes por encima del suyo propio.

Si una persona no se somete a su líder, se ha puesto fuera de la «cobertura divina» y va a experimentar pérdida, bien sea espiritual o física. El mayor error de la enseñanza de la «apostolitis» descansa sobre la falsa suposición de que la sujeción equivale a obediencia incondicional. Igualmente defectuosa es la idea de que Dios inviste a ciertas personas con una autoridad incuestionable sobre otras.

Por favor, no me malentienda. Tengo realmente buenos amigos que se consideran a sí mismos apóstoles y en verdad son un modelo saludable de liderazgo. El problema no es con los que muestran verdadero liderazgo, sino con aquellos que abusan de su posición o títulos para imponer su autoridad. Estoy seguro de que algunos líderes en el movimiento de la «apostolitis», no previeron la dirección que tomaría el movimiento. (Desde entonces algunos de ellos se han disculpado por su rol al haberlo generado.) Aun así, innumerables vidas han sido devastadas como resultado.

En muchos segmentos del movimiento de «apostolitis» el abuso espiritual se ha racionalizado bajo la falsa premisa de que Dios obra el bien a pesar de los actores del reparto. Sus defensores enseñan que Dios considera a los líderes «individualmente» como responsables por las decisiones equivocadas. Las «ovejas» no corren con la responsabilidad siempre que obedezcan ciegamente a sus pastores, sin importar lo que ellos les ordenen hacer.

Bajo esta lógica, el movimiento ha edificado nuevos yugos de control que están entallados y moldeados para que los laicos los obedezcan. Estos nuevos yugos sofocan a multitudes de creyentes y exhiben el mismo dominio de las almas que caracteriza a las sectas. Los así denominados líderes se transforman en vicarios de Dios para otros cristianos apoderándose del control sobre los más íntimos detalles de sus vidas. Todo esto se hace en nombre de la «rendición de cuentas basada en la Biblia».

En el período subsiguiente el movimiento ha dejado una estela de cristianos quebrantados y desilusionados que continúan desconfiando de cualquier apariencia de liderazgo actual. (Algunos sufrieron destinos más crudos.) Como resultado, aquellos que han sido fustigados, por el clero en el movimiento, desarrollan una aversión hacia palabras como *autoridad, sujeción y rendición de cuentas*. A pesar del tiempo que haya transcurrido todavía luchan por descartar las imágenes distorsionadas acerca de Dios que están grabadas en sus mentes como fruto de su experiencia de «apostolitis».

Hace unos años recibí una llamada de una oyente de cuarenta y cinco años de edad que confesó haber mantenido una relación adúltera con un tal apóstol en su país que era supervisor de más de cien iglesias. El problema, literalmente, se había multiplicado porque dicho apóstol —según ella conocía— también había embarazado a otras dos mujeres. Ella siguió explicando que no se podía hacer nada al respecto ya que se trataba de un apóstol de quien nadie podía siquiera decir algo o confrontarlo porque era «el escogido de Dios». ¡Que Dios tenga misericordia de nosotros!

Por lo tanto, los temas de la autoridad y la sujeción representan, para muchas personas, una historia sensible y altamente cargada. Tanto es así que cuando la terminología de liderazgo es simplemente pronunciada, las luces de alarma se encienden y se iza la bandera roja de la discriminación.

Hoy más que nunca la autoridad espiritual sigue siendo un asunto de mucha carga emotiva y volátil. A pesar del intento en este libro por tocar, desde distintos ángulos, el tema del seguirazgo, todavía estamos a penas pisando los bordes de un peligroso campo minado.

Mantenga en mente que las enseñanzas erróneas nunca brotan del simple uso de palabras bíblicas. Más bien provienen del hecho de no tomar en consideración lo que significaron para sus destinatarios originales. Palabras como *autoridad* y *sujeción* han sido degradadas durante tanto tiempo que necesitan ser «redimidas» de las connotaciones falaces que se les ha asignado.

Por tanto, la protección ante las falsas enseñanzas no se encuentra al descartar estos términos bíblicos. Más bien es necesario salir a la lucha y reestructurarlas de acuerdo a sus significados originales.

Para decirlo de otra manera, debemos aprender no solo a hablar *donde* la Biblia habla, sino que también debemos aprender a hablar *como* la Biblia. En este punto sería importante observar algunas de estas palabras.

La palabra griega que con mayor frecuencia se traduce como «someter» en el Nuevo Testamento es *hupotasso*. La mejor traducción de *hupotasso* es «sujeción». En su uso neotestamentario, sujeción es una actitud voluntaria de darse a, cooperar con y ceder, ante la advertencia o consejo de parte de otro.[1] La sujeción bíblica no tiene nada que ver con el control o el poder jerárquico. Es simplemente una actitud de ingenua apertura para ceder ante otros.

La sujeción bíblica sí existe y es preciosa. Sin embargo, debe comenzar con lo que Dios quiere y lo que el Nuevo Testamento asume. Esto es, que nosotros, tanto individual como corporativamente, estamos sujetos a Jesucristo; estamos sujetos el uno al otro en la comunidad de creyentes a la cual pertenecemos; y estamos sujetos a aquellos obreros cristianos, probados y dignos de confianza, que sacrificialmente prestan su servicio en nuestra comunidad de creyentes.

Hago hincapié en «probados y dignos de confianza» porque los falsos profetas y los seudoapóstoles abundan. Es responsabilidad de los hermanos examinar a aquellos que pretenden ser obreros cristianos. Para ello tenemos pasajes bíblicos como los siguientes:

Yo conozco tus obras, tu fatiga y tu perseverancia, y que no puedes soportar a los malos, y has sometido a prueba a los que se dicen ser apóstoles y no lo son, y los has hallado mentirosos. (Apocalipsis 2.2)

Por esa razón, la Biblia nos exhorta a sujetarnos a los líderes espirituales por causa de su carácter noble y su servicio sacrificial.

Pero os rogamos hermanos, que reconozcáis a los que con diligencia trabajan entre vosotros, y os dirigen en el Señor y os instruyen, y que los tengáis en muy alta estima con amor, por causa de su trabajo. Vivid en paz los unos con los otros. (1 Tesalonicenses 5.12-13)

Obedeced a vuestros pastores y sujetaos a ellos, porque ellos velan por vuestras almas, como quienes han de dar cuenta. Permitidles que lo hagan con alegría y no quejándose, porque eso no sería provechoso para vosotros. (Hebreos 13.17)

Tal vez el texto más claro a considerar en esta discusión se encuentra en Efesios 5.21:

Sometiéndoos unos a otros en el temor de Cristo.

Nuevamente, ¿enseña la Biblia acerca de una «cobertura protectora»? ¿No enseña más bien acerca de la *sujeción mutua?* La sujeción mutua reposa sobre la verdad neotestamentaria de que todos los creyentes han sido dotados con dones, y como tales, todos ellos pueden ser una expresión de Jesucristo. Por lo tanto, hemos de estar en sujeción *los unos a los otros* en Cristo.

De igual manera, la sujeción mutua está arraigada a la revelación bíblica del cuerpo de Cristo. La autoridad de Dios ha sido conferida al cuerpo *entero* más que a un segmento particular del mismo. En la eclesiología de Dios, la *ekklesia* es una sociedad teocrática y participativa en la que la autoridad divina está diseminada entre todos aquellos que poseen el Espíritu.

¡No se equivoque con esto! Es extremadamente importante que nos preguntemos, ¿ha encomendado Dios su autoridad a algún individuo o segmento de la iglesia? ¿Acaso no ha escogido que su autoridad radique en la comunidad entera? ¿Acaso los miembros de una comunidad de creyentes no cumplen con sus ministerios, su autoridad espiritual y, como resultado, la autoridad es administrada a través de sus dones otorgados por el Espíritu?

La sujeción mutua requiere que nos demos cuenta de que somos miembros de algo mayor que nosotros mismos: un cuerpo. También requiere el reconocimiento de que somos incapaces por nosotros mismos de cumplir los propósitos más elevados de Dios. En otras palabras, la sujeción mutua está arraigada en la afirmación humilde, pero realista, de que necesitamos el aporte de nuestros hermanos. Con ello se admite que no podemos ser buenos cristianos por nosotros mismos. De esta forma, la sujeción mutua es indispensable para la textura de una vida cristiana normal.

Piense conmigo en lo que me sucedió mientras trabajaba en un proyecto de viviendas. Estaba usando el martillo y accidentalmente me golpeé el pulgar. Me dolió, pero fue interesante cómo respondió todo el cuerpo para ayudar. Inmediatamente después de golpearme el dedo mi mano derecha procedió a soltar el martillo y cuidadosamente agarró mi pulgar mientras que mi cabeza le dijo a mi boca que empezara a soplar suavemente mi dedo pulgar. Mi cuerpo entero se involucró y se concentró en mi dedo pulgar. Todo lo que el cuerpo quería era hacer sentir mejor al pulgar. Hubo un involucramiento inmediato y trabajo de equipo en funcionamiento por el bien de un miembro.

El lado opuesto de la sujeción es la autoridad. La autoridad es un privilegio concedido por Dios para llevar a cabo una tarea particular. La palabra del Nuevo Testamento que está más cercana a nuestro vocablo «autoridad» es *exousia*. *Exousia* es un derivado de la palabra *exestin* que significa una acción posible y justa que se puede llevar a cabo sin estorbo. Autoridad *(exousia)* tiene que ver con la comunicación de poder. La Biblia enseña que Dios es la única fuente de toda autoridad y esta autoridad ha sido conferida a su Hijo.

Y acercándose Jesús, les habló, diciendo: Toda autoridad me ha sido dada en el cielo y en la tierra. (Mateo 28.18)

Sométase toda persona a las autoridades que gobiernan; porque no hay autoridad sino de Dios, y las que existen, por Dios son constituidas. (Romanos 13.1)

Es necesario que él crezca, y que yo disminuya. El que procede de arriba está por encima de todos; el que es de la tierra, procede de la tierra y habla de la tierra. El que procede del cielo está sobre todos. Lo que él ha visto y oído, de eso da testimonio; y nadie recibe su testimonio. El que ha recibido su testimonio ha certificado esto: que Dios es veraz. Porque aquel a quien Dios ha enviado, habla las palabras de Dios, pues él da el Espíritu sin medida. El Padre ama al Hijo y ha entregado todas las cosas en su mano. El que cree en el Hijo tiene vida eterna; pero el que no obedece al Hijo no verá la vida, sino que la ira de Dios permanece sobre él. (Juan 3.30-36)

En otras palabras, solo Jesucristo posee autoridad. El Señor claramente dijo: «*Toda* autoridad me ha sido dada en el cielo y en la tierra» (Mateo 28.18). Al mismo tiempo, Cristo ha delegado su autoridad a hombres y mujeres, en este mundo, para propósitos específicos.

Por ejemplo, en el orden natural, el Señor ha instituido varias esferas en las cuales ha de ejercerse su autoridad. Él ha establecido ciertas «autoridades oficiales» que están destinadas a mantener el orden debajo del sol. A funcionarios gubernamentales, como reyes, magistrados y jueces se les ha dado dicha autoridad.

Exhorto, pues, ante todo que se hagan rogativas, oraciones, peticiones y acciones de gracias por todos los hombres; por los reyes y por todos los que están en autoridad, para que podamos vivir una vida tranquila y sosegada con toda piedad y dignidad. Porque esto es bueno y agradable delante de Dios nuestro Salvador. (1 Timoteo 2.1-3)

Someteos, por causa del Señor, a toda institución humana, ya sea al rey, como autoridad, o a los gobernadores, como enviados por él para castigo de los malhechores y alabanza de los que hacen el bien. (1 Pedro 2.13-14)

La autoridad representativa es investida en un oficio estático. La autoridad opera a pesar de las acciones de las personas que ocupan el oficio. La autoridad oficial es fija y posicional. En tanto una persona ocupe el cargo, él o ella tiene la autoridad.

Cuando la autoridad oficial le es conferida a alguien, el receptor se convierte en «autoridad» con derecho propio. Por esta razón a los cristianos se les ordena sujetarse a los líderes del gobierno, sin importar su carácter.

Veamos lo que dice el apóstol en 1 Pedro 2.13-19:

Someteos, por causa del Señor, a toda institución humana, ya sea al rey, como autoridad, o a los gobernadores, como enviados por él para castigo de los malhechores y alabanza de los que hacen el bien. Porque esta es la voluntad de Dios: que haciendo bien, hagáis enmudecer la ignorancia de los hombres insensatos. Andad como libres, pero no uséis la libertad como pretexto para la maldad, sino empleadla como siervos de Dios. Honrad a todos, amad a los hermanos, temed a Dios, honrad al rey. Siervos, estad sujetos a vuestros amos con todo respeto, no solo a los que son buenos y afables, sino también a los que son insoportables. Porque esto halla gracia, si por causa de la conciencia ante Dios, alguno sobrelleva penalidades sufriendo injustamente.

Tanto nuestro Señor Jesucristo como Pablo mostraron sujeción cuando estuvieron en presencia de las autoridades oficiales.

Y los que prendieron a Jesús le llevaron ante el sumo sacerdote Caifás, donde estaban reunidos los escribas y los ancianos. Y Pedro le fue siguiendo de lejos hasta el patio del sumo sacerdote, y entrando, se sentó con los alguaciles para ver el fin de todo aquello. Y los principales sacerdotes y todo el concilio procuraban obtener falso testimonio contra Jesús, con el fin de darle muerte, y no lo hallaron a pesar de que se presentaron muchos falsos testigos. Pero más tarde se presentaron dos, que dijeron: Este declaró: «Yo puedo destruir el templo de Dios y en tres días reedificarlo». Entonces el sumo sacerdote, levantándose, le dijo: ¿No respondes nada? ¿Qué testifican éstos contra ti? Mas Jesús callaba. Y el sumo sacerdote le dijo: Te conjuro por el Dios viviente que nos digas si tú eres el Cristo, el Hijo de Dios. Jesús le dijo: Tú mismo lo has dicho; sin embargo, os digo que desde ahora veréis Al HIJO DEL HOMBRE SENTADO A LA DIESTRA DEL PODER, y VINIENDO SOBRE LAS NUBES DEL CIELO. (Mateo 26.57-64)

Veamos la reacción del apóstol a los gentiles ante la autoridad en Hechos 23.1-5:

Entonces Pablo, mirando fijamente al concilio, dijo: Hermanos, hasta este día yo he vivido delante de Dios con una conciencia perfectamente limpia. Y el sumo sacerdote Ananías ordenó a los que estaban junto a él, que lo golpearan en la boca. Entonces Pablo le dijo: ¡Dios te golpeará a ti, pared blanqueada! ¿Te sientas tú para juzgarme conforme a la ley, y violas la ley ordenando que me golpeen? Los que estaban allí observando, dijeron: ¿Al sumo sacerdote de Dios injurias? Y Pablo dijo: No sabía, hermanos, que él era el sumo sacerdote; porque escrito está: NO HABLARAS MAL DE UNA DE LAS AUTORIDADES DE TU PUEBLO.

De igual manera, los cristianos han de estar siempre sujetos a dicha autoridad. La anarquía y el desprecio de la autoridad son distintivos de la naturaleza pecaminosa. Sin embargo, la sujeción y la obediencia son dos cosas distintas, y es un profundo error confundirlas. Echemos un vistazo a lo que Pablo tiene que decir acerca de los manipuladores y abusadores.

Hermanos, sed imitadores míos, y observad a los que andan según el ejemplo que tenéis en nosotros. (Filipenses 3.17)

Pablo enfrentó un gran problema. Los falsos maestros se habían infiltrado dentro de la iglesia. El apóstol advirtió a los filipenses, y por extensión a nosotros, para que reconocieran las diferencias entre un verdadero hombre de Dios y un aparente maestro o profeta.

Sin ningún sentido de falsa humildad, Pablo declaró que tanto su visión como su actitud espiritual eran ejemplos a seguir por nosotros. Por eso nos instruye a emplear nuestra capacidad de discernimiento para que busquemos y «observemos» a los líderes que ejemplifiquen la centralidad del propósito de Dios, que es poseer la semejanza de Cristo.

Pablo se expresa en un contexto en el que describe, tanto su propia justicia, antes de encontrar a Cristo, como su posterior y completo abandono de la seguridad en la carne. Estudiaremos cuidadosamente estos versículos ya que en una época de aumento del engaño no todo aquel que clama «verdad, verdad», está hablando en defensa de ser conforme a Jesucristo.

«Cuidaos de los perros»

Pablo empieza su discurso revelando tres distintos tipos de falsos maestros y advirtiéndonos: «Cuidaos de los perros, cuidaos de los malos obreros, cuidaos de la falsa circuncisión» (Filipenses 3.2). Cada uno de estos tres tiene su contraparte moderna.

Al primer grupo, Pablo lo identifica como «los perros». La frase «cuidaos de los perros» es familiar para nosotros hoy día. Significa que hay un animal vicioso. En los días de Pablo, la mayoría de los perros eran carroñeros y corrían en manadas. Uno podía encontrar docenas de canes comiendo de los montones de basura en las afueras de las ciudades, con sus rostros inclinados hacia abajo mientras olfateaban y escarbaban entre los desperdicios para alimentarse.

En la iglesia de hoy día hay gente parecida... buscadores de faltas que incesantemente, y en actitud de superioridad moral, se alimentan de los desperdicios y fracasos de la condición humana. Por ello, Pablo afirma: «Cuidaos de aquellos que siempre tienen algo negativo que decir, quienes están continuamente juzgando o difamando a otros. Si los escuchan, llegarán a ser como ellos. Sus palabras te robarán tu visión, te dejarán sin gozo y consumirán tu energía».

Por supuesto, Pablo no estaba diciendo que se debe ignorar por completo lo que sea incorrecto en las personas. Necesitamos discernimiento. Permítanme decirlo con claridad: Hay serios errores doctrinales y pecados en la iglesia moderna. Sin embargo, cuando observen en una persona un patrón de ira, búsqueda de faltas con cierta actitud de superioridad moral, cuando su principal perspectiva parezca siempre negativa, ¡cuídense! Recuerden, Jesús advirtió acerca de los fariseos que «confiaban en sí mismos de que eran justos y veían a otros con desprecio» (Lucas 18.9). Tengan cuidado cuando sus maestros derriben a otros con frecuencia para elevarse a sí mismos.

«Malos obreros»

Seguidamente, Pablo advirtió contra los «malos obreros». Así describe brevemente a este grupo en el primer capítulo de Filipenses. Estos individuos, de hecho, sí proclaman a Cristo pero lo hacen por «envidia» y «rivalidad» más que por amor (Filipenses 1.15-17). Para ellos, edificar una iglesia es un esfuerzo de competencia, un negocio. Santiago también pone de relieve este problema diciendo: «Porque donde hay celos y ambición personal, allí hay confusión y toda cosa mala» (Santiago 3.16).

Parte de los esfuerzos de Pablo como apóstol era edificar creyentes enfocados en Cristo. Sin embargo, los «malos obreros» estaban centrados en sí mismos más que en Cristo. Antes de seguir a cualquier líder, verdaderamente debemos ver la influencia de Cristo creciendo en el carácter de dicho individuo. Por eso recomiendo que trate de oír cuando el pastor habla, al menos ocasionalmente, acerca de su visión en cuanto a alcanzar la semejanza de Cristo.

Busque evidencias de humildad; escuche si siente carga por la oración y observe cómo cultiva la unidad con otras iglesias cristianas. Si su pastor, o líder, está creciendo en estos valores, entonces también está creciendo en confiabilidad. Al buscar seguir a Cristo, el fruto de su ministerio será, con toda probabilidad, saludable.

«Los judaizantes»

La tercera advertencia estaba dirigida contra la «falsa circuncisión» (Filipenses 3.2). Estos eran los judíos cristianos que, cuando fueron salvos, quisieron hacer del cristianismo una extensión del judaísmo. Esta última enseñanza era la más peligrosa porque parecía ser la más verosímil.

La esencia de este error radicaba en que el sacrificio de Cristo no era suficiente para la salvación, también había que cumplir todo el sistema de leyes mosaicas para ser salvo. En la actualidad la gente sigue importando obligaciones religiosas a la experiencia de salvación. Al exponer, y advertir, contra la influencia de la «falsa circuncisión», Pablo coloca una muralla contra la esclavitud a los requerimientos legalistas para la salvación.

Y aunque el camino que conduce a la vida es verdaderamente angosto, el Camino es una persona: Jesucristo. No llegamos a nuestra meta cumpliendo leyes, sino entregándonos a nosotros mismos al cuidado de Cristo.

Una cosa es ser capaces de discernir lo que es falso; sin embargo, es de mucho más valor conocer con claridad el patrón de la verdad. Por consiguiente, Pablo usa el capítulo tercero de Filipenses para revelar la actitud de su corazón. Al hacer esto nos da el patrón de lo que deberíamos buscar en un líder.

Luego de presentar su extraordinario pedigrí en los versículos 5 y 6: israelita de nacimiento; en cuanto a la ley, fariseo; en cuanto al celo, perseguidor de la iglesia; en cuanto a la justicia de la ley, hallado irreprensible, Pablo entonces renuncia a las mismísimas cosas que había alcanzado, afirmando: «Pero todo lo que para mí era ganancia, lo he estimado como pérdida por amor de Cristo» (v. 7).

Para quienes son maduros, ninguna posición o estima entre los hombres puede sustituir el «incomparable valor de conocer a Cristo Jesús, [nuestro] Señor». Los más sorprendentes logros se convierten en «basura a fin de que [nosotros] podamos ganar a Cristo» (v. 8).

Pablo se distancia un poco más de la ley mosaica revelando que su búsqueda es «ser hallado en Él [Cristo], no teniendo mi propia justicia derivada de la ley, sino la que es por la fe en Cristo» (v. 9). Habiendo sido salvo de las consecuencias de la ley y habiendo recibido una nueva fuente de «justicia que procede de Dios sobre la base de la fe», Pablo es liberado para perseguir su verdadero destino: ¡ser semejante a Cristo!

Amados, empezamos este estudio con la admonición de Pablo con respecto a observar «a los que andan según el ejemplo que tenéis en nosotros» (Filipenses 3.17). En el versículo siguiente Dios revela el ejemplo que deseamos copiar: «Y conocerle a Él, el poder de su resurrección y la participación en sus padecimientos, llegando a ser como Él en su muerte, a fin de llegar a la resurrección de entre los muertos» (vv. 10-11).

Hay una diferencia entre conocer una colección de verdades religiosas y conocer en realidad a Cristo. La verdad está en Jesucristo. Él mismo es el camino, la verdad y la vida. Conocerle a Él es la vida eterna y vivir en comunión con Él es ser copropietario del cielo.

Sin embargo, conocer a Cristo también significa conocer la participación en sus sufrimientos al colocar nuestras vidas para la redención de otros. Para aquellos que están sufriendo por causa de Jesús, recuerden: la participación en sus sufrimientos es parte de conocerle a Él. Esta no es, por supuesto, la enseñanza de la epidemia de predicadores del evangelio de la prosperidad que están hoy día en la televisión de todo el mundo.

Pablo no abrazó la muerte como una entidad por sí misma; abrazó la muerte de Cristo, que no es solo la muerte del yo sino también el triunfo del amor. Es esta rendición a «muerte por causa de Jesús» la que permite que «la vida de Jesús se manifieste en nuestro cuerpo mortal» (2 Corintios 4.11).

Pablo continúa en Filipenses 3.12: «No que ya lo haya alcanzado o que ya haya llegado a ser perfecto, sino que sigo adelante, a fin de poder alcanzar aquello para lo cual también fui alcanzado por Cristo Jesús» (Filipenses 3.12). Nuevamente, estamos viendo el ejemplo que Dios busca para cada uno de nosotros. ¡Un cristiano maduro es aquel que vive en búsqueda de Dios!

Pablo expresó: «Una cosa hago: olvidando lo que queda atrás y extendiéndome a lo que está delante, prosigo hacia la meta para obtener el premio del supremo llamamiento de Dios en Cristo Jesús» (vv. 13-14). ¿Qué fue lo que Pablo decidió «olvidar»? Él dejó ir los errores, fracasos, heridas, perdonó las ofensas y cedió a Dios las decepciones del ayer. Prosiguió al premio de la posesión de Cristo.

Muchos maestros irán y vendrán a lo largo de su vida. Recuerde las advertencias de Pablo a medida que ore acerca de aquellos cuyas enseñanzas puedan influenciarle. Busque a aquellos que están prosiguiendo hacia el premio de la semejanza a Cristo. En cuanto a los otros, ore por ellos, manténgase con ellos y, en la medida que sea guiado por el Señor, asista a sus iglesias y anímeles en amor y oración. Pero, si no se dirigen hacia donde usted va, ¡no los siga!

Pablo estableció el patrón para nosotros. En estos tiempos de engaño, acusación y falso discernimiento busquemos y observemos a aquellos que siguen el ejemplo de Pablo. Estemos prestos a discernir la influencia de Jesucristo en nuestros líderes. A medida que veamos claramente al Señor, sigamos a aquellos que siguen a Cristo.[2]

¿En qué difieren la sujeción y la obediencia? La sujeción es una actitud mientras que la obediencia es una acción. La sujeción es interna y la obediencia es externa. Dios emplaza a su pueblo a tener un espíritu de humilde sujeción para con aquellos que Él ha colocado en autoridad en el orden natural. Sin embargo, no debemos obedecerles si ellos nos ordenan hacer algo que viole su voluntad, ya que la autoridad de Dios es más elevada que cualquier autoridad terrenal.

En otras palabras, uno puede desobedecer aunque se esté sujetando. Es decir, una persona puede desobedecer a una autoridad terrenal aunque mantenga un espíritu de humilde sujeción al oficio de la persona en autoridad. Uno puede desobedecer aunque tenga una actitud de respeto, que es lo opuesto a un espíritu de rebelión, injuria y subversión (1 Timoteo 2.1-2).

La desobediencia de las parteras hebreas (Éxodo 1.17), Rahab (Josué 2.1ss.), los tres jóvenes hebreos (Daniel 3.17-18), Daniel (Daniel 6.8-10) y los apóstoles (Hechos 4.18-20; 5.27-29), ejemplifican el principio de estar sujetos a una autoridad oficial aunque se la desobedezca cuando esté en conflicto con la voluntad de Dios. También es posible corregir a una persona en un cargo de autoridad, aunque todavía se mantenga una actitud sumisa hacia él o ella.

Veamos una muestra de ello en Hechos 16.35-40:

> Cuando se hizo de día, los magistrados superiores enviaron a sus oficiales, diciendo: Suelta a estos hombres. El carcelero comunicó a Pablo estas palabras, diciendo: Los magistrados superiores han dado orden de que se os suelte. Así que, salid ahora e id en paz. Mas Pablo les dijo: Aunque somos ciudadanos romanos, nos han azotado públicamente sin hacernos juicio y nos han echado a la cárcel; ¿y ahora nos sueltan en secreto? ¡De ninguna manera! Que ellos mismos vengan a sacarnos. Y los oficiales informaron esto a los magistrados superiores, y al saber que eran romanos, tuvieron temor. Entonces vinieron, y les suplicaron, y después de sacarlos, les rogaban que salieran de la ciudad. Cuando salieron de la cárcel, fueron a casa de Lidia, y al ver a los hermanos, los consolaron y partieron.

Aunque Dios ha establecido autoridades oficiales para operar en el orden natural, no ha instituido este tipo de autoridades en la iglesia. Se da por sentado que Dios otorga autoridad (exousia) a los creyentes para ejercer ciertos derechos.

Entre ellos están la autoridad (*exousia*) de llegar a ser hijos de Dios (Juan 1.12); de poseer bienes (Hechos 5.4); de decidir casarse o vivir en celibato (1 Corintios 7.37); de decidir qué comer o beber (1 Corintios 8.9); de sanar enfermedades y echar fuera demonios (Mateo 10.1; Marcos 3.15; 6.7; Lucas 9.1; 10.19); de edificar la iglesia (2 Corintios 10.8; 13.10); de recibir bendiciones especiales asociadas con ciertos ministerios (1 Corintios 9.4-18; 2 Tesalonicenses 3.8-9); de gobernar a las naciones y comer del árbol de la vida en el reino venidero (Apocalipsis 2.26; 22.14). Sin embargo, sorprendentemente, la Biblia nunca enseña que Dios haya dado a los creyentes autoridad (*exousia*) sobre otros creyentes.

Recordemos las palabras de nuestro Señor en Mateo 20.25-28 y Lucas 22.24-27 donde condenó la autoridad *tipo exousia* entre sus seguidores. Este solo hecho debería hacernos pausar para hacer una seria reflexión.

> Pero Jesús, llamándolos junto a sí, dijo: Sabéis que los gobernantes de los gentiles se enseñorean de ellos, y que los grandes ejercen autoridad sobre ellos. No ha de ser así entre vosotros, sino que el que quiera entre vosotros llegar a ser grande, será vuestro servidor, y el que quiera entre vosotros ser el primero, será vuestro siervo; así como el Hijo del Hombre no vino para ser servido, sino para servir y para dar su vida en rescate por muchos. (Mateo 20.25-28)

> Se suscitó también entre ellos un altercado, sobre cuál de ellos debería ser considerado como el mayor. Y Jesús les dijo: Los reyes de los gentiles se enseñorean de ellos; y los que tienen autoridad sobre ellos son llamados bienhechores. Pero no es así con vosotros; antes, el mayor entre vosotros hágase como el menor, y el que dirige como el que sirve. Porque, ¿cuál es mayor, el que se sienta a la mesa, o el que sirve? ¿No lo es el que se sienta a la mesa? Sin embargo, entre vosotros yo soy como el que sirve. (Lucas 22.24-27)

Por lo tanto, hay un salto sobre la lógica y una exagerada extrapolación de razonamiento para sugerir que los líderes de la iglesia ejerzan el mismo tipo de autoridad como dignatarios. Otra vez, el Nuevo Testamento nunca vincula el término *exousia* con los líderes eclesiásticos, ni tampoco sugiere que algunos cristianos tengan *exousia* sobre otros creyentes.

Para estar seguros, el Antiguo Testamento describe a los profetas, sacerdotes, reyes y jueces como autoridades oficiales. Esto es porque estos «oficios» se erigían como sombras de los ministerios con autoridad de Jesucristo mismo. Cristo es el verdadero Profeta, el verdadero Sacerdote, el verdadero Rey y el verdadero Juez. Sin embargo, nunca encontramos en el Nuevo Testamento a algún líder eclesiástico descrito o representado como una autoridad oficial. Esto incluye a los supervisores locales, así como a los obreros apostólicos.

Para ser francos, la noción de que los cristianos tienen autoridad sobre otros cristianos es un ejemplo de una exégesis forzada y como tal es bíblicamente indefendible. Cuando los líderes eclesiásticos ejercen el mismo tipo de autoridad que los funcionarios del gobierno, se convierten en usurpadores.

Hay que admitirlo, la autoridad sí funciona en la iglesia. Sin embargo, la que opera en la *ekklesia* es drásticamente diferente de la autoridad que opera en el orden natural. Esto solo tiene sentido porque la iglesia no es una organización humana sino un organismo espiritual. La autoridad que funciona en la iglesia no es *oficial*. Es *orgánica*.

¿Qué es autoridad orgánica? Es aquella que está enraizada en la vida espiritual. La autoridad orgánica es autoridad *comunicada*. Esto es, que cuando una persona comunica la vida de Dios, mediante palabras u obras, tiene el apoyo y respaldo del Señor mismo. Esta es una de las razones por las que en Proverbios, repetidamente, se hace hincapié en que «en la *multitud* de consejeros hay seguridad» (Proverbios 11.14 RVR1960; 15.22; 24.6).

El amor es, entonces, el paraguas divino que ofrece protección espiritual. Sin embargo, gracias a Dios, no es tan estrecho como los corazones de algunos que viven bajo su alcance. A fin de cuentas, solo el amor tiene el poder de dar «cobertura». Pues «el amor cubre multitud de pecados» (1 Pedro 4.8; Proverbios 10.12; 17.9).

La sujeción mutua es radicalmente diferente a la subordinación unilateral a estructuras autoritarias. Al mismo tiempo, nunca debe ser confundida con el anarquismo tolerante, altamente individualista y moralmente relativo, que es una marca del pensamiento posmoderno. La sujeción mutua es costosa. Tenemos que reconocerlo. A nuestros egos no les gusta sujetarse a nadie. Como criaturas caídas, queremos hacer lo que es correcto a *nuestros propios* ojos, sin la interferencia de otros (Proverbios 12.15).

Siendo así, la inclinación a rechazar la autoridad orgánica está profundamente arraigada a nuestra naturaleza adámica (Romanos 3.10-18). Recibir corrección, amonestación y reprobación por parte de otros mortales constituye una gran cruz que llevar (Proverbios 15.10; 17.10; 27.5-6; 28.23). Por esa razón, la sujeción mutua sirve como antídoto para nuestra rebelde naturaleza carnal, así como también para nuestra anárquica cultura.

Ejercer la autoridad espiritual es igualmente doloroso. A menos que uno sea un maniático del control, la tarea de recriminar a otros es tanto difícil como riesgosa. La Escritura nos dice que un hermano que está ofendido es más difícil de ganar que una ciudad fortificada (Proverbios 18.19). De aquí que, la incomodidad de corregir a otros, unida al temor de la confrontación, hace que la obediencia al Señor en áreas que demandan la expresión de su autoridad, sea difícil en nuestra carne. Y esta incomodidad simplemente resalta la importancia de cultivar relaciones de amor y aceptación dentro de la asamblea.

Es mucho más sencillo dejar que las cosas pasen. Es mucho más simple orar por nuestros hermanos que están errando y dejarlo todo allí. Es mucho más difícil confrontarlos con paciencia, humildad y compasión. (Nuevamente, la excepción a esto es el maniático del control con su propia justicia. Tal persona parece disfrutar corrigiendo a otros.)

Todo esto simplemente pone de relieve el fascinante hecho de que el amor debe gobernar nuestras relaciones con otros. Pues si amamos a los hermanos nos sujetaremos nosotros mismos a sus consejos y amonestaciones. De la misma manera, el amor nos obligará a acercarnos a nuestros hermanos que están fallando en un espíritu de mansedumbre siempre que necesiten nuestra ayuda (Gálatas 6.1; Santiago 5.19-20), y nos abstendremos de atribuir motivos malignos a sus corazones (Mateo 7.1-4; 1 Corintios 13.5). Al final, el camino del amor es siempre el de la autonegación.

Regresemos a nuestra discusión acerca de la sujeción mutua al arquetipo de la iglesia: la Divinidad. Puesto que la sujeción mutua está basada en el amor, está arraigada a la misma naturaleza del Dios trino. Dios, por naturaleza, es comunidad. El Dios uno está integrado por una comunidad de tres personas que comparten eternamente sus vidas entre sí.

Dentro de la Divinidad, el Padre se vierte a sí mismo en el Hijo. A su vez, el Hijo se da a sí mismo sin reservas al Padre. Y el Espíritu, como el Santo Mediador, derrama el amor de ellos a cada quien. En esta danza divina de amor no existen jerarquías. No existe control. No existe autoritarismo. No existe conflicto de intereses. Al contrario, hay amor mutuo, compañerismo mutuo y sujeción mutua. El mutuo compartir que fluye perpetuamente en la Divinidad es la piedra angular del amor. En realidad, esa es la misma razón por la que Juan pudo decir que «Dios es amor» (1 Juan 4.8).

Si Dios no fuera comunidad no hubiera habido nadie a quien amara antes de la creación. El acto de amar requiere la presencia de dos o más personas. La iglesia es la comunidad del Rey. Como tal, está llamada a reflejar la relación de amor recíproco que fluye eternamente en el Dios trino. Así, en el compañerismo de la iglesia hay sujeción mutua gobernada por el amor mutuo. No hay jerarquías, ni control, ni autoritarismo. ¿Por qué? Porque la iglesia está llamada a vivir a la manera divina, la misma que existe en la Divinidad (Juan 6.57; 17.20-26; 2 Pedro 1.4).

En el ambiente familiar de la iglesia, la sujeción mutua crea unidad, edifica amor, provee estabilidad y promueve crecimiento. Le da un rico significado a la vida cristiana. Nunca se quiso que la vida cristiana se viviera fuera de una comunidad cara a cara. La *ekklesia* —la comunidad del rey— es nuestro hábitat natural. En este sentido, la sujeción mutua es un antiséptico contra la línea dura del nicolaísmo (clericalismo). Se hace hincapié en el poder *para* y poder *entre* en vez del poder *sobre*. Alienta el apoderamiento de todos más que el poder de unos cuantos.

Aun cuando nuestra cultura alienta la autodependencia, el individualismo y la independencia, estas cosas son incompatibles con la ecología del cristianismo orgánico. A causa de que Dios es comunidad, sus hijos están diseñados para ello también. Nuestra nueva naturaleza nos llama a ello. Nosotros los cristianos no somos seres aislados. Como el Dios trino, en cuya imagen fuimos creados, nuestra especie es comunitaria (Efesios 4.24; Colosenses 3.10). Nos desarrollamos con vigor sobre la base de relaciones significativas con otros de la misma especie. La moderna doctrina de la «cobertura» oculta esta perspectiva. Sin embargo, el principio de la sujeción mutua la pone marcadamente de relieve.

Planteado simplemente, la naturaleza trinitaria de Dios sirve tanto como la fuente y el modelo para toda la comunidad humana. Y es en la relación de amor de la Divinidad, que el principio de la sujeción mutua encuentra su verdadero valor. Como lo expresa Miroslav Volf: «Mientras más esté una iglesia caracterizada por la distribución simétrica y descentralizada del poder, así como una interacción libremente afirmada, tendrá una mayor correspondencia con la comunión trinitaria».

Por consiguiente, la sujeción mutua no es un concepto humano. Al contrario, surge de la naturaleza comunitaria y recíproca del Dios eterno. Y es esa misma naturaleza la que la *ekklesia* está llamada a llevar. De esa manera, la sujeción mutua nos permite contemplar el rostro de Cristo en el mismo tejido y textura de la vida orgánica de la iglesia.

Tomando prestado el lenguaje de John Howard Yoder, la autoridad y sujeción que la Escritura prevé «otorga más autoridad a la iglesia que la que otorga Roma, encomienda más al Espíritu Santo que el pentecostalismo, tiene más respeto por el individuo que el humanismo, hace las normas morales más vinculantes que el puritanismo, y es más sensible a una situación dada que "la nueva moralidad"».[3]

En suma, la sujeción mutua crea una cultura que tiene aprecio por el liderazgo espiritual sin absolutizarlo. Responde a la autoridad espiritual sin convertirla en un instrumento de control, puesto que cuando «las relaciones con quienes hacen de mentores», «las asociaciones para la rendición de cuentas» y la «dirección espiritual» están regidas por la sujeción mutua, llegan a ser espiritualmente saludables y mutuamente enriquecedoras. Además no tienen parecido ni semejanza con la moderna práctica de la «cobertura» jerárquica.

Podemos comparar la sujeción mutua con la buena música. Cuando funciona en el contexto de una inteligente humildad y profunda fidelidad a la dirección de Cristo, produce una bella melodía que resuena con la dulce armonía del canto del Nuevo Testamento. Pero, cuando es sustituida por sistemas jerárquicos que caracterizan el espíritu de los gentiles, su sonido se distorsiona. Peor aún, cuando es rechazada en favor de los pecados posmodernos del individualismo y la independencia al por mayor, su timbre y claves cesan totalmente y el frío absoluto del silencio permanece como una estela.

La tarea de los líderes es dirigir. Por definición, ellos deben establecer la dirección en que ha de ir la iglesia. Los buenos líderes son iniciadores.[4] Dios les da a los líderes espirituales la responsabilidad de discernir cómo quiere Él que ellos hagan esto y les confiere la autoridad para conducir a la iglesia en dicha dirección.

El significado de estos dos términos es claro como el cristal. Obedecer significa «estar conformes con su dirección». Sujetarse quiere decir «ceder nuestra opinión contraria a favor de la de ellos». A veces, estos términos fueron usados en un contexto militar. Términos parecidos se usan en la Biblia para describir cómo deberíamos responder a las autoridades gobernantes, cómo deberían responder los empleados a sus patronos y cómo deberían responder las esposas a sus esposos. Esto significa que nos debemos colocar voluntariamente bajo su legítima guía y decidir cumplir sus directrices a menos que, por supuesto, nos llamen a desobedecer la Palabra de Dios.

El ámbito en el que esto debe practicarse es importante. Así como las autoridades gobernantes no tienen potestad legítima sobre las creencias espirituales de usted, y así como los patronos no tienen autoridad legítima sobre lo que usted haga durante las horas libres, tampoco los líderes espirituales la tienen para dirigir su vida en áreas fuera del ministerio de la iglesia.

Por ejemplo, los líderes espirituales no tienen autoridad sobre el empleo que elija, o sobre la casa que compre, o con quien se case, etc. Una de las marcas de una secta es cuando los líderes espirituales se exceden en su alcance de autoridad. No estoy diciendo que todos los líderes cristianos que practican este tipo de control sean dirigentes de sectas. Simplemente considero importante que estemos conscientes de los abusos y peligros.

Por otra parte, ellos sí tienen autoridad legítima en la toma de decisiones sobre asuntos que competan al funcionamiento de la iglesia. Tienen autoridad para decidir qué tipo de estructuras empleará la congregación, cuáles han de ser los requerimientos para los diferentes cargos en la iglesia, qué ministerios se deben comenzar y cuáles detener, qué cursos deben enseñarse, cómo debe hacerse uso de recursos como el dinero y el potencial humano, etc. Aunque la Biblia nos da los principios y prioridades en estos asuntos, la mayoría de estas decisiones son de criterio. ¿Quién debe tomar estas decisiones? Deberían ser los líderes, y los demás deberían estar dispuestos a acatarlas.

¿Significa esto que uno nunca puede disentir de la guía de los líderes espirituales, o intentar persuadirles con el punto de vista propio? ¡De ninguna manera! Ya que muchas de sus decisiones de liderazgo son asuntos de criterio, usted puede disentir con frecuencia. Y está en libertad de tratar de persuadirles (y ellos pueden decidir que tiene razón). Sin embargo, cuando llegue el momento de tomar la decisión, ellos son los que deben tomarla. Entonces necesita aceptar su decisión y obedecerla, como dice el versículo 17 de Hebreos 13:

> Obedeced a vuestros pastores, y sujetaos a ellos; porque ellos velan por vuestras almas, como quienes han de dar cuenta; para que lo hagan con alegrìa, y no quejándose, porque esto no os es provechoso.

Con esto es que tienen que ver la sujeción y la obediencia: dar paso a los criterios de otro cuando nosotros lo hubiéramos hecho en forma diferente. Si percibe que la decisión es tan errada que no la puede obedecer, o si su confianza en el criterio de los líderes está fundamentalmente socavada, entonces puede que sea el momento para ir a una iglesia cuyo liderazgo esté dispuesto a obedecer.

En otras palabras, los buenos seguidores no asumen una actitud que diga: «A menos que me puedas probar más allá de toda duda razonable que las decisiones de tu liderazgo son correctas, me reservo el derecho de hacerlo a mi manera». Aunque en nuestra cultura esta es la actitud prevaleciente hacia la autoridad, Dios llama a esta actitud rebelión, obstinación y anarquía, y por supuesto, la condena.

Esta actitud dificultará en gran manera la habilidad de los líderes para hacer su trabajo, lo que a su vez trae como resultado el empobrecimiento espiritual para quienes ellos están tratando de guiar (v. 17b):

Obedeced a vuestros pastores, y sujetaos a ellos; porque ellos velan por vuestras almas, como quienes han de dar cuenta; para que lo hagan con alegrìa, y no quejándose, porque esto no os es provechoso.

Los buenos seguidores afirman: «A menos que pueda demostrar con las Escrituras que ustedes están equivocados, pondré de lado mis propias preferencias, iré tras su liderazgo y les ayudaré a tener éxito». Esta es la actitud que permite a un líder dirigir con gozo y el resultado será un gran beneficio para los seguidores.

Nuestra cultura se burla de esta característica. Se hace hincapié en los derechos personales a tal grado que las responsabilidades se han perdido de vista. La sujeción y la obediencia son vistas, en el mejor de los casos, como un mal necesario que debe ser tolerado solo cuando sea necesario y, en el peor de los casos, como una señal terrible de salvajismo y debilidad.

Sin embargo, Dios tiene una perspectiva distinta (Tito 3.1-6). Él nos llama a arrepentirnos de esta actitud y a colocarnos voluntariamente bajo su amorosa autoridad, primero recibiendo a Cristo y siguiéndole; además, cultivando esta actitud en nuestras relaciones con el gobierno, en el hogar, en el trabajo y en la iglesia. ¿Quiere convertirse en un buen seguidor?

Por desdicha, los conceptos errados acerca de la sujeción continúan imperando en Latinoamérica. La sujeción no significa que los líderes sean figuras parentales infalibles, casi dioses, como el «Señor Sabelotodo». No significa que los seguidores estén de acuerdo con el líder (con frecuencia lo opuesto es cierto). No significa que el líder esté totalmente correcto acerca de algo o de todo. No significa que deba desechar su individualidad, cerebro o conciencia. No significa que usted no es un cristiano maduro o que es algún tipo de clon salvaje.

El hecho es que la sujeción es el acto libre y voluntario de un cristiano maduro con respecto a Dios y su orden en la iglesia.

Obedeced a vuestros pastores y sujetaos a ellos, porque ellos velan por vuestras almas, como quienes han de dar cuenta. Permitidles que lo hagan con alegría y no quejándose, porque eso no sería provechoso para vosotros. (Hebreos 13.17)

Es señal de inmadurez rehusarse a estar en sujeción únicamente basado en las fallas y defectos de los líderes. Tal perspectiva pasa por alto el punto del liderazgo y la sujeción. Dios designa a algunos (quienesquiera que sean) para liderar. A menos que el líder sobrepase drásticamente los límites de las Escrituras, los discípulos han de seguirle.

Como líder, no tiene que estar siempre en lo correcto. A veces tenemos esta idea retorcida de la unidad y que el estar de acuerdo debe ser parte de la ecuación. ¿Cuán razonable es esperar que toda una iglesia esté de acuerdo con los líderes en cada mínima cosa? ¡La mayoría de los grupos de liderazgo ni siquiera están de acuerdo entre ellos en todas las cosas! Trabajan en función del compañerismo y el diálogo.

De la misma manera, la gente necesita respetar el hecho de que los líderes están dirigiendo un grupo grande y que no siempre pueden estar de acuerdo con todo. Y eso es bueno. Las Escrituras nunca ordenan que los cristianos deban estar de acuerdo con sus líderes en todo. Lo que deben es estar de acuerdo unos con otros en las cuestiones fundamentales de la fe, aunque discrepen en asuntos de opinión (Romanos 14).

El problema con los desacuerdos es que pueden conducir a la división e incluso, a la maldad. Sin embargo, tener desacuerdos en sí, no significa que las personas estén desunidas o divididas. Por ejemplo, se les rogó a los corintios (1 Corintios 1.10) que estuvieran de acuerdo los unos con los otros. Su falta de acuerdo no invalidó su fe ni su experiencia. El ruego de Pablo en pos de un acuerdo considera el hecho de que ellos discrepaban sobre algunas cosas, por lo que les urge a llegar a un acuerdo, no fuera que se dividieran. Pablo y

Bernabé tuvieron un desacuerdo (Hechos 15), también Evodia y Síntique (Filipenses 4). El punto es que aun cuando las personas tengan desacuerdos, se puedan tratar unas a otras con amor y respeto a medida que trabajan en pro de la unidad.

Parte de la ecuación para el liderazgo y el compañerismo exitosos es respetar los roles y posiciones de cada uno. Los líderes necesitan darse cuenta de que no todos estarán de acuerdo con ellos y que la dirección que les den no será siempre la mejor para cada persona en particular en su grupo (Filipenses 3.15). Los seguidores también necesitan considerar esto y tratar de ser indulgentes con las personas con quienes se relacionan, para que tanto los líderes como el resto del grupo puedan llevarse bien. Esto es parte de una respuesta amorosa para con los líderes (Hebreos 13.17).

Los seguidores no necesitan «sucumbir» ante sus líderes, siguiéndoles aunque todo el tiempo estén pataleando y gritando. Pueden seguirles, aunque discrepen, por amor a los líderes y a los demás, así como por su confianza en Dios.

Este tema es como un pararrayos. Algunos líderes piensan que es imposible que sobrepasen un límite, como si no tuvieran ninguno. Algunos seguidores perciben que si un líder no hace otra cosa más que «sugerir» eso es sobrepasar un límite. Así que, antes de considerar qué hacer cuando se sobrepasen los límites, debemos considerar dónde deberían estar esos límites.

En el gran cuadro de la vida espiritual, el liderazgo y el seguirazgo no son cosas fáciles. Los líderes dirigen y los discípulos siguen a través del seguirazgo. Si los líderes recomiendan algo que es francamente pecaminoso, los seguidores no deben obedecerles.

Un escenario mucho más probable y difícil es cuando los líderes recomiendan algo que, en sí mismo, no es pecaminoso pero lo que está siendo recomendado sobrepasa la decisión, criterio y conciencia del individuo o los principios limítrofes protectores. A veces esto puede ser a través de un liderazgo controlador, desequilibrado o desenfocado; o un liderazgo que sea percibido en esas formas. Otras veces, esto puede ser mediante simple ignorancia, por ejemplo, si el seguidor conoce más acerca de la situación y necesita actuar basado en ese conocimiento. Generalmente los seguidores necesitan hacer lo que sea congruente con quien es Dios, su carácter, naturaleza y persona. De hacer falta, los seguidores podrían necesitar, en una forma amorosa y respetuosa, comunicar su decisión a los líderes.

Los seguidores también tienen que ser conscientes de que seguir sus propias decisiones en estas cuestiones puede implicar otras consecuencias. Se espera que los líderes sean lo suficientemente maduros como para respetar a las personas que, cual adultos maduros, toman decisiones difíciles pero contrarias. Sin embargo, otros se pueden sentir ofendidos o incómodos cuando las personas no se conforman al patrón del grupo. Es de esperarse que haya más en estas relaciones que tan solo estos casos difíciles, y que el amor y el respeto mutuos reinen sobre las pequeñeces y los egos inflados.

Cuando tenemos perspectivas erróneas del liderazgo, bien sea a través de nuestras expectativas o de sus pretensiones a más de lo que debieran, es necesario hacer un ajuste. Volver a trazar los «límites» puede ser un tanto intimidante, pero es necesario. Cuando fallamos, como adultos maduros, en volver a trazar los límites, surgen algunos problemas muy destructivos.

El mayor de estos problemas es que los límites que se sobrepasan traen consigo serios resentimientos. Otro problema es que se niega la individualidad junto con las bendiciones que resultan de la misma. Por ejemplo, alguien que sea obligado a dar, por una persona que traspasa los límites, es subsecuentemente privado del gozo de dar con liberalidad. Los violadores de límites creen que están ayudando al «hacer que otra persona sea mejor» (al menos en lo que respecta a su versión de lo «mejor») pero, como de costumbre, no se dan cuenta del daño que hacen al no respetar la individualidad de otros.

Una aproximación más espiritual y saludable es que todos respeten sus roles y personalidades. Los límites más saludables me permiten actuar con amor y madurez en vez de por resentimiento. Y me previenen de tratar de cambiar cosas que realmente no puedo cambiar; a saber, la opinión del traspasador de límites que busca vivir por mí. (La así llamada, «Oración de la serenidad» es algo fabuloso para recordar: «Dios, concédeme serenidad para aceptar las cosas que no puedo cambiar, el valor para cambiar las que puedo, y la sabiduría para saber la diferencia»).

Como lo resumió Jesús, debemos otorgar gracia escandalosa y hablar la verdad aun cuando parezca ofensiva. Una de las claves para practicar esto es trabajar en pos de desarrollar relaciones saludables con aquellos a quienes podemos seguir, aun cuando nosotros mismos seamos líderes.

• •

10 IDEAS CLAVES

Capítulo 10: LA AUTORIDAD

1. El seguirazgo hace hincapié en el amor y el servicio; no en el cargo, ni en la autoridad ni en la sujeción.

2. El mayor error de la enseñanza de la «apostolitis» descansa sobre la falsa suposición de que la sujeción equivale a obediencia incondicional. Igualmente defectuosa es la idea de que Dios inviste a ciertas personas con una autoridad incuestionable sobre otras.

3. El problema no es con los que muestran verdadero liderazgo sino con aquellos que abusan de su posición o títulos para imponer su autoridad.

4. Mantenga en mente que las enseñanzas erróneas nunca brotan del simple uso de palabras bíblicas. Más bien provienen del hecho de no tomar en consideración lo que significaron para sus destinatarios originales.

5. La sujeción bíblica sí existe y es preciosa. Sin embargo, debe comenzar con lo que Dios quiere y lo que el Nuevo Testamento asume. Esto es, que nosotros, tanto individual como corporativamente, estamos sujetos a Jesucristo; estamos sujetos el uno al otro en la comunidad de creyentes a la cual pertenecemos; y estamos sujetos a aquellos obreros cristianos, probados y dignos de confianza, que sacrificialmente prestan su servicio en nuestra comunidad de creyentes.

6. La sujeción mutua reposa sobre la verdad nootestamentaria de que todos los creyentes han sido dotados con dones, y como tales, todos ellos pueden ser una expresión de Jesucristo. Por lo tanto, hemos de estar en sujeción *los unos a los otros* en Cristo.

7. Una cosa es ser capaces de discernir lo que es falso; sin embargo, es de mucho más valor conocer con claridad el patrón de la verdad.

8. Hay una diferencia entre conocer una colección de verdades religiosas y conocer en realidad a Cristo.

9. La sujeción es una actitud mientras que la obediencia es una acción. La sujeción es interna y la obediencia es externa. Dios emplaza a su pueblo a tener un espíritu de humilde sujeción para con aquellos que Él ha colocado en autoridad en el orden natural. Sin embargo, no debemos obedecerles si ellos nos ordenan hacer algo que viole su voluntad, ya que la autoridad de Dios es más elevada que cualquier autoridad terrenal.

10. Los buenos seguidores afirman: «A menos que pueda demostrar con las Escrituras que ustedes están equivocados, pondré de lado mis propias preferencias, iré tras su liderazgo y les ayudaré a tener éxito». Esta es la actitud que permite a un líder dirigir con gozo y el resultado será un gran beneficio para los seguidores.

● ●

CONCLUSIÓN

Esta generación está cansada de líderes que hacen lo que quieren, cuando quieren y como quieren. Esta es una generación que ve a través de la fachada de las normas y los ritos religiosos mientras se cuestiona acerca del carácter, de la verdad y de Dios. Es la generación que está obstinada de la hipocresía. A los que la conforman, no les importan las consecuencias. No se preocupan por el sistema establecido. Están dispuestos a abrir nuevos caminos si es necesario; a adivinar nuevas verdades, si no son guiados. Están dispuestos a seguir algo o a alguien por un tiempo, aunque más tarde se rebelen. Es la generación de inquietos que anhela una verdad contundente. Y no se conformará con menos.

El mundo, por otra parte, es cada vez más complicado. Los desastres naturales llenan los titulares de los noticieros, los dispositivos electrónicos —como los *podcasts*— y las ondas etéreas. Las pandemias aumentan. ¿A dónde llegará esta generación? ¿A qué se aferrará? ¿A quién seguirá?

Oramos para que, primero y ante todo, se vuelvan a Dios y le sigan incondicionalmente. Pero, ¿cómo pueden seguirlo si no han escuchado la buena noticia? ¿Quiénes serán los que les cuenten la verdad? ¿Quiénes serán los evangelistas, los pastores y los maestros que hagan volver a Dios a esta generación inquieta? ¿Qué tipo de líderes serán capaces de mostrarle a esta generación el Camino, la Verdad y la Vida?

Creo que esta generación hallará la única esperanza cuando escuche el mensaje que provenga de una fuente convincente. ¿Es usted, como líder, convincente? ¿Es usted el tipo de líder que la juventud del siglo XXI respetará y seguirá? Oro que, después de haber leído este libro, tenga una visión más clara acerca de cómo puede ser esa clase de dirigente.

Esta generación es única. Se enfrenta a un mundo lleno de desafíos, un mundo que es un reto en sí mismo. Esta generación está confundida, complicada, descorazonada y, además, se presenta muy cautelosa con la hipocresía. Es inquieta y ávida, aunque incitada fácilmente a la ira y la venganza por su visión del conformismo religioso superficial y el rechazo de la iglesia a aquellos que más la necesitan.

Esta generación no seguirá a cualquiera por mucho tiempo. Seguirá a los que se preocupen verdaderamente, a los que dirijan con sacrificio. Seguirá a los que estén dispuestos a aconsejar y liderar con humildad. Seguirá esos que no presumen sabérselas todas. Se aferrará a aquellos que sean sinceros, compasivos y que estén dispuestos a valorar y emplear los dones y los puntos de vista de otras personas mientras sirven a Dios. Respetará al líder que, como tal, aprenda a ser seguidor. Esta generación seguirá a los que se interesen en discipularlas y a los que les atiendan.

Por tanto, debemos aprender a ser sensibles con aquellos que están en nuestra congregación, en nuestro trabajo, en nuestra organización. Es más, deberíamos preguntarnos: Si yo no fuera líder en mi congregación, si fuera un simple miembro, y no volviera más, ¿me llamaría alguien? En su círculo de amistades íntimas, si usted no se presenta, ¿le llamaría alguien? Si usted no llama a alguien en la iglesia para recordarle que no asistió, ¿le llamarían ellos? Si no les envía un email, ¿le enviarán ellos uno? Si usted desapareciera, ¿haría alguien algo más que comentar el asunto?

¿Es posible que toda la humanidad esté sufriendo soledad, falta de amistad verdadera, y de personas que se interesen por los demás? ¿Será posible que Satanás agite las aguas y nos haga culpar a otros que también luchan, se hunden o flotan en la soledad aislada y egoísta de este oscuro mundo?

Vivimos en un mundo que se hunde en la soledad y la desesperación. Con frecuencia los cristianos culpamos a la iglesia por no estar con nosotros cuando la necesitamos, puesto que nadie se percata cuando dejamos de asistir, nos enfermamos o necesitamos ayuda. Pero, ¿acaso es la iglesia el único lugar donde ocurre eso? ¿Es posible que los creyentes les extendamos chalecos salvavidas a aquellos que se ahogan en la vorágine de la desesperación? Podemos darles más que una mano, más que un salvavidas. Podemos darles un asiento en el arca de la misericordia. Sí, podemos darles un arca real, una salvación auténtica, una esperanza verdadera. Y podemos alumbrar en medio de la oscuridad de modo que la disipemos; incluso extendiendo nuestras manos para traerlos a bordo, salvándolos de una muerte segura.

Podemos tener la credibilidad necesaria para alcanzar a la gente perdida y herida que representa a esta generación. Podemos ganar credibilidad amando verdaderamente a Jesús, siendo personas rectas y de buen carácter. Podemos hacer lo que decimos. Podemos ser conocidos por nuestro amor y nuestra compasión. Podemos elevar, considerar, vincular y fortalecer a las personas de nuestra organización con Dios y el servicio a Él, de forma que puedan crecer y florecer. Podemos construir el reino de Dios en vez del nuestro.

Por tanto, debemos aprender a utilizar los medios de comunicación disponibles a fin de permanecer vinculados y de conocer a nuestro rebaño. Ojalá tengamos la sabiduría para emplear tiempo a fin de usar recursos como *My Space, Facebook, Tweeter, Skype*, correos electrónicos, blogs, podcasts, televisión, etc., para conectarnos con nuestra gente. Tenemos que utilizar las herramientas y la tecnología a fin de alcanzar a esta generación para Cristo.

Podemos entender los tiempos en que vivimos en términos de lo que está sucediendo en el panorama general de los gobiernos, la televisión, las misiones, las finanzas y la educación. Podemos conocer todos los aspectos de la noticia. Podemos entender lo que eso significa para nuestra fe, para nuestros hijos y nosotros, como seguidores de Cristo. Podemos estar informados, no aislados. ¡Debemos estar al día!

Podemos comprender las tendencias de la religión y por qué las personas las siguen. Debemos conocer la Palabra de Dios lo suficiente como para que podamos entender los tiempos en que vivimos y nos dediquemos con seriedad a lo que es importante.

Debemos ver cómo vivir. Cómo valorar a las personas de modo que salgamos de las cuatro paredes. Debemos aprender a ser menos rígidos y dogmáticos, y más amorosos y atentos. Debemos aprender a planear, aunque previendo ser flexibles cuando se requiera. Debemos estar informados y preparados para defendernos, aunque con mansedumbre, proclamando un mensaje, el mensaje de Cristo.

Pablo podría haber hablado despectivamente de la dominación romana de aquella época. Pudo haber atacado al anticristo de su tiempo —Nerón—, quien más tarde le degollaría. Pero no lo hizo. Al contrario, se enfocó en el mensaje de Cristo, haciéndolo relevante para esa generación. Pablo les recuerda a los Corintios lo siguiente:

> Yo mismo, hermanos, cuando fui a anunciarles el testimonio de Dios,
> no lo hice con gran elocuencia y sabiduría. Me propuse más bien,

estando entre ustedes, no saber de cosa alguna, excepto de Jesucristo, y de éste crucificado. (1 Corintios 2.1-2)

Debemos aprender, como Pablo, a alcanzar a las personas doquiera estén, por el bien del evangelio.

Porque aunque soy libre de todos, de todos me he hecho esclavo para ganar a mayor número. A los judíos me hice como judío, para ganar a los judíos; a los que están bajo la ley, como bajo la ley (aunque yo no estoy bajo la ley) para ganar a los que están bajo la ley; a los que están sin ley, como sin ley (aunque no estoy sin la ley de Dios, sino bajo la ley de Cristo) para ganar a los que están sin ley. A los débiles me hice débil, para ganar a los débiles; a todos me he hecho todo, para que por todos los medios salve a algunos. Y todo lo hago por amor del evangelio, para ser partícipe de él. (1 Corintios 9.19-23)

Después que hagamos todo lo posible por alcanzar a esta generación para Dios, no seremos descalificados para obtener la corona de justicia.

¿No sabéis que los que corren en el estadio, todos en verdad corren, pero sólo uno obtiene el premio? Corred de tal modo que ganéis. Y todo el que compite en los juegos se abstiene de todo. Ellos lo hacen para recibir una corona corruptible, pero nosotros, una incorruptible. Por tanto, yo de esta manera corro, no como sin tener meta; de esta manera peleo, no como dando golpes al aire, sino que golpeo mi cuerpo y lo hago mi esclavo, no sea que habiendo predicado a otros, yo mismo sea descalificado. (1 Corintios 9.24-27)

No podemos caer y hacer que otros también caigan. Pero podemos perseverar y ganar el premio en Cristo Jesús.

Por último, los dirigentes, debemos guardar nuestras mentes y corazones de forma que seamos sensibles al Espíritu Santo y tener la mente de Cristo. Debemos tener consejeros ante quienes rendir cuentas, por lo que no podemos fallar en nuestra misión ni como individuos. Debemos aprender a escuchar la voz de Dios. Debemos confiar en Él, no en nuestras emociones. Debemos mantener nuestro corazón, nuestra mente y nuestra conciencia limpios de manera que podamos discernir lo correcto y lo incorrecto. El rey Salomón aconseja: «Por sobre todas las cosas cuida tu corazón, porque de él mana la vida» (Proverbios 4.23).

Al iniciar la gran aventura que Dios tiene reservada para aquellos que vivimos en esta generación, podemos preguntarnos a nosotros mismos: ¿hemos guardado nuestro corazón y nuestra conciencia? ¿Somos lo suficientemente puros como para ser capaces de discernir las cosas espirituales? Si no, tal vez tengamos que investigar más. Quizás la pérdida sea más grave de lo que imaginamos. Es probable que ni siquiera tengamos conciencia. Es posible que la hayamos matado. Ya no vemos a Pepe Grillo sentársele en el hombro a Pinocho advirtiéndole sobre las decisiones erradas. ¿Por qué? Porque tal vez esté muerto. ¿Es probable que hayamos matado a Pepe Grillo y no sepamos cómo ni cuándo? Tal vez haya espacio para un nuevo libro.

BIBLIOGRAFÍA

1. Armstrong, John. *The Coming Evangelical Crisis* [La futura crisis evangélica]. Chicago, IL: Moody Press, 1996.
2. Blanchard, John. *The Beatitudes for Today* [Las bienaventuranzas para hoy]. U.K.: Day One Publications, 1996.
3. Carson, Donald A. *Amordazando a Dios*. Barcelona, España: Publicaciones Andamio, 1999.
4. Colson, Charles y Pearcey, Nancy. *Now Shall We Live* [Ahora viviremos]. Wheaton, IL: Tyndale House, 2004.
5. Cruz, Antonio. *Posmodernidad*. Terrassa, España: Editorial Clie, 1996.
6. Eckman, James. *Biblical Ethics: Choosing Right in a World Gone Wrong* [Ética bíblica: Cómo elegir bien en un mundo descarriado]. Wheaton, IL: Crossway Books, 2004.
7. Erickson, Millard J. *The Postmodern World* [El mundo posmoderno]. Wheaton, IL, Crossway Books, 2002.
8. _____. *The Evangelical Mind and Heart* [La mente y el corazón evangélico]. Grand Rapids, MI: Baker Book House, 1993.
9. Geisler, Norman L. y Paul K. Hoffman, eds., *Why I Am a Christian* [¿Por qué soy cristiano?]. Grand Rapids, MI: Baker Books, 2001.
10. Goheen, Michael y Craig G. Bartholomew, *Living at the Crossroads: An Introduction to Christian Worldview* [Viviendo ante la encrucijada: Introducción a una cosmovisión cristiana]. Grand Rapids, MI: Baker Academic, 2008.
11. Guinness, Os. *Steering Through Chaos* [Cómo mantenerse al timón en medio del caos]. Colorado Springs, CO: Navpress, 2000.
12. Hanegraaff, Hank. *Cristianismo en Crisis*. Eugene, OR: Harvest House Publishers, 1993.
13. _____, *Counterfeit Revival* [Avivamiento falso]. Dallas, TX: Word Publishing, 1997.
14. Hoff, Pablo y Miranda, David. *Defensa de la fe*. El Paso, TX: Editorial Mundo Hispano, 1997.
15. Hollinger, Dennis. *Choosing the Good* [Cómo elegir el bien]. Grand Rapids, MI: Baker Academic, 2002.

16. Horton, Michael. *Made in America: The Shaping of Modern American Evangelicalism* [Hecho en América: La forma del evangélico americano moderno]. Grand Rapids, MI: Baker Books, 1995.

17. Horton, Michael, ed., *Power Religion* [Religión de poder]. Chicago, IL: Moody Press, 1992.

18. Keller, Timothy J. *The Reason for God: Belief in an Age of Skepticism* [La razón para Dios: Convicción en una era de escepticismo]. USA: Dutton, 2008.

19. Kennedy, D. James. *Lord of All* [Señor de todo]. Wheaton, IL: Crossway Books, 2005.

20. Lutzer, Erwin W. *Who Are You to Judge?* [¿Quién es usted para juzgar?]. Chicago, IL: Moody Press, 2002.

21. MacArthur Jr. John F. *Ashamed of the Gospel* [Avergonzado del evangelio]. Wheaton, IL: Crossway Books, 1993.

22. MacArthur, John. *Difícil de Creer: El alto costo e infinito valor de seguir a Jesús*. Nashville, TN: Grupo Nelson, Thomas Nelson Publishers, 2004.

23. _____. *Right Thinking in a World Gone Wrong* [El pensamiento correcto en un mundo descarriado]. Eugene, OR: Harvest House Publishers, 2009.

24. _____. *The Only Way to Happiness* [El único camino a la felicidad]. Chicago, IL: Moody Press, 1980.

25. _____. *Think Biblically: Recovering a Christian Worldview* [Pensando bíblicamente: Cómo recuperar la perspectiva cristiana]. Wheaton, IL: Crossway Books & Bibles, 2009.

26. _____, *The Truth War*. Nashville, TN: Thomas Nelson, 2007. [*Verdad en Guerra*. Nashville, TN: Grupo Nelson, 2007].

27. Miller, Darrow L.; Bob Moffit; Scott Allen. *The Worldview of the Kingdom of God* [La cosmovisión del reino de Dios]. Seattle, WA: YWAM Publishing, 2005.

28. Montgomery Boice, James. *Here We Stand* [En esto creemos]. Grand Rapids, MI: Baker Books, 1996.

29. Nash, Ronald M. *Worldwiews in Conflict* [Panoramas mundiales en conflicto]. Grand Rapids, MI: Zondervan Publishing House, 1992.

30. Noebel, David A. *The Battle for Truth: Defending the Christian Worldviews in the Market Place of Ideas* [La batalla por la verdad: En defensa de las perspectivas cristianas frente a un mercado de ideas]. Eugene, OR: Harvest House Publishers, 2001

31. Rhodes, Ron. *The Culting of America* [El culto en América]. Eugene, OR: Harvest House Publishers, 1994.

32. Sproul, R. C. Jr. ed., *After Darkness Light* [Luz después de la oscuridad]. Phillipsburg, PA: P&R Publishing Company, 2003.

33. Sproul, R. C. *Vanity and Meaning: Discovering Purpose in Life* [Vanidad y significado: Cómo descubrir el propósito en la vida]. Grand Rapids, MI: Baker Book House, 1995.

34. Stott, John. *The Sermon on the Mount: The Bible Speaks Today Series* [El Sermón del monte: Serie la Biblia Habla Hoy]. Downers Grove, IL: InterVarsity Press, 1978.

35. _____, *Thinking Like a Christian*, [Pensando como un cristiano]. Nashville, TN: Broadman & Holman, 2002.

36. Samples, Kenneth R. *A World of Difference* [Un mundo de diferencia]. Grand Rapids, MI: Baker Books, 2007.

37. Sire, James W. *The Universe Next Door* [El universo vecino]. Downers Grove, IL: InterVarsity Press, 1988.

38. Veith, Gene Edward Jr. *Postmodern Times: A Christian Guide to Contemporary Thought & Culture* [Los tiempos posmodernos: Una guía cristiana para el pensamiento y la cultura contemporáneos]. Wheaton, OH: Crossway, Books & Bibles, 1994.

39. Walsh, B.J. y J.R. Middleton. *Cosmovisión cristiana*. Barcelona, España: Editorial Clie, 2003.

40. Watson, Thomas. *The Beatitudes* [Las bienanventuranzas]. Pensylvania, PA: Banner of Truth, 1960.

41. Wells, David F. *Losing our Virtue* [Perdiendo nuestra virtud]. Grand Rapids, MI: Eerdmans Publishing, 1998.

42. Wells, David F. *No Place for Truth or Whatever Happened to Evangelical Theology* [No hay lugar para la verdad o lo que le haya ocurrido a la teología evangélica]. Grand Rapids, MI: Wm. B. Eerdmans Publishing Company, 1993.

43. Willard, Dallas. *Renovation of the Heart: Putting on the Character of Christ* [Renovación del corazón: Cómo adoptar el carácter de Cristo]. Colorado Springs, CO: NAV Press, 2002.

44. ———. *Revolution of Character: Discovering Christ's Pattern for Spiritual Transformation* [Revolución de carácter: Cómo descubrir el diseño de Cristo para una transformación espiritual]. Colorado Springs, CO: NAV Press, 2005.

NOTAS

Capítulo 1

1. R. E. Kelley, *The Power of Followership: How to Create Leaders People Want to Follow and Followers Who Lead Themselves* [El poder del seguirazgo: Cómo crear líderes que la gente quiera seguir y seguidores que se dirigan a sí mismos], (Nueva York, NY: Currency Doubleday, 1992), pp. 93, 94.
2. Ibid., pp. 95-100.
3. J. M. Burns, *Leadership* [Liderazgo] (Nueva York, NY: Harper & Row, 1978), pp. 127-132.
4. Kelley, *The Power of Followership*, pp. 86-92.
5. M. B. Banutu-Gómez, "Great leaders teach exemplary followership and serve as servant leaders" [Los grandes líderes enseñan un seguirazgo ejemplar y sirven como líderes siervos], *Journal of American Academy of Business* (Cambridge, 2004), pp. 143-150.
6. Kelley, *The Power of Followership*, pp. 122-166.
7. K. A. Jehn y K. Bezrukova, "A field study of group diversity, workgroup context, and performance" [Un estudio de campo sobre la diversidad de grupo, contexto del trabajo grupal y el desempeño], *Journal of Organizational Behavior* (Soldiers Field, Boston, MA, 2003), pp. 703-729.
8. H. H. Werlin, "Bureaucracy and democracy: An essay in memory of Dwight Waldo" [Burocracia y democracia: Un ensayo en memoria de Dwight Waldo], *Public Administration Quarterly* (Otoño 2001-Invierno 2002), pp. 290-315.

Capítulo 2

1. John R. W. Stott, *Christian Counter-Culture: The Message of the Sermon on the Mount* (Downers Grove, IL: InterVarsity Press, 1978), pp. 46-49
2. Ed Stetzer, comentario en el *blog*, "Barna: How Many Have a Biblical Worldview?", 9 marzo 2009, blogs.lifeway.com/blog/edstetzer/2009/03/barna-how-many-have-a-biblical.html.

Capítulo 3

1. Tommy Tenney, *El equipo soñado por Dios* (Miami, FL: Spanish House Unilit, 2003), p 163.

Capítulo 4

1. Diccionario de la lengua española, www.rae.es.
2. *www.answers.com/topic/shepherd* (acceso obtenido 5 mayo 2009).
3. Libros de Éxodo, Levítico, Números y Deuteronomio.

Capítulo 5

1. www.wordreference.com/definición/aceptación (acceso obtenido 4 julio 2009).

Capítulo 6

1. http://dictionary.reference.com/browse/maverick (acceso obtenido 4 julio 2009).
2. www.age-of-the-sage.org/.../friedrich_nietzsche_quotes.html (acceso obtenido 4 julio 2009).
3. http://thinkexist.com/quotation/in_fact-if...i.../197609.html (acceso obtenido 4 julio 2009).
4. http://www.biblestudy.org/apostlepaul/when-were-books-by-apostle-paulwritten. html. http://www.newadvent.org/cathen/10424a.htm (acceso obtenido 7 agosto 2009).
5. LaHaye, Tim, *Temperamentos controlados por el Espíritu* (Miami, FL: Editorial Unilit, 2003), p. 96.
6. Armstrong, Karen, *Muhammad: A Biography of the Prophet* (Nueva York, NY: HarperCollins, 1992), p. 154.
7. "Mecca", *Catholic Encyclopedia* (Nueva York, NY: Robert Appleton Company, 1913) http://en.wikisource.org/wiki/catholic_Encyclopedia_(1913)/Mecca www.bibleprobe.com/300great.htm (acceso obtenido 14 agosto 2009).
8. http://www.newadvent.org/cathen/10424a.htm «PRINCE KHALID ALFAISAL APPOINTED AS GOVERNOR OF MAKKAH REGION». *Saudi Press Agency. 17 mayo* 2007. http://www.spa.gov.sa/English/details.php?id=450421 (acceso obtenido 1 enero 2008).
9. Hadith, http://bibleprobe.com/muhammad.htm (acceso obtenido 8 junio 2009). http://wiki.answers.com/Q/wht country was mahatma_gandhi_born (acceso obtenido 8 junio 2009). http://en.wikipedia.org/wiki/Mohandas_Karamchand_ Gandhi (acceso obtenido 8 junio 2009). http://en.wikipedia.org/wiki/ Gandhi_%28film%29 (acceso obtenido 8 junio 2009). www.bibleprobe. com/300great.htm (acceso obtenido 10 junio 2009).

Capítulo 7

1. Spiderman 1, Marvel Comics Movie, "Lo que le dijo el tío Ben a Peter Parker".
2. John Wesley, Bill Jones, Columbia International University *Prayer & Faith Journal* (International Bible Society, 1973), p. 173.
3. http://thinkexist.com/quotes/dwight_l._moody (acceso obtenido 7 septiembre 2009).
4. http://thinkexist.com/quotes/oswald_chambers (acceso obtenido 7 septiembre 2009).

5. G. Allen Fleece y Bill Jones, Columbia International University *Prayer & Faith Journal*, International Bible Society, 1973, p. 4.
6. Arthur W. Pink, Bill Jones, Columbia International University *Prayer & Faith Journal*, International Bible Society, 1973, p. 5.
7. Martin Luther King, Bill Jones, Columbia International University *Prayer & Faith Journal*, International Bible Society, 1973, p. 4.

Capítulo 8

1. Finzel, Hans, *The Top Ten Mistakes Leaders Make* [Los diez principales errores que cometen los líderes] (Chicago, IL: David C. Cook, 2007) p. 54.
2. Ibid., p. 28.
3. Ibid., p. 127.
4. http://en.wikipedia.org/wiki/Wikipedia:IPA_for_Hebrew http://en.wikipedia.org/wiki/I_Am_that_I_Am (acceso obtenido 7 agosto 2009).
5. http://en.wikipedia.org/wiki/Trinity
   Encyclopedia Britannica Online, article *Trinity* (acceso obtenido 16 agosto 2009).
   Véase en "Person". *Catholic Encyclopedia* [Enciclopedia Católica] (Nueva York, NY: Robert Appleton Company, 1913). http://en.wikisource.org/wiki/Catholic_Encyclopedia_(1913)/Person (acceso obtenido 16 agosto 2009).
   Grudem, Wayne A., *Systematic Theology: An Introduction to Biblical Doctrine* [Teología sistemática: Una introducción a la doctrina bíblica] (Grand Rapids, MI: Zondervan, 1994), p. 65.
   "Doctrine of the Trinity" *The Oxford Dictionary of the Christian Church* (Oxford, CT: Oxford University Press, 2005), p. 84.
   Stagg, Frank. *New Testament Theology* [Teología del Nuevo Testamento] (Nashville, TN: Baptist Sunday School Board: Broadman Press, 1962), p. 96.

Capítulo 9

1. Barna, George, *The Frog in the Kettle* [El sapo en la olla], (Ventura, CA: Regal Books, 1990), p. 56.
2. http://thinkexist.com/quotes/william_booth/ (acceso obtenido 8 julio 2009).
3. Hunger, Merrill F., *Principles of Expository Preaching* [Principios de la predicación expositiva] (Grand Rapids, MI: Zondervan 1955), pp. 11-15.
4. Ron Rhodes, *The Counterfeit Christ of the New Age Movement* [El Cristo falsificado del movimiento de la Nueva Era], (Grand Rapids, MI: Baker Books House, 1990), p. 149.
5. TBN'S *Praise-a-thon*, Trinity Broadcasting Network, 6 noviembre 1990.
6. Hank Hanegraaff, *Cristianismo en crisis* (Miami, FL: Editorial Unilit, 1993), p. 75.

Capítulo 10

1. Parker, Jorge, *Lexico-Concordancia del Nuevo Testamento en Griego y Español* (El Paso, TX: Editorial Mundo Hispano, 1989), p. 143.

2. Frangipane, Francis, *Walking in eternal life* from his website *The Ministries of Francis Frangipane* (www.frangipane.org) Septiembre 2009.

3. Yoder, John Howard, *Body Politics: Five Practices of the Christian Community before the Watching World* (Scottsdale, PA: Herald Press, 2001), p. 73.

4. Sanders, Oswald J., *Spiritual Discipleship* (Chicago, IL: The Moody Bible Institute of Chicago, 1990), pp. 156-57. Originalmente publicado bajo el título, *Shoe-Leather Commitment*, este libro es una descripción extensa de lo que significa ser un verdadero discípulo de Jesús. Se enfoca en hacer un compromiso personal con el discipulado en vez de en cómo hacer discípulos. Es bueno para motivación y para tener una visión clara de una vida cristiana comprometida.

ACERCA DE LOS AUTORES

El doctor Jeffrey De León es el director ejecutivo de Liderazgo Juvenil Internacional y presidente de FLET, la Facultad Latinoamericana de Estudios Teológicos. Él ha sido conferencista en Latinoamérica, Europa y Estados Unidos por más de veinte años. Como comunicador internacional, Jeffrey ha hablado y capacitado a miles de jóvenes, líderes juveniles, padres y pastores. También es autor de muchos artículos y libros. Su programa de radio semanal *Al punto* es escuchado en más de veintisiete países. Jeffrey recibió su título de maestría en la Biblia y teología de Columbia International University, y su doctorado en filosofía y educación de Trinity International University. Se casó con Wenona y viven en el sur de la Florida con sus cuatro hijos: André David, Víctor Ariel, Belani Celeste y Yanabel Colette.

El doctor Miguel Núñez es pastor principal de la Iglesia Bautista Internacional en Santo Domingo y es fundador y presidente de Ministerios Integridad & Sabiduría®, una organización sin fines de lucro que tiene la visión de cambiar la sociedad actual sembrando la Palabra de Dios a través de la literatura y medios audiovisuales.

Dirige y es co-conductor del programa *RESPUESTAS, Verdades Absolutas para un Mundo Relativo®*, es autor del libro *¿Y quién es Jesús?* y ha escrito más de 200 productos de material audiovisual que corresponden a conferencias, seminarios y programas televisados.

El doctor Núñez es médico de profesión, con experiencia docente en Estados Unidos por quince años. En la actualidad está en el proceso de obtener una maestría en teología con la Southern Baptist School for Biblical Studies. Hoy en día dedica su vida a servir a Dios como pastor, predicador y apologista. Está casado desde hace veintiocho años con Cathy.

Printed in the USA
CPSIA information can be obtained
at www.ICGtesting.com
JSHW030959140923
48409JS00010B/156

9 781602 553774